高校生のための東大授業ライブ
学問からの挑戦

東京大学教養学部　編

Invitation to the World of Liberal Arts
Lectures for High School Students at The University of Tokyo, Komaba
Volume 6 : The Challenge of Scholarship
Collage of Arts and Sciences, The University of Tokyo, Editor
University of Tokyo Press, 2015
ISBN 978-4-13-003346-6

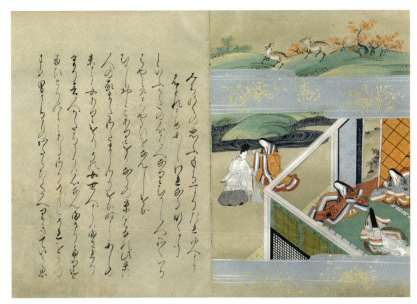

口絵1　江戸時代前期に多く制作された奈良絵本のひとつ『いせ物がたり』
（九州大学附属図書館蔵）．

> 古典文学はどのように読まれてきた？
> ▶第1講
> （P.5）

口絵2　女の背後に桜が描かれている（九州大学附属図書館蔵）．

口絵3 室町時代後期に成ったとされる小野家本『伊勢物語絵巻』
(羽衣国際大学日本文化研究所編『伊勢物語絵巻絵本大成』角川学芸出版,2007).

口絵4
紅葉したハゼの木が描かれている
『伊勢物語奈良絵色紙』.

> この絵から人々に
> どんなイメージが
> 伝わった？
> ▶第3講
> （P.39）

口絵5　1853年にアメリカで出版された最も古い捕鯨図のひとつ.
　　　　コーネリウス・ハルサート『抹香鯨の捕獲』（勇魚文庫蔵）

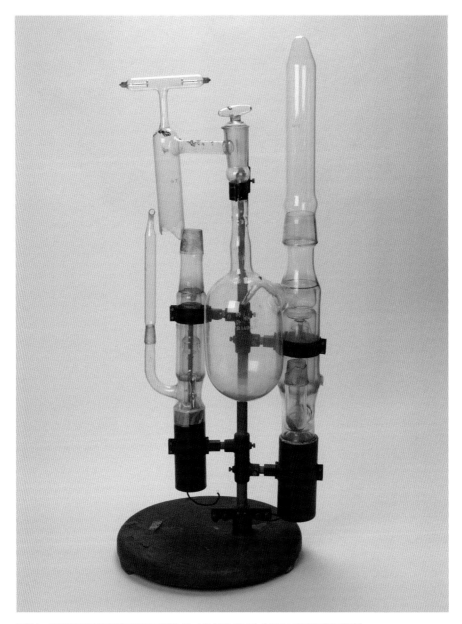

口絵6　1935年ごろ理化学研究所で製造された油拡散ポンプ（東京大学駒場博物館蔵）．

実験機器が
語りかけてくる
ものとは？
▶第10講
（P.160）

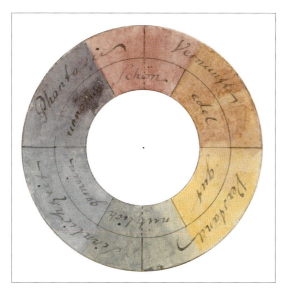

口絵7　ヨーハン・ヴォルフガング・フォン・ゲーテ作《人間の精神・感情生活を象徴化した色彩環》1809, 水彩, フランクフルト・ゲーテ博物館所蔵（目録番号III-14047），同館の許可を得て掲載，転載不可．
Johann Wolfgang von Goethe: *Farbenkreis zur Symbolisierung des menschlichen Geistes- und Seelenlebens*. 1809. Aquarell. Inv. Nr. III-14047. © Freies Deutsches Hochstift / Frankfurter Goethe-Museum, Foto: David Hall.

※実験の方法は「第11講（p.171）」を参照．

口絵8
ヨーハン・ヴォルフガング・フォン・ゲーテ作《補色残像による少女像》1795/1805，鉛筆と水彩，ヴァイマル国立ゲーテ博物館所蔵（目録番号GFz 153），ヴァイマル古典主義財団（KSW）の許可を得て掲載，転載不可．
Johann Wolfgang von Goethe: *Bild eines Mädchens in umgekehrten Farben*. 1795/1805. Aquarell mit Bleistiftumrissen. Inv. Nr. GFz 153. © Klassik Stiftung Weimar.

口絵9
ベトナム戦争中のベトナム民主共和国で発行された切手．撃墜された米軍機のパイロットを捕えた女性民兵．

> ベトナムとは
> なんぞや？
> ▶第14講
> （P.213）

口絵10　ベトナムの農村版画「嫉妬」．妾といちゃつく夫にはさみを振り上げ怒りをぶつける妻．

植民地支配の
文化遺産を
どう考えるか？
▶第14講
（P.220）

口絵11　フランス植民地時代の1928年に描かれたインドシナ大学大講堂の天井壁画．

口絵12 「ハワイ＝楽園」イメージの形成に大きな役割を果たしているワイキキビーチ．

観光客はハワイに
何を求めてきた？
▶第15講
（P.227）

口絵13 美しいビーチで知られるハワイ・ワイキキ地区に集中するホテルやマンション．

はじめに ——誰もがみな研究者

　研究というのは読んで字のごとく「研ぎすまし究める」こと，すなわち，自分自身にやすりをかけて磨きあげ，ある道をとことん突き詰めることを意味します．こう言えば，ずいぶん窮屈で息苦しい印象を受けるかもしれませんね．

　確かに研鑽を詰んで道を究めるというのは，そう簡単なことではありません．けれども研究とはまた，この上なく楽しい営みでもあります．というのも，地道な努力を続けていけば，その先には必ず新しい発見の喜びが待っているからです．この喜びを一度知ってしまうと，病みつきになること間違いなし，もっと先に広がっている風景を見たいという気持ちがますます募ってきて，もう引き返すことはできません．

　大学には，こうやって研究の道に進んだ人間が集まっています．そんな教員がせっかくたくさんいるのに，通常の授業以外にその研究内容に触れる機会がまったくないのではもったいないというのが，日頃から私たちが抱いている思いです．

　そこで東京大学教養学部では，高校生の皆さんに（そしてかつて高校生であった大人の皆さんにも）ぜひ最先端の研究の面白さを知っていただきたいという趣旨で，10年以上前から「高校生のための金曜特別講座」と銘打った公開授業を実施してきました．この講義はおかげさまで各方面から大好評をいただき，2014年10月には早くも通算300回を越えています．私自身もこれまでに2度講義を担当しましたが，会場の皆さんの目が新鮮な好奇心にきらきら輝いていたことを，今でも鮮明に覚えています．

　この本は，2011年度から2013年度までの76回に及ぶ講義から31編を精選し，『学問への招待』（全16講）と『学問からの挑戦』（全15講）と

はじめに

して刊行するうちの 2 冊目です．両者の基本的な内容にそれほどの違いはありませんが，1 冊目が「勉強」から「学問」への橋渡しであるとすれば，本書は「学問」から「研究」への橋渡しを意識した構成になっています．

　もちろん，皆さんの中で将来いわゆる研究者になる人は，それほど多くないと思います．けれども研究というのは，けっして研究者だけのものではありません．それどころか，自分が関心をもったこと，不思議だと感じたこと，あるいは疑問を抱いたことをきっかけに，もっといろいろなことを知りたい，ある問題についてもっと深く考えてみたいと思うのは，人間として自然な欲求です．多かれ少なかれそんな欲求を抱いているという意味では，誰もがみな研究者なのだといえるでしょう．

　本書では，日本の古典文学から超伝導の話まで，あるいは少子高齢化社会からガラスの話まで，多種多様な分野の先生方が，最先端の研究に挑戦することの面白さや楽しさを，そして苦しさや困難さをわかりやすく語ってくれています．これを参考にしながら，皆さんもぜひ，自分だけのテーマを見つけて自分だけの研究に挑戦してみてください．

東京大学理事・副学長
前教養学部長
石井洋二郎

本書の見どころ・読みどころ

　本書を手に取ってくださった皆さん，ようこそ大学の研究の世界へ．本書は東京大学駒場キャンパスで開催されている公開講座「高校生のための金曜特別講座」で 2011 年度から 2013 年度に行われた講義のうち 15 編を，「研究」をキーワードにまとめたものです．本書の姉妹編として，「学問」をキーワードにした 16 編を収録した『高校生のための東大授業ライブ 学問への招待』も出版されています．学問と研究に分けたのは，大学は学問を学ぶための教育機関であると同時に，最先端の研究を行っている研究機関でもあるからです．学問と研究は一見同じことのように見えるかもしれませんが，学問は様々な分野の知識をまとめて知識の体系を作り出し，さらにその体系に従ってものごとを考えること，そして研究は新しい知識を生み出すための活動そのものです．似ているけれど異なる二つの面から見た大学の姿をご紹介したいと考え，二編に分けました．

　本書で主にご紹介するのは研究の背景にある，ものの見方や考え方です．皆さんは研究という言葉を聞いて何を思い浮かべますか？　きっと研究室で実験を行う生物学や化学，物理学の研究，様々な問題を克服しながら機械やプログラムを開発していく工学の研究，古文書や中世の文献を調査する文学や歴史学の研究などを思い浮かべるのではないかと思います．もちろん実験や調査は研究活動の一部です．しかし研究活動はそれだけではありません．研究者が普段何を面白いと思って研究を行っているのか，研究を進めていく中でどんなことを考え，感じるのかなど，研究の背景にある見方・考え方はなかなか見えにくいのではないかと思います．例えば今まで全く注目されてこなかったポイントに着目することで学問上重要な問題を解決したときの達成感や，社会の様々な問題を解決することで全く新しい世界を作り出そうと

本書の見どころ・読みどころ

する挑戦，そして日々研究を続けている中で感じる研究対象のイメージなど，本書でご紹介する研究の背景を通じて，生き生きとした研究の姿を皆さんと共有できれば幸いです．

加えて本書では，様々な研究の視点を組み合わせてものを見る面白さもご紹介します．本書に収録された講義は全て一話で完結しています．しかし，同じテーマを研究していたり，同じ考え方が背景にあったりと，各講義には様々なつながりがあります．このようなつながりを意識することで，ひとつの研究からでは分からないものごとの様々な面が見えてきます．そんな研究間のつながりを表す方法として，関連のある講義同士を結ぶ「リンク文」を入れることにしました．脚注欄に☞で示されたリンク文は講義のつながりを示すだけでなく，そのつながりがどのようなものか，という解説も兼ねています．一部の講義には姉妹編の『高校生のための東大授業ライブ 学問への招待』収録の講義に対してのリンク文もあります．もし興味が湧いたらぜひ『高校生のための東大授業ライブ 学問への招待』も手に取ってみてください．

また，各講義の冒頭（タイトルのあと）には，編者の視点でみた講義の紹介文を入れています．この部分をながめていくのもおすすめです．

リンク文で示された講義間のつながりは，研究やものごとの見方の一つの例にすぎません．講師や編者も全く気付かなかったつながりがいくつもあるはずです．是非皆さん自身で，収録されている講義の間に自分なりのつながりを見つけてみてください．

本書は東大から皆さんへの挑戦状です．本書を通じて様々な研究の背景を知っていただき，そしてときには書かれていることを疑いながら，研究の世界を旅していただければと思います．

東京大学教養学部附属教養教育高度化機構
社会連携部門特任助教
加藤俊英

高校生のための東大授業ライブ
学問からの挑戦 | 目次

はじめに──誰もがみな研究者　石井 洋二郎 …………………………………………………… i

本書の見どころ・読みどころ　加藤 俊英 ……………………………………………………… iii

I 研究の目のつけどころ

第1講　春日野の春秋 ──絵で読む『伊勢物語』　田村 隆 …………………………… 2

第2講　分子の噛み合わせの科学
　　　　──ファンデルワールス力と疎水効果の仕組み　平岡 秀一 …………………… 15

第3講　19世紀アメリカ合衆国から見た太平洋の「かたち」
　　　　──歴史を動かした空間のイメージ　遠藤 泰生 ……………………………… 32

II 研究で課題に挑む!

第4講　次世代の光メモリーはどうなる? ──ホログラフィックメモリー　志村 努 …………… 48

第5講　笑って考える少子高齢社会 ──ジェンダーの視点から　瀬地山 角 …………… 62

第6講　コンピュータが将棋を学ぶと? ──思考するコンピュータ　金子 知適 ……… 82

第7講　ガラスのこれまで,ガラスのこれから ──古くて新しいガラスの科学と技術　高田 章 …… 97

III 研究の中から見えてくるもの

第8講 秩序がもつ固さ ── 超伝導の世界 　加藤 雄介 …………………………… 114

第9講 いきいきとした状態の科学 ── 細胞性粘菌でさぐる自己組織化のメカニズム 　澤井 哲 ……… 131

第10講 真空から生まれる科学と技術 ── アリストテレスからサイクロトロンまで 　岡本 拓司 ……… 150

第11講 ニュートンに挑んだ詩人ゲーテ
　　　 ── 暗室内の『光学』vs. 自然光にこだわる『色彩論』　石原 あえか ………… 165

IV 広がる研究, 広がる世界

第12講 グローバリゼーションをバルカンから観察する
　　　 ── 現在を理解するための歴史学 　黛 秋津 …………………………… 180

第13講 「文明」と暴力 ── 「文化」と「文明」をめぐる考察 　鈴木 啓二 …………… 195

第14講 異質なものの並存が生み出す活力 ── 現代ベトナムの魅力 　古田 元夫 ……… 211

第15講 創られた楽園 ── 「憧れ」のハワイ,「今さら」のハワイ 　矢口 祐人 ……… 226

おわりに ── 大学が公開講座をする理由 ………………………………………… 241

CHAPTER

I

研究の目のつけどころ

今まで注目されていなかった点に着目したり，これまでとは異なる発想によって学問上重要な事柄を明らかにする──それがうまくいった時の喜びが研究の魅力のひとつです．ここでは研究の「目のつけどころ」と，そこから明らかになる新しい事柄を通じて，研究の面白さをお伝えしたいと思います．

LECTURE

春日野の春秋

―― 絵で読む『伊勢物語』

　第1講でご紹介するのは教科書でもおなじみの『伊勢物語』です．様々な挿絵を使って古典文学がかつてどう読まれていたのかを説き明かしていく「目のつけどころ」にご注目ください．講義の終わりには，意外な古典文学の姿を発見できるのではないでしょうか．

田村　隆

　『伊勢物語』や『源氏物語』など，平安時代の古典はしばしば「千年の間読み継がれてきた」と紹介されます．ただ，そのことは知識として了解したとしても，ふだん教科書の活字と向かい合う時はあくまでも「古文」と「私」の二者であり，「読み継がれてきた」という実感はなかなか湧かないのではないでしょうか．この講義では『伊勢物語』を題材に，この物語が時代によってどのように読まれ，またどのように描かれたかを考えます．その際に注目したいのが，中世・近世を通じて制作された夥しい数の絵本や絵巻です．

　皆さんが古文の時間に求められる「正しく読む」「正確に読む」というその「読み」とは，より厳密には「今現在正しいとされる読み」であると言えるでしょう．つまりそれは，一方で「かつては正しいとされた読み」も存在するということであり，これまで『伊勢物語』がどのように「読み継がれてきた」のか，その痕跡を様々な挿絵を眺めながらたどっていきましょう．

春から秋へ

　古文の教科書を開いてみてください．「初冠」という見出しがついた『伊勢物語』の初段が載っていませんか．「むかし，男，初冠して」で始まる段です．鬼が出てくる「芥川」（六段），杜若や都鳥の「東下り」（九段），幼なじみの恋を描く「筒井筒」（二十三段）と並んで有名な章段で，多くの教科書に採られています．教室ですでに習ったという人もいるでしょう．

　習った人もそうでない人も，ここで『伊勢物語』の初段を読んでみましょう．本文は，現行の教科書の多くが底本（もとにするテキスト）にしている，小学館の『新編日本古典文学全集』から引用します．

　　むかし，男，初冠して，奈良の京春日の里に，しるよしして，狩にいにけり．その里に，いとなまめいたる女はらからすみけり．この男かいまみてけり．思ほえず，ふる里にいとはしたなくてありければ，心地まどひにけり．男の，着たりける狩衣の裾をきりて，歌を書きてやる．その男，信夫摺の狩衣をなむ着たりける．
　　春日野の若むらさきのすりごろもしのぶの乱れかぎりしられず
　　となむおひつきていひやりける．ついでおもしろきことともや思ひけむ．
　　みちのくのしのぶもぢずりたれゆゑに乱れそめにしわれならなくに
　　といふ歌の心ばへなり．昔人は，かくいちはやきみやびをなむしける．

　在原業平（天長2［825］年-元慶4［880］年）と想像される「男」が奈良の旧都で美しい姉妹にめぐり会い，信夫摺の乱れ模様のように私の心も乱れてしまった，という和歌を詠み贈る話です．その歌は「みちのくの」の歌（作者は河原左大臣源融）の趣向をふまえたものだと説明されます（「……といふ歌の心ばへなり」）．歌にある「若むらさき」とは紫草のことで，紫色の根を染料に用います．誤解されがちですが，花は白いのです（エドワード・サイデンステッカー氏による英訳 *The Tale of Genji* では巻名「若紫」は "Lavender" と訳されています）．ちなみに，春日野と同様に武蔵野も紫草が有名で，『古今和歌集』の「紫のひともとゆゑに武蔵野の草はみながらあは

CHAPTER I 研究の目のつけどころ

れとぞ見る」という有名な歌があります．1本の紫草ゆえに武蔵野の草が皆愛おしく思われるという，「紫のゆかり（縁）」を詠んだもので，「ゆかりごはん」の「ゆかり」もこの歌に由来します．東京スカイツリーの紫色のライトアップも，紫根染の伝統をふまえ，「江戸紫」と名づけられています．

さて，ここで唐突な質問をしてみたいと思います．今読んだ『伊勢物語』の初段ですが，季節はいつでしょうか．

もう一度本文を確認してもらえればわかる通り，ここでは季節について直接には書かれていません．ただ，書かれていなくても手がかりはあります．舞台の春日野は『古今和歌集』巻一，春歌上の「春日野は今日はな焼きそ若草のつまもこもれり我もこもれり」（この歌は初句を「武蔵野は」に変えて『伊勢物語』十二段にも見られます），「春日野の飛火の野守いでて見よ今いく日ありて若菜摘みてむ」などのように，古来もっぱら春の風景が詠まれる地です．この『伊勢物語』初段も春の光景を想像させますし，その面影を色濃く残す『源氏物語』若紫巻も，舞台は異なる京の北山ですが季節はやはり春です．

ところが，たとえば江戸時代の前期に多く制作された奈良絵本のひとつを見ると，そこには紅く色づいた紅葉が鹿とともに描かれています（口絵1，図1）．

ここに挙げたのは九州大学附属図書館所蔵の本ですが，他にも広島大学附属図書館蔵本や國學院大學図書館蔵本など複数の奈良絵本にやはり紅葉が描かれています．各館のホームページでカラー画像を見られますのでぜひ確認してみてください．先に見たように，本文中には紅葉はもちろん，鹿も登場しません．おそらく，『伊勢物語』の初段を読んで季節を秋と解釈したというよりは，物語の舞台である「奈良の京春日の里」について，奈良といえば鹿，鹿といえば秋，という連想によったのではないでしょうか．美術史家の千野香織氏によればその連想は早く12世紀には生じていたようで，藤原定家，慈円らが次第に「春日野」あるいは「春日山」と「鹿」を組み合わせて和歌を詠むようになり，鹿からの連想によって季節は秋に固定されていったことが指摘されています．

紹介した奈良絵本はいずれも内容や制作年代から推測して，江戸時代のご

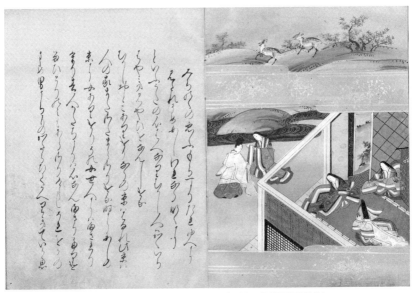

図1　奈良絵本『いせ物がたり』（九州大学附属図書館蔵）

く初期に刊行された嵯峨本と呼ばれる板本（版木に彫って印刷した書物）に基づいて制作されたと思われます。嵯峨本は装幀や料紙などに意匠の凝らされた豪華な本で、本阿弥光悦や角倉素庵が関わったとされています。初段と二段の後にそれぞれ置かれた嵯峨本の図版を掲げてみましょう（図2）。以下、初段の後にある挿絵を第一図、二段の後にある挿絵を第二図と呼びます。

　第一図には数枚ではありますが、鹿の前に紅葉らしき葉が落ちています。奈良絵本はこの控えめな紅葉をもとに、よりはっきりと描いたものと思われます。この挿絵の季節は秋だとして、それでは第二図はいかがでしょうか。

　第二図については、季節の確認の前に、構図が持つ問題点にまず触れておく必要があります。二段の後に置かれたこの絵は、女が男を呼び止めているように見えますが、二段にはそのような場面はないのです。『伊勢物語』の二段を次に挙げてみます。

　　むかし、男ありけり。奈良の京ははなれ、この京は人の家まだ定まらざりける時に、西の京に女ありけり。その女、世人にはまされりけり。

CHAPTER I　研究の目のつけどころ

　　　　　第一図　　　　　　　　　　　　　第二図
図2　嵯峨本（片桐洋一編『伊勢物語　慶長十三年刊嵯峨本第一種』和泉影印叢刊，1994）

　その人，かたちよりは心なむまさりたりける．ひとりのみもあらざりけらし．それをかのまめ男，うち物語らひて，かへり来て，いかが思ひけむ，時は三月のついたち，雨そほふるにやりける．
　　おきもせず寝もせで夜を明かしては春のものとてながめくらしつ

　御覧のように，第二図に描かれているような場面は見受けられません．そのため，従来この絵は二段の内容にそぐわないと言われてきました．この問題について，『伊勢物語』の研究者片桐洋一氏は初段にある「おひつきて」という言葉に注目しました．教科書の脚注では「すぐに」と説明されることが多いようですが，氏は鎌倉時代の『伊勢物語』注釈書『和歌知顕集』（書陵部本）が，「おひつきて」を「この女ども，野にいでゝ，男のかりするをみて，ゆふぐれにかへりける．みちにおいつかせたる也」と解釈していることなどから，中世までは女が男に追いついたと考えられていたと述べます．第二図はもともと初段の絵であり，女が男に追いついて「みちのくの」の歌を返した場面を描いたと見るのです．現代の解釈とは随分と異なります．こ

図3 奈良絵本『いせ物がたり』(九州大学附属図書館蔵)

の場合,氏が指摘する通り「春日野の」の歌の後にある「となむ」でいったん文を切って,次の「おひつきて」を女側の行動と解することになり,そう読むならばたしかに二段の絵よりも初段の絵と見る方が物語の内容に沿っていると言えそうです.これ以降,第二図は初段における返歌の場面を描いた絵だとする見方が定着しました.

ただし,その説明によって第二図の持つ不可解さが氷解したとは必ずしも言えません.初段の絵であるとの推定によって,今度は別の問題が生じるからです.

先に述べたように,嵯峨本の第一図には紅葉の葉がありました.もし第二図も初段の絵であるなら,その季節は当然秋となるはずです.ところが,女の背後に描かれているのは桜なのです.この花は八十二段の花見を描いた挿絵の桜と同じ描き方で,桜と見てよいでしょう.奈良絵本の第二図も明らかに桜です(口絵2,図3).そうすると,秋に業平が詠み贈った歌に女童が「追ひつきて」返歌を届けたのは春だったということになってしまいます.もし初めから初段の絵を2図配すつもりであれば,一方に紅葉をもう一方

7

に桜を描くなどということはないでしょう．加えて業平の装束も第一図と第二図では異なっており（文様もやはり紅葉と桜），この2つの図を同じ初段の絵と考えるのも，それはそれで不自然さが残るのです．

時はやよひのついたち

　構図を抜きにして，ただ季節という点においてのみ考えれば，この桜はむしろ二段にふさわしいと思われます．二段には「時はやよひのついたち」という記述があるためです．旧暦ではまさに桜の時節で，『源氏物語』花宴巻に描かれる桜の宴は「きさらぎの二十日あまり」に催されました．この桜は嵯峨本の絵師が初段ではなく二段の絵のつもりで第二図を描いたことを意味していると思われます．ただし，それは絵の構図が初段の「追ひつきて」の場面であることを否定するものではありません．嵯峨本の挿絵は独創ではなく，絵師が先行の絵を参照した際，第二図が初段の構図であることに気がつかないまま二段の絵のつもりで描いてしまったということなのではないでしょうか．その結果，第二図には初段と二段の要素が混在するという歪みが生じることになったのです．

　そう考えるには，嵯峨本の挿絵よりも前に同種の構図が存在することが前提となりますが，事実，嵯峨本に先立つ絵巻・絵本にも嵯峨本第二図と同様の絵があるのです．室町時代後期に成ったとされる小野家本『伊勢物語絵巻』（三巻）の絵を見てください（口絵3，図4）．ここに示される初段の季節は嵯峨本のような秋ではありません．そこには鹿とともに紅白の梅が描かれています．小野家本と同系統の大英図書館蔵『伊勢物語図会』（折本三帖）や，桃山時代成立とされるニューヨークのスペンサー・コレクション本『伊勢物語絵巻』（三巻）においても同じく梅が見えます．これらの絵と嵯峨本とが直接の影響関係にあるかは即断できませんが，構図の類似は疑いありません．そこに示される季節は春であり，梅の時分の春日野を描いたものであったことは明らかです．

　春と解したことには先述した「春日野＝春」の認識に加え，中世の『伊勢物語』注釈に示される理解が反映しているのかもしれません．先に「追ひつ

図4　小野家本（羽衣国際大学日本文化研究所編『伊勢物語絵巻絵本大成』角川学芸出版，2007）

きて」の解釈を示した『和歌知顕集』（書陵部本）は業平の初冠について承和8（841年）正月7日のことであると記し，狩についても「承和八年二月廿二日にゆく．三月二日かへる」としています（同年正月28日の出立とする伝本の島原家本もあります）．初段の狩を初冠直後の春の鷹狩と見るこういった見解が絵師もしくは制作協力者の念頭にあったのではないでしょうか．

　絵の配され方も注目されます．嵯峨本と異なり，初段・二段までの本文を記した後に，嵯峨本の第一図・第二図にあたる2図分の絵を一画面に描いています（異時同図法と言います）．すなわち，

　　　　詞（初段）・詞（二段）・絵（第一図）・絵（第二図）

と構成されているのです．いずれにも梅が描かれ，二人いる業平も同じ装束を纏っています．加えて言えば，小野家本では二段冒頭の「むかし」は改行されずに初段に続けられています．ここからも初段と二段あわせての享受が見てとれるでしょう．それが，嵯峨本のような冊子の形態になる際に，

　　　　詞（初段）・絵（第一図）・詞（二段）・絵（第二図）

と配置が変えられました．そこで季節も変わり装束も変わり，第二図は二段の絵として再生したのです．この過程を考えると，第一図と第二図は本来はひとつの絵であったものが，絵巻を冊子化する際に切り離されて別々の場所

に置かれたことが推測されます．

挿絵の伝言ゲーム

　嵯峨本自身も把握しきれていなかった第二図ですから，その影響下に量産された『伊勢物語』の絵入板本は，いわば伝言ゲームのごとき混乱をきたしました．その一端を以下に紹介します．

　ひとつは寛文 2（1662）年に刊行された『絵入新板伊勢物語』です．本書の挿絵は「追ひつきて」の構図，紅葉，桜など，嵯峨本をほぼそのまま踏襲したものですが，第一図の紅葉がこの版では紅葉と判別しにくい形であるなど，杜撰な点も目につきます．注目されるのは各々の絵の上部に枠囲いで物語の舞台が記されていることです．たとえば第一図であれば「かすがののさと」のように記されます．問題の第二図には「みちのく」と注記されていますが，これは初段の「みちのくの……」の歌による誤認と見られます（図5）．「かすがの」から追いかけて「みちのく」で追いつくという設定はさすがに

図 5　寛文 2 年版『絵入新板伊勢物語（後刷）』（著者蔵）　　図 6　万治 2 年版『伊勢物語（後刷）』（東京大学総合図書館蔵）

無理がありそうですが，第二図が初段と把握されていたことがうかがい知れる例です．嵯峨本の絵師が二段のつもりで描いた桜は，ここでは初段のみちのくの桜を表していることになるのです．

　万治2（1659）年版は半丁を四つに分割して四場面の挿絵を描く珍しい体裁をとりますが，第二図の木が紅葉だという点が注目されます（図6）．季節を第一図・第二図ともに秋で通してしまっています．同じ頃の制作と思われる奈良絵色紙が手もとにあるのですが，この第二図もまた，ハゼの木でしょうか，紅く色づいた葉を描いています（口絵4，図7）．

　このように，嵯峨本の影響下に成った板本や奈良絵本は多く見られます．端的に言えば，第一図・第二図において紅葉，桜の組み合わせが見られた時点で，その本は嵯峨本に基づいて制作された可能性が高いということになるでしょう．

　ここまでは第二図を初段の挿絵としていた本を紹介しましたが，次に同じ図を二段の挿絵として描いたものを確認しましょう．まずは，元禄6（1693）年版『新注絵抄伊勢物語』の挿絵です．頭注部分に描かれる第二図（画面が上下2つに分割されたうちの上段）は，女に呼び止められて男が振り返るような描かれ方は同じですが，背景は春日野でもみちのくでもありません．舞台は室内で布団と枕が置かれ，「西の京」と記されています（図8）．すなわち，これは二段の「うち物語らひて，かへり来て」の絵として描かれているのです．太刀持ちの童は退場し，女性も童でなく成人の姿に描かれています．これも二段の物語として辻褄を合わせた修正でしょう．すでに初段の「追ひつきて」の面影はほとんどありません．

　続いて，元禄10（1697）年版です．様々な形の枠の中に描かれた挿絵が特徴ですが，その描き方にも工夫が見られます．第二図の構図は他の板本と大差はありませんが，斜めの線が多数入っていることにお気づきでしょうか（図9）．これはおそらく二段の記述にある「雨そほふる」（雨がしとしと降る）様子を忠実に描こうとしたのではないでしょうか．だとすれば，この絵師は紛れもなく二段の絵として描いたということになるでしょう．また，細かいことですが，この絵では他本と異なって女の袖が頭より上にきており，その浮世絵風の仕草は雨をよけているかのようにも見えます．おそらくは絵

CHAPTER I 研究の目のつけどころ

図7 『伊勢物語奈良絵色紙』(著者蔵)

師も雨よけのつもりで描いたのではないでしょうか．これらにより，もとの呼び止めるような仕草による「追ひつきて」の意味合いはほぼ失われています．そして，元禄6年版と同様に，嵯峨本には描かれた太刀持ちの童がここにはいません．絵巻の段階では返歌を届ける役回りだった女の童もやはり成人女性の姿に描き直されています．

　『伊勢物語』を絵に描こうとする時，元の本文に季節が描かれていなければ絵師が選択することになります．それは絵が解釈を示すことを意味します．『伊勢物語』にかぎらず，たとえば芭蕉の有名な句「古池や蛙飛び込む水の音」についても，蛙は一匹か複数かについて議論が分かれるところですが，これを絵に描こうとすれば否応なくいずれかの選択を迫られるわけで，絵は解釈であることを思い知らされます．

　ここまで見てきた第二図に関しても，構図が連綿と踏襲されている以上，初段を表す構図であるということと絵師が初段のつもりで描くということは分けて考えるべきなのでしょう．先述したように嵯峨本以降の絵師は第二図を二段の絵と認識していた節があり，後続の板本や奈良絵本にはそこで生じ

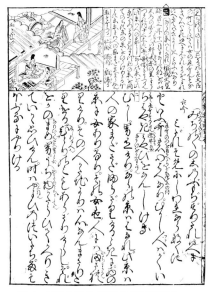

図 8　元禄 6 年版『新注絵抄伊勢物語』
（著者蔵）

図 9　元禄 10 年版『伊勢物語』
（東京都立中央図書館特別文庫室蔵）

た歪みに対する試行錯誤の跡がうかがえます．それはいったん誤って描かれた第二図を本文に即して合理化・再解釈する試みでした．人物はそのままに背景のみを室内へと変更したり，画面に雨を描き加えたりする点などはその努力の最たるものと言えるでしょう．これらの絵を通して『伊勢物語』を読むことで，私たちはこの物語が読み継がれてきた歴史をもたどることができるのです．

　なお，ここで述べた内容は「高校生のための金曜特別講座」を担当した直後に書いた論文，「『伊勢物語』初段挿絵考」（『超域文化科学紀要』18，2013）に基づいています．興味のある方はあわせて読んでいただければ幸いです．

CHAPTER I 研究の目のつけどころ

PROFILE

田村 隆（たむら・たかし）先生のプロフィール

東京大学大学院総合文化研究科准教授

1979 年山口県岩国市生まれ．2006 年九州大学大学院人文科学府博士後期課程修了．博士（文学）．九州産業大学国際文化学部講師，東京大学大学院総合文化研究科講師を経て 2015 年 4 月より現職．『源氏物語』を中心に，平安時代の物語文学を研究している．趣味は園芸，ブラタモリ的街歩き．

主な著作　『紫上系と玉鬘系──成立論のゆくえ』（共著，勉誠出版，2010）
　　　　　『伊勢物語　坊所鍋島家本』（解説，勉誠出版，2009）
　　　　　『九州大学百年の宝物』（共著，丸善プラネット，2011）

 田村先生おすすめの本

『**古典学入門**』池田亀鑑（岩波文庫，1991）
古典研究の方法を具体的に学ぶことができる 1 冊で，私も学生時代にこの本を教科書に使った授業を受けたことがあります．

『**輝く日の宮**』丸谷才一（講談社文庫，2006）
本来の『源氏物語』には今は失われた「輝く日の宮」という巻があったという伝承を題材にした小説で，『源氏物語』の成立をめぐる謎について楽しく想像させてくれます．

『**六の宮の姫君**』北村 薫（創元推理文庫，1999）
大学 4 年生の主人公が卒業論文で芥川龍之介の短編「六の宮の姫君」に取り組む「推理」小説．同じ「円紫さんと私シリーズ」の他の 4 冊もおすすめします．

LECTURE

分子の噛み合わせの科学

——ファンデルワールス力と疎水効果の仕組み

　従来注目されなかった事柄に着目することで，新しい研究の世界が開けることがあります．第2講では水中で分子の間に働く化学的な力を題材に，効果が小さいと考えられてきた力，ファンデルワールス力を見積もることから広がる研究の世界をご紹介します．

平岡秀一

　世の中にある強い力と弱い力を比べてみると，一般的には強い力が支配的になるものです．このため，つい強い力のほうを重視しがちですが，実は弱い力が重要な機能を担っていることがあります．原子や分子の世界で働く力の中で最も弱い力はファンデルワールス（van der Waals，以下では vdW）力という力です．この力はあらゆる原子，分子に働きますが，その力がとても弱いことから軽視されがちです．しかし，私たち生物はこの力を巧みに利用しているのです．たとえば，ヤモリはガラスの窓や平らな壁面から滑り落ちること無く移動できますが，これはヤモリの指先と表面の間に働く vdW 力によることが明らかにされています．最も弱い力で自分の体を支えているなんて，とても不思議ですね．また，vdW 力は私たちのからだの中にある消化酵素といったタンパク質などの分子が機能していく上でも大切な働きをしています．

　この講義では，分子の周りや分子同士に働くこの弱い力，vdW 力の働きについて考えてみましょう．はじめに疎水効果と呼ばれる水中で起こる現象をお話しした後，vdW 力について考え，最後に水中で分子同士に働く vdW 力について「分子の噛み合い」という観点から議論します．

CHAPTER I 研究の目のつけどころ

分子の混ざり合いと自由エネルギー

　ここからは，皆さんに身近な分子の集まりである水と油を例にして分子の動きを見ていきます．皆さんは水と油が混ざり合わないことはご存じでしょう．一方，液体の中には水とアルコールのように混ざり合う組み合わせもありますね．なぜこのような違いが起こるのでしょうか．

　私たちが目にする水や油，アルコールは，どれもたくさんの分子からなる液体です．水と油の分子がそれぞれ同じ分子同士のみで集まり，水と油の分子が混ざって集まることはないため，水と油は混ざり合わずに分離します．一方，水とアルコールの場合は，水とアルコールの分子が混ざり合って均一になっていきます．それでは，なぜ水と油の場合は同じ分子同士で集まることを好み，たがいに混ざり合うことを嫌うのでしょう．

　まずはじめに，ここで言う「集まることを好む」や「混ざり合うことを嫌う」とはどういうことなのかを考えてみます．「彼らは水と油の関係」などと，相性の合わない人たちを水と油にたとえることがありますが，現実には水分子や油分子に意思はありませんから，「彼ら」が好き嫌いで集まったりすることはありません．科学ではこの「好き」，「嫌い」に相当するものを，その状態，すなわち，混ざり合った状態と混ざり合わない状態のエネルギー（自由エネルギー，G と呼ばれます）として評価します．

　自由エネルギーは低いほど，その状態が「安定」で好まれます．たとえば，$A \rightleftarrows B$ という2つの状態の間の平衡で，B が A より安定であれば，B が多く存在することになります．

$$A \rightleftarrows B \quad \Rightarrow \quad A \rightarrow B \quad \text{の反応が増える} \Rightarrow \quad B \text{が増えていく}$$

　これを自由エネルギーを使って表すと，B の自由エネルギーは G_B，A の自由エネルギー G_A で，その差 $\Delta G = G_B - G_A$ が負に大きいほど B が好まれることになります．A を水と油が混ざり合った状態，B を水と油が混ざり合っていない状態と考えればよいでしょう．上の式を書き換えてみると

A（水と油が混ざった状態）⇄ B（水と油が混ざり合っていない状態）
　　⇒　A → B　の反応が増える
　　⇒　B（水と油が混ざり合っていない状態）が増えていく

ということになります．

つづいて，これら A，B の状態を分子の観点から考えましょう．まず，自由エネルギーの中身はエンタルピーとエントロピー[1]からなります．エンタルピーは分子間に大きな引力が働くと小さくなり，その状態が安定です．たとえば，分子 C（水分子と考えます）が 2 つ集まって C·C を作る時

$$2 \cdot C \rightleftarrows C \cdot C \tag{1}$$

とし，この時の自由エネルギー変化を $\triangle G_{C \cdot C}$ とします．C 同士に働く引力が強いほど，C·C は安定です．

　一方，エントロピーはその状態の自由度に関係し，自由度が大きいほど有利です．たとえば式（1）の左辺では 2 つの分子 C がばらばらに存在していますが，右辺では 2 つの C が結合しているために自由度は下がり，エントロピーの観点からは C·C の生成は不利になります．しかし，C 同士の引力（エンタルピー）がエントロピーの不利を上回れば結果的に C·C が好まれます（実際にはエントロピーに及ぼす寄与にはこの他にもありますが，ここでは深く立ち入らないことにします）．

　さて，別の分子 D（油分子と考えます）についても同様に，2 分子で集合する平衡が存在するとします．

---

1. たとえば正に帯電した分子 P と負に帯電した分子 Q を考えた時，P と Q の間には静電的な引力が働き，複合体 P·Q は安定化されると考えられます．このような相互作用による寄与はエンタルピーに影響を与え，複合体 P·Q の形成はエンタルピーの観点から有利です．一方，エントロピーは状態が乱雑なほど有利になり，複合体 P·Q の形成はエントロピーの観点からは不利になります．実際，複合体 P·Q がどれだけできやすいかはエンタルピーとエントロピーのバランスで決まり，これを判断するためには自由エネルギー変化が用いられ，自由エネルギー変化が負に大きいほど，複合体 P·Q の生成が有利になります．

$$2 \cdot \mathbf{D} \rightleftarrows \mathbf{D} \cdot \mathbf{D} \tag{2}$$

この時の自由エネルギー変化を$\triangle G_{\mathrm{D \cdot D}}$とします．

さらに，**C**と**D**を混ぜると1：1で結合して**C·D**を作ることができるとします．

$$\mathbf{C} + \mathbf{D} \rightleftarrows \mathbf{C} \cdot \mathbf{D} \tag{3}$$

この時の自由エネルギー変化は$\triangle G_{\mathrm{C \cdot D}}$です．

C，**D**はそれぞれ自分同士で集まり**C·C**，**D·D**を作ることもできますから，**C**と**D**を混ぜると，**C·C**，**D·D**と**C·D**が生成します．

では，その割合を考えましょう．これは

$$\mathbf{C} \cdot \mathbf{C} + \mathbf{D} \cdot \mathbf{D} \rightleftarrows 2 \cdot \mathbf{C} \cdot \mathbf{D} \tag{4}$$

という平衡がどちらに偏るのかを考えることと同じです．なお，この時の自由エネルギー変化を$\triangle G$とします．式（4）の左辺は**C**（水）と**D**（油）が混ざり合っていない状態（つまり前述の状態**B**）で，右辺は**C**と**D**が混ざり合った状態（前述の状態**A**）に相当します．

また，式（4）＝2×式（3）－式（1）－式（2）の関係から，

$$\triangle G = 2 \times \triangle G_{\mathrm{C \cdot D}} - \triangle G_{\mathrm{C \cdot C}} - \triangle G_{\mathrm{D \cdot D}}$$

と表せます．ここで，$\triangle G_{\mathrm{C \cdot C}}$，$\triangle G_{\mathrm{D \cdot D}}$，$\triangle G_{\mathrm{C \cdot D}}$はいずれも負です．したがって，$\triangle G_{\mathrm{C \cdot D}}$が負に小さく，一方$\triangle G_{\mathrm{C \cdot C}}$と$\triangle G_{\mathrm{D \cdot D}}$が負に大きいほど，自由エネルギーが大きくなるため不安定となり，**C·D**はできないので，**C**と**D**は混ざり合いません．ここで，**C**は水，**D**は油と考えていましたから，$\triangle G_{\mathrm{C \cdot D}}$は水分子と油分子の間の相互作用（主にvdW力）の強さとなり，これが小さいほど水と油は混ざり合いにくいのです．また，水分子同士，油分子同士の結合のしやすさに相当する$\triangle G_{\mathrm{C \cdot C}}$と$\triangle G_{\mathrm{D \cdot D}}$が負に大きいほど混ざりにくいことになります．水と油の場合，水分子と油分子（$\triangle G_{\mathrm{C \cdot D}}$），油分子同士（$\triangle G_{\mathrm{D \cdot D}}$）の相互作用は弱いため，$\triangle G_{\mathrm{C \cdot D}}$と$\triangle G_{\mathrm{D \cdot D}}$は負ですがその絶対値は大きくありません．一方，水分子同士の相互作用（$\triangle G_{\mathrm{C \cdot C}}$）は強いため，$\triangle G_{\mathrm{C \cdot C}}$

は負に大きくなります．そのため，ΔG は正になり，式（4）が右に進むには自由エネルギーがプラスされて不安定化するために好ましくなく不利となるため，水と油は混ざり合いません．

水素結合と疎水効果

では，なぜ水分子同士の相互作用は油分子同士よりも強いのでしょうか．水分子は「水素結合」と呼ばれる結合を介してネットワーク構造をつくります（図1）．水素結合は油分子には起こりません．水分子（H_2O）の酸素原子は負電荷を，水素原子は正電荷を帯びており，別々の水分子間の酸素原子と水素原子の間で引力的な相互作用が働き，集合化した状態が安定になります．この分子間に働く水素結合による強いネットワーク構造の形成は水分子に特異的で，水の示す特別な性質の多くはこのネットワーク構造に由来します．たとえば水分子が分子量 18 と小さいにもかかわらず沸点が 100 ℃ と高い理由もこれが原因です．

なお，水とアルコールは混ざり合いますが，これは水とアルコールの相互作用が油に比べて大きいので，$\Delta G_{C \cdot D}$ が負に大きくなって混ざり合う状態が有利になるためです．アルコールは水分子のひとつの水素を炭素鎖等で置き換えた分子ですから，水分子と水素結合を作れることが納得できます．

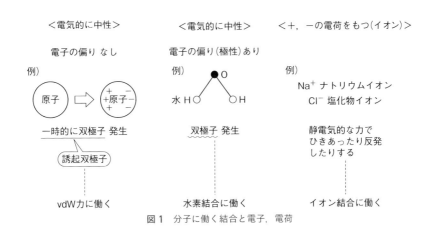

図1　分子に働く結合と電子，電荷

CHAPTER I 研究の目のつけどころ

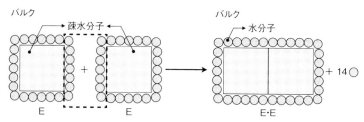

図2 疎水性分子 **E** が水中で2量体 **E·E** を形成する模式図
E の第一層にある水分子のみ網がけの丸で示す（実際にはバルクも水分子で満たされている）．**E** が2量体になる時，点線で囲んだ部分の水分子がバルクへ放出され，水素結合の数が増えて安定化する．

　一方，水と混ざり合わない物質は水との相互作用が弱く（$\Delta G_{\text{C-D}}$ が大きい），疎水分子と呼ばれます．疎水分子同士が水中で集合化する現象は疎水効果と言います[2]．

　疎水効果はどのように成り立っているのでしょうか．ここで，ある比較的大きな疎水分子（**E**）2つが水中で集合化し，2量体 **E·E** を形成する場合を考えてみましょう（図2）．水分子は球にたとえることにします．単量体の **E** が水中に存在する時，1分子の **E** の表面は24個の水分子で覆われています．**E** の表面に存在する水分子はそれ以外（これを「バルク」と言います）の水分子に比べ周囲の水分子との間の水素結合の数が減り，水分子間に働く相互作用が小さいために不安定化されています．一方，2分子の **E** が集合し **E·E** を形成すると，合計14個の水分子が **E** の第一層から減り，これらの水分子は水素結合の数が増えるために安定化します[3]．つまり，分子が集

---

2. 水以外の液体を溶媒とした場合についても，溶質と液体との相互作用が弱いために集合化することがあり，これを疎溶媒効果と呼びますが，水分子ほど分子間の相互作用の強い液体はないため，疎水効果に比べてとても弱いことが知られています．
3. 疎水効果の説明として，**E** の第一層の水分子が失う水素結合のエンタルピーを補うために，第一層の水分子が氷のように強固な水素結合を形成すると考える "ice-berg" モデルも古くから提唱されています．この際，氷のような構造を形成することでエンタルピーを維持できますが，その分エントロピーの観点では不利になります．このため，このモデルでは，**E** が集合化すると，氷上の水分子がバルクへ放出されてエントロピーを獲得し安定化します．両者の違いは **E** の集合化がエンタルピーとエントロピーのどちらの利得により引き起こされるかの違いです．本当のところ疎水表面の第一層の水分子がどのようになっているのか，いまだ結論は出ていません．

合化することでバルクへ放出される水分子の数が多いほど,集合化は有利に働きます.また,バルクへ放出される水分子の数は E・E における E 同士の接触面積に比例しますから,接触面積が大きいほど,集合体は安定化することになります.したがって,大きな分子(正確には水のネットワーク構造よりも大きな分子)が疎水効果で集合化する時,その安定化エネルギー[4]は接触面積に比例するわけです.

分子の接触面積とファンデルワールス力の仕組み

原子や分子が正や負の電荷を持つイオンである時,静電的な力で引きつけあったり反発したりします.この力はイオン結合と呼ばれ,とても大きな相互作用です(図1右).一方,たとえば水分子のように電気的に中性の分子でも,電子の偏りが存在すると極性を持ち,双極子[5]が発生します(図1中央).双極子はベクトル量のため,方向性を持ち,矢印で表わします.双極子同士は互いに相互作用し,同一方向へ並ぶように配列化した時に最も安定します.先ほどお話しした水分子間に働く水素結合も水分子のもつ大きな双極子に由来します[6].

それでは,電子の偏りが無い無極性の原子や分子ではどうでしょう.実は無極性の分子でも瞬間的に分子内に電荷の偏りが生じ,一時的に双極子が発生します(図1右).これを誘起双極子と呼びます.そして,これらの間の相互作用を分散力と言い,vdW 力の主な力だと考えられています(図3).分散力はあらゆる原子,分子間で働きますが,その力は距離の6乗に反比例します.このため,分散力は,とても近い距離でのみ有効に働く,化学結

---

4. ここで安定化エネルギーは集合化の前後におけるエネルギー変化で,安定化エネルギーが大きいほど集合化は有利になります.
5. 双極子は同じ大きさの正および負電荷の対からなります.双極子は大きさ(双極子モーメント)と方向をもつベクトル量で,負極から正極に向かって矢印で示されます.
6. 水素結合を分子軌道に基づいて共有結合等と同じように考えることもできます.このような解釈ができる場合はその水素結合が強い場合で,実際には水素結合は関わる原子によりその強さが変わるため,水素結合の強さに応じて,水素結合の解釈は異なります.

CHAPTER I 研究の目のつけどころ

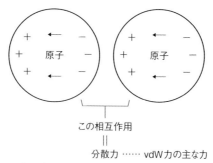

図3 誘起双極子（矢印で表す）とファンデルワールス力

合の中で最も弱い相互作用です．また，比較的大きな分子の間に働く vdW 力は近似的にその接触面積に比例します．

ふたたび，無極性の疎水分子 **E** が **E**･**E** を形成する場合を考えましょう．**E** 同士にはたがいに辺を共有する接触面積に比例する vdW 力が働きます．したがって，水中における **E** の集合化は水分子が水素結合の数を増やす分と **E** 同士に働く vdW 力の両方が効いています（図4）．ここで，vdW 力はあらゆる分子間で働く力ですから，**E** を取り囲む水分子と **E** の表面の間にも働くはずです．もし **E** 同士と **E** と水の間に働く vdW 力が同じであれば，vdW 力による集合体の安定化への寄与は無視できるほど小さく，vdW 力を考慮する必要はありません．しかし，理論研究によると，疎水分子周囲の水分子の密度はバルクよりも低いとされています．このため，疎水分子と水分子間の vdW 力は疎水分子間に比べ小さいと予想され，集合体の安定化への vdW 力の寄与は無視できないと考えられます．今のところこのことははっきりしていません．それと言うのも，疎水分子の集合化により増える水分子の水素結合の数と疎水分子間に働く vdW 力は，ともに疎水分子間の接触面積に比例するため，両者の寄与を分割することがとても難しいからです．

また，vdW 力は水素結合よりもずっと弱い相互作用ですから，これまで疎水分子の集合化においては，vdW 力の寄与が軽視されることがほとんどでした．このため，水中で疎水分子が集合化する際に得られる安定化エネルギーは，単位面積当たりの接触面積だけで評価されてきました．これは，集合化した分子の構造に対して，溶媒として水分子のモデルとなる半径1.5Å

図 4　水中での集合体の安定化と水素結合，ファンデルワールス力の寄与

（オングストローム）の球（これをプローブ球と呼びます）を用いて，コンピュータでこの球が入り込めない面の総面積を求め，実験で得られた安定化エネルギーをこの面積で割ることで算出します．しかし，これまでに報告されてきた値には大きなばらつきがあり，また，その理由についてはまったく議論されていませんでした．

分子の噛み合いの化学 ── 接触面間距離とファンデルワールス力

　このばらつきのなぞについてはあとで触れていきますので，ここでは視点をかえて，私たちの身の回りのものをイメージしてみましょう．たとえば窓ガラスは，私たちの目にはつるつるして平らに見えますが，この表面も分子レベルで見てみるととてもざらついています．このように，肉眼では一見平らなものでも，どんどん拡大して分子レベルで見ると凹凸のある表面ばかりであることがわかります．

　では，窓ガラスの表面にブラシをあてた場合，ガラスとブラシの毛はどのような状況になっているのかを考えてみます．凹凸のみぞよりも太い毛のブラシをあてると，表面と毛はうまく密着できず，ガラスとブラシの毛が触れあう接触面の距離（接触面間距離）は広い部分が多くなります．一方，ブラシの毛を細くしていって，毛の太さと表面の凹凸のみぞがうまく噛み合うようにすると，接触面間距離が短くなるために，vdW 力が強く働きます．冒

> **CHAPTER I　研究の目のつけどころ**

　頭で紹介したヤモリの指の表面には nm（ナノメートル）サイズの太さの毛が生えており，表面との間で自分の体を支えるほどの強い vdW 力を得ています．

　このように，実際の分子でも，先に見た疎水分子 **E** のような完全に平滑な面はほとんどなく，でこぼこしているので，vdW 力の大きさは凸凹の分子表面にどれだけうまく接触できるかに依存します．つまり，「分子同士がどれだけきれいに噛み合うか」ということです．きれいに噛み合って接触面間距離が短いほど，強い vdW 力が生じることになります．前に見たように，vdW 力が距離の 6 乗に反比例することをふまえると，接触面間距離に敏感な相互作用であることは当然ともいえますね．

　さて，vdW 力の距離依存性をふまえて，前の項の終わりで触れた，実験的に得られている「単位面積当たりの安定化エネルギーのばらつき」について考えてみましょう．今度はコの字型の分子が 2 量化する場合を考えます（図5）．ここで，少しだけ形の異なる 3 種類のコの字型の分子を用意します．

　a では 2 つの分子はたがいにうまく噛み合っていますが，**b** ではやや隙間が存在します．また，**c** では一部水分子が入り込める隙間が存在しています．ここで，集合化による第一層にある水分子のバルクへの放出量を比較すると，**c** は **a**，**b** に比べ少ないですが，**a** と **b** は同じです．したがって，**a** と **b** では水分子が獲得する水素結合の数は等しく，集合体の安定化への寄与は変わりません．一方，**a** は **b** に比べ分子間の接触面の面間距離が狭く，

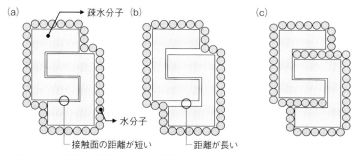

図5　コの字型疎水分子からなる 3 種類の噛み合いの異なる 2 量体形成の模式図
　a と b は 2 量体になった時にバルクへ放出した水分子の数は等しいため，獲得する水素結合の数は同じである．一方，接触面の距離は a のほうが短いため，vdW 力は a のほうが大きいと考えられる．

見るからにより噛み合っています．このため，bに比べaのほうが分子間のvdW力が大きいはずです．このように，aとbでは水分子を放出する面積に大きな差はありませんが，vdW力においては大きな差が出てきます．

　したがって，実験的に調べた単位面積当たりの安定化エネルギーのばらつきは，この分子の噛み合いの違いによると考えられます．研究者はそれぞれ異なった分子を使って単位面積当たりの安定化エネルギーを求めているため，分子の噛み合いの程度は様々です．したがって，総接触面積が同じ場合，水素結合による安定化は同程度であっても，分子の噛み合いによるvdW力の寄与が異なるため，安定化エネルギーも異なります．また，報告されている単位面積当たりの安定化エネルギーの大きなばらつきが分子の噛み合いの違いに起因すると考えると，分子同士がうまく噛み合っている時，vdW力が安定性に与える効果は無視できないほど大きいことになります．

　逆にこのことを利用して，vdW力を調べることができます．つまり，aとbのように，水素結合の強さは同じ程度で，かつ2分子間の接触面の距離が異なる（＝噛み合わせの程度が違う）分子を用意し，それぞれの2分子間の距離を見積もることで，vdW力を調べることができる，というわけです．

　それでは，接触面積の面間距離分布をどのように見積もればよいでしょうか．私たちの研究室では先ほど紹介したプローブ球を利用する方法を応用し，接触面積の面間距離分布を求める手法を開発しました（図6）．プローブ球の半径を0.01Å（オングストローム）ずつ変化させ，それぞれ接触面

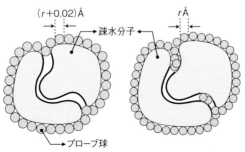

図6　プローブ球の大きさを変化させて分子の接触面の面間距離分布を調べる方法

積を求め，これをもとに面間距離分布を調べます．たとえば，直径 r Å と $(r+0.02)$ Å のプローブ球で求めた接触面積を比べましょう．直径 r Å で求めた面積は面間距離が r Å 以下の面全体です．一方，直径 $(r+0.02)$ Å で求めた面積は面間距離が $(r+0.02)$ Å 以下の面全体です．したがって，両者の差は，面間距離が r Å から $(r+0.02)$ Å の面に相当し，ここでこれを面間距離 r Å の面と定義します．同じ解析をプローブ球の半径が 0 Å になるまで実行することで，0.02 Å 間隔で接触面積の距離分布を得ることができます．この方法は，「プローブ球の半径を変えて接触面を解析」することから，英語で表現した際の頭文字をとって SAVPR（Surface Analysis with Varying Probe Radius）と呼んでいます．

分子のサイコロ ── ナノキューブ

面間距離分布を解析する手法ができましたので，今度は実際に分子の噛み合わせを調べてみましょう．ここでは，私たちの研究室で開発した集合体に対する例を紹介します．

以前に私たちは図7に示す歯車のような形をした分子 **1** を水とメタノールの混合溶媒に溶かすと，6分子が集合化して1辺約 2 nm の箱形の構造（**1**$_6$）を形成することを発見しました．私たちはこれをナノキューブと呼んでいます．ここで，溶媒として水の他にメタノールが入っていますが，これは生成するナノキューブが純粋な水には溶けず，メタノールを必要とするためです．ナノキューブの形成とその構造はいろいろな測定から明らかにされましたが，もっとも直接的な証拠は結晶構造解析によるものでした．その結果，ナノキューブの構造にはいくつかの特徴があることがわかりました．そこで，ナノキューブの構造を立方体と比較してみましょう．

まず，各歯車状の分子はそれぞれ立方体の6つの面を占めています．独立した歯車状分子には120度回転するともとの像に戻せる軸（これを C_3 軸と呼びます）が存在しますが，ナノキューブの中に埋め込まれた歯車状分子 **1** には C_3 軸はありません．そこで，ナノキューブの中にある歯車状分子を図7aに示すように簡略化します．立方体では点対称の操作でもとの像に変

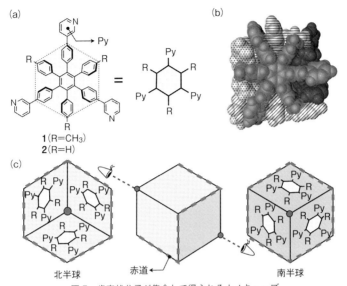

図7 歯車状分子が集合して得られるナノキューブ
（a）歯車状分子 1，2 の化学式．（b）ナノキューブの結晶構造．各歯車状分子はそれぞれ異なる網がけで示されている．（c）ナノキューブの模式図．

換できますが（このことを「対称心がある」と言います），ナノキューブにも対称心が存在します．一方，普通の立方体には 120 度回転すると同じ像に変換できる C_3 軸が 4 本ありますが，ナノキューブには C_3 軸は 1 本しかありません．そこで，この軸を地軸にたとえ，この軸が貫く 2 つの頂点を北極，南極と呼ぶことにしましょう．すると，北半球と南半球にはそれぞれ 3 つずつの歯車状分子が存在し，赤道は 6 つの辺からなります．また，両極から眺めた図を比べると，北半球を鏡に映した像が南半球と重なります．このような関係にある時，たがいに鏡像の関係であると言います．

つづいて，ナノキューブの形成による安定化のエネルギーを実験的に見積りましょう．エネルギーを見積る方法はいくつかありますが，その中でも最も精度の高い方法である等温滴定カロリメトリーを紹介します．

歯車状分子がばらばらで存在するよりもナノキューブを形成した方が安定なら，ナノキューブを形成するとエネルギーが放出されるので，その安定化分に相当する発熱が起こります．等温滴定カロリメトリーでは，この極微量

の熱量変化を正確に測定します．通常，等温滴定カロリメトリーでは，2つの液体を混合し，発生する熱量（もしくは吸熱量）を計りますが，ナノキューブのような自己会合体（分子同士が自ら集合してできた構造体）では，混ぜ合わせるものに工夫が必要で，希釈実験という方法で測定が行われます．

歯車状分子（**1**）とナノキューブ（**1**$_6$）の間には，$6 \cdot \mathbf{1} \rightleftarrows \mathbf{1}_6$ の平衡が成り立っているとします．この時，ナノキューブの形成率は歯車状分子の濃度に依存し，**1** の濃度が高いほど **1**$_6$ が多く生成します．そこで，溶媒だけを加えた容器に濃度の高い **1**$_6$ を滴下すると，容器内でナノキューブの濃度が低下し，一部のナノキューブは歯車状分子 **1** に解離します．そこで，この解離に伴う熱量を計ると，$\mathbf{1}_6 \rightarrow 6 \cdot \mathbf{1}$ の解離過程を解析できますので，最後に符号を変えれば会合のエネルギーを求めることができます．その結果，20℃における会合の自由エネルギー変化（安定化エネルギー）は -112 kJ mol^{-1}，エンタルピー変化は -216 kJ mol^{-1}，エントロピー変化は $-354 \text{ J mol}^{-1} \text{K}^{-1}$ であることがわかりました．このことから，ナノキューブの形成はエンタルピー的にのみ有利であることがわかります．

安定化のエネルギーを実験的に見積もることができましたので，次にナノキューブ内における接触面積を求めましょう．ナノキューブの分子構造に対して溶媒分子と同程度の大きさ半径を 1.5 Å のプローブ球を用いて総接触面積を見積もると 1955 Å^2 となりました．これから従来法で求められる単位面積当たりの安定化は $-57.3 \text{ J mol}^{-1} \text{Å}^{-2}$ となります[7]．

面間距離分布を解析する前に，歯車状分子 **2** の性質を紹介しましょう．**2** は **1** に付いている 3 つのメチル基（CH_3）を水素原子に置き換えた分子です．両者の構造はとても似ていますが，驚くことに **2** を溶かしてもナノキューブ（**2**$_6$）は得られませんでした．そこで，**2**$_6$ の安定構造を分子力場計算により求め，これを **1**$_6$ と比較しました．まず **2**$_6$ における接触面積を求めたところ，1590 Å^2 で，**1**$_6$ に比べ総接触面積は少ないことがわかります．

---

[7]. この値はこれまでに報告されている値の中でも小さい方ですが，これはナノキューブが純粋な水中で形成していないために，疎水効果により水分子が獲得する水素結合の利得がとても小さいからです．

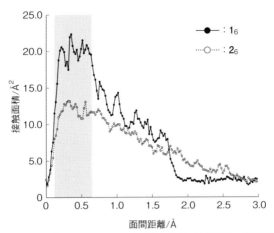

図8　ナノキューブ 1_6 と 2_6 における歯車状分子間の接触面積の面間距離分布
1_6 は 2_6 に比べ，面間距離 0.1 から 0.7 Å の接触面積が多く，よく噛み合っていることがわかる．

つづいて，1_6 について求めた単位面積当たりの安定化エネルギーを使って，2_6 における安定化エネルギーを計算すると，-91.1 kJ mol^{-1} となり，この値から実験条件下で溶液中に生成するナノキューブの割合を見積もってみると，約 34% もの 2_6 が生成されることに匹敵するエネルギーであることがわかりました．しかし，実際には 2_6 の生成はまったく確認されていません．両者に見られる大きな矛盾は 1_6 と 2_6 で同一の単位面積当たりの安定化エネルギーを用いたことに由来します．すなわち，一見とても良く似た分子ですら，単位面積当たりの安定化エネルギーは異なることがわかります．これはまさに，1_6 と 2_6 で分子の噛み合いの程度が違うことに由来するに違いありません．

そこで，1_6 と 2_6 について接触面積の面間距離分布の解析（SAVPR）を行いました．その結果，図8に示すように両者の分布に大きな違いが見られました．1_6 は 2_6 に比べ面間距離 0.1 Å から 0.7 Å 付近の接触面積がとても多い一方，1.8 Å 以上の面間距離についてその面積が少ないことがわかります．1_6 と 2_6 の間で顕著な差が見られた面間距離は溶媒分子の直径 3 Å よりもずっと小さく，疎水効果の影響を受けない領域であることがわかります．すなわち 1_6 と 2_6 はそれぞれ図2の **a**，**b** に近い関係（**a**＝1_6，**b**＝2_6）

CHAPTER I 研究の目のつけどころ

で，1_6 の安定化には分子間の噛み合いが不可欠であることを示しています．

ここまで見てきたように，1_6，2_6 のような極めて構造の似た分子から形成される集合体を調べることで，疎水（疎溶媒）効果により形成する集合体の安定性は，①集合化にともなってバルクへ放出される水分子が獲得する水素結合のエネルギーに加え，②分子間の噛み合いの寄与もとても大きい，ということが明らかになりました．また，SAVPR 法を使うことで，一見よく似た 2 種類のナノキューブ 1_6 と 2_6 の安定化を分子の噛み合いに基づいて評価できることもわかりました．

最後に，分子の噛み合いの科学による今後の可能性について考えましょう．今回紹介したナノキューブやヤモリの手の表面のナノ構造に見られるように，分子の噛み合いが安定性に及ぼす寄与は無視できないほど大きいことがわかりました．これまでに化学の分野では，様々な化学結合を駆使していろいろな物質が開発されてきています．これらの物質開発においては精密な構造を構築する必要があり，そのために原子や分子間の相対位置が明確に規定されなければなりません．共有結合をはじめとする多くの化学結合は原子間の相対位置を明確に規定するだけの強い方向性をもちますが，vdW 力は近距離のみでしか働かない上に方向性にも乏しいため，結晶中における分子の配列化を除いては人が扱える有効な相互作用とは認識されていませんでした．一方，生体系ではタンパク分子の折りたたみや集合化をはじめ，広い分子表面間の特異的な接触を利用することで，比較的強い力と明確な方向性を獲得し，構造構築や特異な機能発現を実現しています．これは，原子間に働く vdW 力が小さくても，これを噛み合いの良い相補的な分子表面間で働かせれば，大きな結合力を生み出せることを巧みに利用しています．たとえば特定の相手を認識して相互作用する「よく噛み合った分子表面」をデザインすれば，vdW 力を使って，ナノキューブよりもっと複雑な分子集合体を開発できるはずです．この時重要なことは，デザインした分子における vdW 力と疎水効果による安定化の寄与をあらかじめ見積もれることです．

近年，理論計算により vdW 力を正確に求めることが可能になりつつありますが，現状ではナノキューブぐらいの大きさですらとても難しいとされています．そこで，SAVPR 法を発展させ，面間距離に依存した単位面積当た

りの安定化エネルギーを見積もることができれば，ずっと簡単に集合体の安定化を見積ることができるでしょう．そのためには，分子の噛み合いの異なる集合体（たとえばナノキューブでもよいでしょう）をいろいろ作り，安定化エネルギーを実験的に見積もり，多くのデータから面間距離の依存性を明らかにする必要があります．また，ナノキューブをはじめ，vdW力で集合化している分子ではとくに溶液中で構成要素間の相対位置が常に変化し揺らいでいると考えられ，このような動的な特性が集合体に及ぼす効果を調べることもとても重要です．これからまだまだ長い道のりがありますが，「分子の噛み合いの化学」の延長線上に物質開発の新戦略や生命分子の特異な機能を明らかにするための基礎的知見が隠れていると期待され，焦らずじっくり腰を据えて挑戦し続けていきたいと考えています．

PROFILE

平岡 秀一（ひらおか・しゅういち）先生のプロフィール

東京大学大学院総合文化研究科教授

1970年東京生まれ，東京育ち．1998年東京工業大学大学院生命理工学研究科博士課程修了，博士（工学）．2010年4月より現職．専門は有機化学，錯体化学，超分子化学．趣味は3歳になる息子とのおもちゃ屋巡り．

主な著作 『超分子金属錯体』（錯体化学会選書）（分担執筆，三共出版，2009）
『最新 分子マシン──ナノで働く"高度な機械"を目指して』（分担執筆，化学同人，2008）
『自己組織化の分子化学』（サイエンス社，2015発刊予定）

 平岡先生おすすめの本

『新版 有機化学のための分子間力入門』（KS化学専門書）西尾元宏（講談社，2008）
ここで紹介したファンデルワールス力を含め，いろいろな分子間相互作用について具体例とともに簡潔にまとめられています．

『超分子の化学』菅原 正・木村榮一編，村田 滋・堀 顕子（裳華房，2013）
多様な分子間相互作用とそれらを利用して作られる超分子構造体について，基礎的事項から最近のトピックスまでバランスよくまとめられています．

LECTURE

19世紀アメリカ合衆国から見た太平洋の「かたち」
―― 歴史を動かした空間のイメージ

第3講の「目のつけどころ」は歴史の背後にある人々の認識や常識です．歴史上の出来事は，必ず当時の人々の認識や常識に影響を受けています．アメリカ合衆国の人々が太平洋を捉える「かたち」の変化を通じて，歴史上の出来事の背景が見えてきます．

遠藤泰生

ペリーはどこの海を経由して来たのか

ペリー提督（マシュー・ガルブレイス・ペリー，1794-1858，図1）の名前は日本ではたいへんよく知られています．1853年7月（嘉永6年6月）にアメリカ合衆国（以下，アメリカと略記します）の"黒船艦隊"を率いて浦賀に来港したペリーが，鎖国政策の撤廃を江戸幕府に迫った歴史を知らない人はいません．それまで約250年にもわたりオランダと中国以外の外国との交流を絶ち，鎖国がもたらす国内の平和に浸っていた日本の国民の多くは，黒船艦隊の来訪に大きな衝撃を受けました．「泰平の眠りを覚ます上喜撰，たった四杯で，夜も眠れず」という有名な狂歌を聞いたことのある人は多いでしょう．蒸気船2隻を含む4隻からなる黒船艦隊を「上喜撰（じょうきせん）」，すなわち上等な緑茶にみたて，そのお茶を「四杯」飲んだだけで日本の庶民は目が冴えて夜も眠られなくなったと，黒船の引き起こした騒動を笑い飛ばしたのがこの狂歌です．その大事件を引き起こした最重要人物がペリーでした．

しかし，その時，ペリーがどこの海を経由して日本にやって来たのか正確

図1 ペリー提督（マシュー・ガルブレイス・ペリー）
© AFP/THE PICTURE DESK/THE ART ARCHIVE.

に理解している人は意外に少ないようです．日本とアメリカとは太平洋を挟んだ隣国などといわれることもあり，おそらくそのせいでしょう，彼の艦隊が現在のアメリカの西海岸から太平洋を横断して浦賀に来港したと想像している人が多いのです．しかし，その理解は間違いです．たしかにペリーの率いる黒船艦隊は，沖縄を経て太平洋側から浦賀に接近しました．しかしその艦隊は，軍港として名高かったアメリカ東海岸ヴァージニア州のノーフォークを1852年11月に出発したあと，大西洋を横断してアフリカ大陸南端の喜望峰を回り，さらにインド洋，東シナ海と地球を東回りに航海して来たのです．

"黒船来航"と呼ばれるほどの大事件について，なぜ私たちはこのような誤解を150年以上にもわたりもち続けてきたのでしょうか．それがこの章で問うてみたいことです．その答えを少し先回りしてお話しすると，それは，私たちが太平洋という海の「かたち」をよく学んでいないからだと私は考えています．

CHAPTER I 研究の目のつけどころ

　ここで言う海の「かたち」には，馴染みのない人が多いでしょう．海の「かたち」という言葉を聞いた時に一般に私たちが思い浮かべるのは，地図や写真で見る海の自然な「かたち」です．正確で客観的な大きさや長さがこの「かたち」にはあります．しかしこれからここで考えていく海の「かたち」には，その海域を行き来した人の目的や気持ち，印象が生み出す社会的，文化的な意味が含まれます．たとえば，ある海域をごくわずかの人が苦労して渡っていただけの海の「かたち」は，とても遠く広い「かたち」をしていると私は考えます．逆に，大勢の商人や旅行者がひっきりなしに行き交う海は，近く狭い「かたち」をしていると考えます．恐ろしい海難や争いばかりが起きる海は，恐ろしく危ない「かたち」をしているかもしれませんし，"南国のパラダイス"のようなイメージで捉えられる海は，優しく明るい「かたち」をしていると考えられます．具体的な例を思い浮かべるとさらにわかりやすくなるでしょうか．大渦で有名な四国鳴門の海峡は，地図で見ればわずかな距離でしかないかもしれませんが，そこを漕ぎ渡る人にとっては，長いこと遠く険しい危険な「かたち」をしていたに違いありません．もちろん，そうした様々な「かたち」は，人の行き来に影響を与える経済の状況や海を渡る操船技術の向上に従って変わりますから，歴史上，海の「かたち」は不断に変わり得るものであると考えることができます．地理学や天文学などから得られる客観的情報の上に人々の気持ちが重ね合わさって想像の領域に浮かび上がるそうした「かたち」を思い浮かべてみた場合，19世紀のアメリカの人々にとって太平洋はどのような「かたち」をしていたと言えるのでしょうか．それを考えてみると，ペリーがどこの海からやって来たのかという問いに誤った答えを出す恐れは減ると思うのです．それを皆さんとこれから考えてみましょう．

冒険商人たちの海

　ペリー提督が来航したころの日本にとって太平洋は未知の水の空間でした．時折生還する漂流民以外にその海に流れ出た人も，漕ぎ出した人も，ほとんどいませんでした．同様に，アメリカの人々にとっても太平洋はまだ馴

染みの薄い空間でした．フェルディナンド・マジェランらのヨーロッパの探検家が現在の太平洋海域に到達したのは16世紀初頭のことですが，その後この広大な水の空間に関する知識は欧米の人々に詳しく知られないまま時が過ぎていきました．

アメリカで太平洋の存在を広く人々に知らしめたのが誰であるのか，厳密にはわかりません．しかし，1783年，ジョン・ルディヤードという人物が，『クック船長の太平洋航海記』という本をコネティカット州で出版したことが知られています．ルディヤードは1751年生まれの自称冒険家で，ダートマスカレッジという大学に入学しましたが，じきに退学し，ヨーロッパ放浪の旅に出ました．やがて英国が植民地としていたジブラルタルに到達し，英国海軍に志願したのです．その結果，キャプテン・クックが率いた有名な探検隊の第3次太平洋航海（1776-80年）に運良く同行することができました．この探検航海の間にクックは現在のハワイにあたるサンドイッチ諸島に到達し，自身は1779年同諸島で殺害されたものの，北太平洋海域に関する多くの最新の情報を英国にもたらしました．アメリカに帰国したルディヤードも，その時の体験をもとに『クック船長の太平洋航海記』を著したのです．

ルディヤードがその本で紹介した太平洋の理解は現代の私たちのものと比べるとまだまだ稚拙でした．本につけられた地図を調べてみるとそれがわかります．たとえばその地図には，日本，インドネシア，フィリピンなどのアジア大陸周辺の大きな島々，および北米大陸西岸，オーストラリア，ニュージーランドなどが太平洋を取り囲むように描かれてはいますが，その相対的な大きさや海岸線はかなり乱雑に描かれています．太平洋という海が存在していることは承知しているものの，その周辺や内側にどのような世界が広がっているのか，具体的な情報はまだ十分に得られていない，そのような時代の太平洋の「かたち」がそこに描かれていると理解することができます．

それでも，ルディヤードが示した太平洋の「かたち」には，今までに触れられたことのない側面がありました．それは，アジア，とくに中国へ通ずる交易路という側面でした．中国への交易路といえば，アメリカ東海岸から大西洋をわたって喜望峰を経たのちインド洋を進む東回りの航路が想起される

のがあたり前であった時代に,アメリカ西海岸から西回りに回る交易路としてルディヤードは太平洋を記述したのです.この視線の逆転はルディヤードの独創と評価しなければなりません.ヨーロッパから東へ東へとアジアを目指して延びる今までの西欧中心のまなざしを反転させ,アメリカ大陸から西へ西へとアジアに向かうアメリカ独自のまなざしがそこに芽生えているのを確認することができるからです.

　実際,ルディヤードが北米大陸とアジア大陸を結ぶ交易路としての太平洋の「かたち」を紹介して間もなく,太平洋を越える中国貿易の可能性を求めアメリカの冒険商人たちが活動を開始しました.英国からアメリカが独立した時期とこの時代が重なっていたことも重要な意味をもちます.7つの海に広がる海洋帝国に英国が敷いた航海法の規制のもと,アジアとの交易を自由に行うことができなかったそれまでのアメリカの商人たちが,自分たちの船を使って思いのままに交易の可能性を探る時代がようやく訪れたのです.中国との交易を切望していた東部の商人たちは,さっそく1787年,レディ・ワシントン号とコロンビア号の2隻の帆船をボストンから出帆させ,南米大陸南端のマゼラン海峡を越え,南米大陸西岸を北上したのち,北米大陸太平洋岸から中国へ渡る交易路を切り開きました.これ以後,北米の港でビーズや首飾り,やかんなどの金物を積み込み,北米大陸西岸でラッコを含めた獣の毛皮とそれらのガラクタを先住民と交換し,太平洋を渡ったのち今度はその毛皮を広東で茶や陶器などの中国産品と交換,最後に大西洋経由で中国産品をボストンやフィラデルフィア他のアメリカ東岸に持ち帰り,巨額の利益をあげる,世界周航貿易が盛んになりました.19世紀の初頭,太平洋が交易の海という「かたち」を見せ始めたのです.

捕鯨船の乗組員たちの海

　前節で見た交易の海の「かたち」は,港と航路の2つからなる,たとえて言えば,点と線で作り上げられたごく細い「かたち」をしていたと考えられます.太平洋の大海原をまぁるく二次平面的に捉える視点は人々の間にまだ育っていなかったのです.もちろん,冒険商人たちは港と港を結ぶ航路上

だけを行き来したわけでは必ずしもありません．そもそも地大物博(土地が大きく物が豊かという意味)と形容された中国と交易するのに値する物産を独立したばかりのアメリカは有していませんでした．広東で一時珍重されたラッコの毛皮も乱獲がたたって産出量がたちまち激減し，それに代わる産品を求めてアメリカの交易船は太平洋上をジグザグと移動しなければならなくなったのです．その結果，品質は劣るものの北米大陸で採れる朝鮮人参や，ハワイで採れる白檀と呼ばれる香木が新たな産品として輸出されるようになりました．しかし，どれもラッコの毛皮ほどの付加価値を世界周航貿易にもたらしませんでした．冒険商人が描く点と線からなる太平洋の「かたち」は，それ以上幅を広げることがなかなかできなかったのです．

初期の貿易商人に代わって19世紀の太平洋を東西南北にわたって縦横に駆けめぐりはじめたのは，捕鯨業に携わる船乗りたちでした．そもそもアメリカは植民の初めから捕鯨と深く関わった捕鯨大国でした．17世紀ニューイングランドへの入植者に英本国が植民を許可した文書にも，北米大陸東岸での捕鯨を許すという言葉が記されていたくらいです．しかし，初期の捕鯨は沿岸捕鯨と呼ばれる小型のクジラを追うものばかりでした．造船技術の向上とともに捕鯨船が大型化し，遠洋捕鯨が可能となったのは18世紀後半に入ってからのことです．やがて，マサチューセッツ植民地のベッドフォードなどの港町を出帆した大型の捕鯨帆船がブラジル沖やアルゼンチン沖に到達し，最後に南米大陸南端を迂回して太平洋に入る時代がやって来ます．1800年代には太平洋におけるアメリカの捕鯨が本格化したと理解されています．まず南米大陸沖から赤道直下を貿易風に沿って西に進み，ガラパゴス諸島やマルケサス諸島付近で操業する一団が生まれました．一方，南北大陸を北上しカリフォルニアに到達したのち，大陸を離れ，現在のハワイを拠点としながら東太平洋上で操業を続ける太平洋捕鯨も活発化しました．ジャパングラウンドと呼ばれた日本近海のクジラの漁場が先に説明した冒険商人たちによって1820年代に発見されたのちは，アリューシャン列島や日本近海にも頻繁にアメリカの捕鯨船が出没するようになりました．要するに，太平洋の全域でアメリカの捕鯨業が繰り広げられるようになったのです．1840年代ごろからその全盛期が訪れると考えてよいのですが，その勢いはすさま

CHAPTER I 研究の目のつけどころ

じく，1835年から55年の間に世界で操業した捕鯨船約900隻のうち，実に約700隻すなわち8割近くがアメリカ国籍の船であったと研究者は推定しています．

　太平洋に関する情報の蓄積という側面からあらためて確認をしておくべきは，そうした捕鯨船の数の多さばかりではありません．19世紀半ばのアメリカでは捕鯨業が基幹産業のひとつであったという経済史上の史実の方がむしろ重要な意味をもちました．造船業，鯨油の精製，鯨骨加工（男性の襟首を整えるカラーや女性のコルセットなどにも使用），船員の雇用などで，捕鯨業はアメリカの経済全体に大きな波及効果を及ぼしていたのです．現代にたとえれば自動車産業に匹敵する位置を捕鯨業は占めていたと言えるのではないでしょうか．その業界の裾野の広さを考えれば，捕鯨を通してもたらされる太平洋に関する様々な情報がアメリカ社会の極めて広い範囲の人々に浸透していたと考えるのが自然です．言い方を変えれば，その情報が当時のアメリカにおける太平洋の「かたち」の形成に甚大な影響を与えていたと推測されるのです．

　では，実際にどのような情報がいかなるイメージをともなって人々の間に伝わったと考えられるでしょうか．2つの例をあげて考えてみます．

　ひとつの例は，捕鯨図（ホウェイル・ペインティング）と総称される絵画です．図2（口絵5）を見てください．これはペリー来航と同じ1853年にニューヨークで出版された「抹香鯨の捕獲」と題された1枚の絵です．アメリカでオリジナルに出版された捕鯨図としては最も古い部類のひとつで，絵を描いたコーネリウス・ハルサートはかつて捕鯨船の乗組員でしたが，航海中に片足を失い陸に上がった猛者でした．生活費を稼ぐために体験に根ざした捕鯨図を描くようになったといいます．彼の絵は，本人が描くスケッチに専門の画家が色を加えたもので，ハワイ沖での帆船捕鯨図などと合わせて印刷され販売されました．たいへんな人気を博したそうです．

　画面を詳しく見てみましょう．ここに描かれているのは，6人で1クルーを形成する当時もっとも普及した捕鯨の姿で，そのクルーが1艘のボートに乗ってクジラに迫る姿が画面手前左側に躍動感をもって描かれています．一方，画面の少し奥には鯨の尾ひれで木っ端みじんに粉砕される別の小舟が

図2 「抹香鯨の捕獲」と題された捕鯨図（1853）（勇魚文庫蔵）

描き込まれ，捕鯨の世界の厳しさ，激しさが描かれてもいます．画面のほぼ真ん中，銛を突かれたクジラはすでに血潮を噴いており，原画ではその血の赤い色が効いて，画面に一種の壮絶感が漂います．19世紀後半のアメリカでは西部の荒野で繰り広げられる勇猛（ワイルド）な暮らし振りや先住インディアンとの闘いを描く画が人気を博しました．そうしたワイルド・ウェストの伝統とつながるものをこの絵がもつと解釈することもできるでしょう．西部の荒野につながる躍動する太平洋世界という「かたち」が，このような絵を通して国中の人々に伝わったと推測してかまわないのではないでしょうか．

　そうした推測を裏づけする別の資料もあります．19世紀のアメリカを代表する小説家の一人であるハーマン・メルヴィルの代表作のひとつ『白鯨』（1851）の一節です．メルヴィルは1819年ニューヨーク市の名家に生まれましたが，19歳の時に英国行きの商船に水夫として乗り込み，1841年からは捕鯨船の船員となりました．ハワイや南太平洋の島々を放浪に近いかたちで転々としたのち，44年に帰国，そのころの海洋体験をいくつもの作品に記しています．実際『白鯨』には「太平洋」と題された章がひとつ設けら

れており，そこに次のような記述があるのです．少し長くなりますが引いてみましょう．

> 「放浪と瞑想とを愛する神秘家ならば，ひとたびこの静穏の太平洋をながめたとすれば，終生これを彼の心の海とするであろう．それは世界の水域のまっただなかにうねり，インド洋と大西洋とはその両腕にすぎない．（中略）かくして，神秘で神聖な太平洋は，世界の全胴体を帯のように巻き，あらゆる岸辺をおのれのひとつの湾とし，その潮鳴りは地球の心臓のひびきをおもわせる．この永遠の波のうねりに持ち上げられる人は，ここに神の蠱惑をみとめざるを得ず，牧神の前に頭を下げるであろう．（『白鯨（上巻）』ハーマン・メルヴィル著，阿部知二訳，岩波文庫，1956）

いかがでしょう．「世界の水域のまっただなかにうねり」「その潮鳴りは地球の心臓の響きをおもわせる」とは，何とも雄大なイメージだと思いませんか．「インド洋」「大西洋」もその両腕にすぎないとまで言うのです．

19世紀前半のアメリカの人々にとってもっとも親しみのある海は大西洋であったでしょう．しかしその大西洋が喚起した海洋イメージは，太平洋に比べるとずっと静かで，小さくまとまっていたと私は考えています．もちろん海難事故が多かったこともあり悲しい海の光景を綴った文章や絵画も存在するのですが，たとえば当代きっての人気作家で詩人でもあったヘンリー・ワーズワース・ロングフェローの詩などには，ニューイングランドの美しい灯台や静かな岸辺の小景が描かれることが多かったのです．アメリカの人々の心の中にあった大西洋と太平洋の「かたち」には違いがあったということになります．そしてその違いを生み出す力のひとつが，捕鯨船の船乗りたちがもたらす太平洋の情報にあったと私は考えているのです．

海軍技術将校たちの海

さて，冒険商人の交易船や捕鯨船が太平洋のあちこちを航海するようにな

ると，その安全に気を配る者が必要になります．アメリカでその任務を負ったのは海軍の軍人たちでした．ペリーが日本にやって来るまでのアメリカで太平洋の「かたち」を整えるのに最大の功績を残したのは彼らだったかもしれません．

　アメリカに海軍が生まれたのは1794年のことでした．しかし海軍設立の当初の目的は，地中海やヨーロッパ海域でのアメリカ商船の保護にありました．軍事海域としての太平洋に海軍が注目し始めるのは，1812年から14年まで続いた米英戦争以後のことでした．先に述べたとおり，この時期までにはニューイングランドの捕鯨船がすでに相当数太平洋海域に進出していたため，戦時中，英国海軍からそれらの船を保護するためにアメリカの海軍が太平洋に入り始めたのです．とはいえ，アメリカにとって太平洋はまだ縁の薄い存在でした．米英戦争時に南米沖で作戦を展開したエセックス号という戦艦の船長をしていたデイヴィッド・ポーターという軍人が太平洋の島々への領土的意欲を中央政府に書き送った時にも，アメリカ政府は積極的な返答をしませんでした．

　それでも1820年代に入ると，アメリカ海軍は世界の海のより体系的な掌握に努めるようになります．すなわち，世界の海をいくつかのブロックに分け，そのブロックごとに自ら艦隊を編成し，アメリカ船舶の安全を見守るようになるのです．この構想のもと，従来の地中艦隊に加え，1821年にまず西インド洋艦隊が，続いて，1822年に太平洋艦隊が編成されました．ただここで注意しなければならないのは，その太平洋艦隊が現在のペルーやチリに寄港地を有しながらも，南太平洋からせいぜいカリフォルニア沖までを主たる活動範囲としていた事実です．もちろん1830年代に入り太平洋捕鯨が活発化するにつれ，ハワイを基点とする北太平洋もその管轄海域に含めるようにはなったのですが，それでも，少なくとも19世紀後半に入るまで，太平洋艦隊の活動の重点は東太平洋に置かれ続けたことをここでは強調しておきます．一方，インド，中国，日本を含む，西太平洋方面の海域に責任をもったのが，1835年に編成された東インド洋艦隊でした．ペリー来航時までアメリカのこの海域区分概念はほぼ変わらなかったと考えられます．要するに，アメリカの人々にとって西太平洋は太平洋の「かたち」の中でいたって

CHAPTER I 研究の目のつけどころ

影が薄かったのです．ペリー艦隊がアメリカの東海岸から喜望峰を回ってインド洋経由で日本に来航したのには，そうした理由があったからでした．なるほど，日本来航時のペリーの正式な肩書きも，東インド洋艦隊司令官でした．太平洋艦隊の司令官として彼は日本を訪れたのではなく，また，太平洋を横断して日本にやって来たわけでもなかったのです．海軍が理解していた太平洋のこの「かたち」を少しでも知っていれば，ペリーがどこの海を経由して日本にやって来たのかというこの講義の冒頭に記した質問にも，正しく答えることができたのではないでしょうか．

　もう少し話を進めましょう．ブロックごとに編成された艦隊が世界の海を有機的に見守るのに必須なのが，海そのものに関する情報でした．水の深さや波の高さから潮の速さ，浅瀬の有無まで，どのような情報であれ自国の船舶の安全な航行に必要な情報の収集に海軍は努めねばなりませんでした．ところが，この点，アメリカがもっとも遅れていたのが太平洋に関する情報の収集だったのです．19世紀の前半に太平洋に関する書籍を一番多く出版していた欧米諸国はフランスでその数85冊であったのに対し，アメリカが同じ時期に刊行した関係書籍はわずかに9冊にすぎなかったといいます．太平洋の利用価値に目覚めつつあったアメリカは情報収集におけるこの遅れを挽回するために，1838年から42年にかけ，海軍科学探検隊を空前の規模で太平洋に派遣しました．遠征隊の司令長官のチャールズ・ウィルクス自らが科学に詳しい技術将校であったため，地理学者，博物学者，記録係としての画家を含めたこの遠征隊の収集した情報は，科学的客観度が非常に高く，彼らがもたらした情報をもとに作成された海図には第二次世界大戦中にアメリカ海軍がそのまま使ったものすら含まれたといわれます．

　ちなみに1838年8月にヴァージニア州を出帆したウィルクス遠征隊は，ホーン岬を迂回して太平洋に入ったあと，南北アメリカ大陸沿岸はもとより，タヒチ，サモア，オーストラリア，南極大陸を視察したのち，オレゴン，カリフォルニア，ハワイと回り，最後はウェーク，マニラ，インド洋，喜望峰と航行し，ようやく1842年6月にニューヨークに帰還しました．彼らの探検の記録が『合衆国探検航海記――1838年から1842年』（全5巻，1845年，英語）にまとめられ刊行されたこと，一行がもち帰った博物

学の標本を基礎に今日のスミソニアン博物館が設立されたことなど，特記すべき事柄は数多くあります．そしてさらに重要なのは，帰還したウィルクスらの報告を聞いた海軍や政府の高官が太平洋への認識を新たにし，領土獲得への関心を深めたことでした．

　19世紀，アメリカの人々の太平洋理解の深化に海軍が果たした役割にもうひとつ忘れてはならない事柄があります．それは，海軍士官マシュー・モーリの業績です．彼が1855年に刊行した『海洋地理学』（英語）という書籍は，当時のアメリカに蓄積された太平洋に関する知識の頂点を示すものであったと考えられます（図3）．その書物には，世界中の海の深さ，透明度，潮の流れ，季節ごとの風向きなどの自然地理に関する情報から，クジラの生息範囲と海水温度との関係などの海事経済の情報まで，ありとあらゆる情報が記載されていました．モーリ自身はあくまで航海士として海軍で働き始めたのですが，健康を害したのち海軍の情報部門に転属し，世界の船舶が残した古今東西の航海記録を収集しながらこの本を著したのでした．要するにこの著作は，文字に残された海洋に関する欧米の既存の知識と彼と同時代に実際に世界の海をめぐった捕鯨船や商船から寄せられた現場の情報をつき合わせ，それに科学的体系づけをして，世に問うた著作であったと解釈できるのです．

　偶然の一致かもしれませんが，モーリに見る海洋情報の整理，体系化と並行するかたちで，アメリカ海軍は蒸気船艦隊の太平洋への導入を検討し始めます．興味深いことに，その導入をもっとも強く主張した一人がペリーだったのです．モーリの仕事は必ずしも太平洋に限定されたものではありませんでした．実際モーリは，新設された海軍観測局の局長に1852年就任し，そこで収集した全世界の海に関する情報を土台に『海洋地理学』を著したのです．モーリは同じ情報を土台に数多くのテーマ別の海図も作成しています．これらはモーリを中心頭脳とする19世紀半ばのアメリカ海軍が，世界の海洋をひとつのシステムとして把握し，その中に占める太平洋の位置を科学的尺度で相対化する力を備えていたこと，そしてその結果を図面に客観的に書き表す力を有していたことを示唆します．これはたいへんなことだと私は思います．たとえば同時代に日本の国土から太平洋に流れ出た漂流船の船乗り

CHAPTER I 研究の目のつけどころ

図3 大西洋海深図 (*The Physical Geography of the Sea*, Matthew Fontaine Maury, 1855)

が残した漂流記録を読むと，船をどちらに進めればよいのか，船霊さまに彼らが占いを立てている姿が複数認められます．鎖国の制度が敷かれていた日本ではやむを得なかったとはいえ，モーリらが培った海洋理解とこの日本の船乗りたちの海洋理解との彼我の差に驚かざるを得ません．そして，最後に想像力をたくましくして述べてしまえば，モーリと同じ太平洋の「かたち」がペリーの目にも映っていたのではないかと私は考えています．そうでなければ，"黒船艦隊"に2隻の蒸気船をあえて交えて浦賀に来港してみせる必要もなかったのではないでしょうか．帆船だけで航海する時代には見えなかった太平洋の「かたち」，それはアジアとの交易に必要な日数を冷静に計算できる人の目にのみ映る「かたち」であり，海図の上に緯度や経度，海の深さや風向きを示す目盛りが刻まれた「かたち」でした．19世紀後半にアメリカが太平洋への進出を加速化させるのには不可欠なこの「かたち」が，モーリにもペリーにも見えていたと私は思うのです．

太平洋の「かたち」を学ぶ

19世紀前半から半ばにかけてのアメリカの人々の目に太平洋がどのよう

な「かたち」の海と見えていたのか，急ぎ足で考えてきました．すでに述べた通り，こうした海の「かたち」は歴史上の様々な条件により不断に変化するものです．遠く広いものであった海がある技術改良によって急に近く狭いものに見えるようになり，あるいはまた資源の発見により争いに満ちた危険で緊張をはらむものに見えるようになることは，現代に生きる私たちならば容易に理解することができます．20世紀の太平洋の「かたち」の在り方をめぐって日米両国が大きな戦争を経験したことは周知の通りです．太平洋を囲む人々の目に映るこの海の「かたち」が千差万別であり，それぞれが抱く期待や不安の度合いに従ってこの「かたち」の色合いや強度が自在に変化することを理解しておくことは，海に囲まれた日本に住む私たちにとってたいへん大切ではないでしょうか．そして，そうした海の「かたち」への理解を深め，異なる「かたち」を大切に伝えてきた者同士がたがいを認め合うには，それぞれの岸や島に住む人々が海と交わってきた固有の関係やそれに対して抱いてきた個別のイメージをていねいに学び直さなければいけません．海あるいは海域は自然そのものであると同時にそこで展開される人の営みがその個性を築き上げる社会的な構築物でもあるのです．そのことを理解した上で，今日振り返ったような太平洋の「かたち」を皆さんがこれから学んでくだされば私はとても嬉しく思います．

CHAPTER I 研究の目のつけどころ

PROFILE

遠藤 泰生（えんどう・やすお）先生のプロフィール

東京大学大学院総合文化研究科グローバル地域研究機構／アメリカ太平洋地域研究センター教授

1955年東京生まれ．若者の街である下北沢育ち．東京大学大学院人文科学研究科博士課程中退．アメリカ合衆国の歴史・地域文化研究を専門とします．オーストラリアと太平洋の関係も近年は気に掛かります．趣味はジャズ鑑賞と水族館訪問．

主な著作　『太平洋世界の中のアメリカ —— 対立から共生へ』（変貌するアメリカ太平洋世界）（共編著，彩流社，2004）
『アメリカの歴史と文化』（放送大学教育振興会，2008）
『大人のための近現代史　19世紀篇』（共著，東京大学出版会，2009）

 遠藤先生おすすめの本

『泥の河・螢川・道頓堀川』宮本　輝（ちくま文庫，1986）
『豊饒の海』（全4巻）三島由紀夫（新潮文庫，1969-71）
どれも文庫で手に入ります．高校生のころには豊かな日本語で書かれた小説を読み，文章も含めて，自分が好きだと思える作家を探すことをすすめます．

『蕃談　漂流の記録 I』室賀信夫・矢守一彦編訳（平凡社，1965）
日本人にとっての太平洋の「かたち」を考えるのに，漂流記を実際に手にとって読むことも大切です．これは江戸時代に太平洋に漂い出た人たちが残した記録です．

CHAPTER II

研究で課題に挑む!

研究は未解決の課題に挑む営みです．ここでは技術的な課題や社会の問題に挑戦する研究の姿をご紹介します．未解決の課題を見つけ出していく過程も含めて，多様な課題に挑戦していく研究の面白さをお楽しみください．

LECTURE

次世代の光メモリーはどうなる？
―― ホログラフィックメモリー

新しいアイデアで技術的な制約に挑むことは工学の醍醐味です．第4講ではブルーレイディスクなどの光記憶媒体がもつ記録容量の物理的な限界と，その限界を超えるための挑戦をご紹介します．

志村　努

　光ディスクは1982年のCD（Compact Disc）登場以来，1996年に出たDVD（Digital Versatile Disc），2003年に商品化されたBD（Blu-ray Disc）[1]と順調に進化を遂げてきました．これらのディスクサイズはすべて同じで，直径120 mm，厚さ1.2 mmの円盤です．サイズが同じなので，ディスクを回す機構は同じものが使えるので，たいていのDVDドライブ（記録再生装置）ではCDも記録再生できますし，BDドライブでは3種類すべてのディスクがかけられるのが普通です．サイズは同じですが，記録できるデータの量には違いがあり，1面あたりの記録データ容量は，CDは650 MB（メガバイト）[2]，DVDは4.7 GB（ギガバイト），BDは25 GBが標

---

1. 理由はわかりませんが，光ディスクはdisc，ハードディスクはdiskと綴ります．またBlu-rayはスペルミスではなく，Blue-rayと綴ってはいけません．
2. MBのMはメガ（mega）と読み基本単位の10^6倍を表します．Bはバイト（Byte）で8 bitの情報量を意味し，bitは2通りの状態（たとえば1か0）を表現できる情報量を表します．したがって，1 Byte＝8 bit＝2^8＝256通りの状態を表現できる情報量になります．GBのGはギガ（giga）と読み，基本単位の10^9倍を表します．ちなみに「K」はご存じのとおりキロで基本単位の1000倍です．また「G」の1000倍は「T」でテラ（tera），そのまた1000倍は「P」（ペタ，peta），以下1000倍ごとに「E」（エクサ，exa），「Z」（ゼタ，zetta），「Y」（ヨタ，yotta）と続きます．

準的な値です[3].

　これまで順調にきた光ディスクですが，実は技術的に壁に突きあたっています．それは主に記録容量とデータの転送速度の向上が，これ以上は原理的に難しいからです．それではなぜ難しいのでしょうか．実はこれには光の物理が関わっており，光の性質から記録密度の限界が決まっています．

　この講義では光ディスクの記録密度の限界はどのような物理で決まっているのか，ということを説明し，この原理に関わってくる様々な物理現象を紹介することにします．ただし，それらの物理現象をひとつひとつ説明するにはとても紙面が足りませんので，ここではその名前とほんのさわりに触れるだけにして，興味をもった皆さんには別の詳しい教科書や解説書で自力で勉強してもらいたいと思います．光ディスクの話をきっかけに様々な物理現象に興味をもってもらえれば，そこから発展して，物理そのものの深みに入っていくこともできますし，逆に現実世界の様々な現象や機器の仕組みがわかって，どんどん面白い世界が開けていくことと思います．そして本講では，この光ディスクの限界を超えてさらに記録容量を増やすためのひとつの提案である，ホログラフィックメモリーについて解説します．

　以下を読み進む上で，重要な点が2つあります．ひとつは記録を読み書きする光の波長，もうひとつはレンズの開口数（レンズで集められる光の収束の角度）の2つです．光の波長の違いは目には色として識別されています．この2つを頭の片隅に記憶しつつ，先に進みましょう．

光ディスクの原理

　光ディスクの記録密度の限界を決めている物理を理解するために，まず光ディスクの記録再生の原理を説明します．光ディスクの基本構成を図1に示します．光ディスクでは光源にレーザー，中でも小型で安価な半導体レーザーを使います[4]．半導体レーザーの直接の出力光は細いビームではなく，

---

3. DVDとBDは2層ディスクもあり，容量は1面分の2倍になります．またBDには新しいBD-XLという規格ができ，1面あたり33 GB，3層で100 GB，4層で125 GBの容量があります．

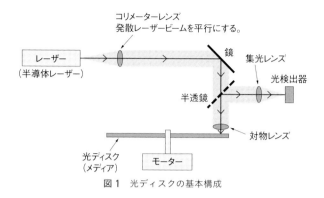

図1　光ディスクの基本構成

発散光です．ただし光の性質としてはれっきとしたレーザー光ですので，レンズの組み合わせで細いビームにすることもできます．光ディスクでは，発散光をレンズである程度の太さ[5]の平行光にします．これを対物レンズで絞ってディスクの盤面上に集光します．集光された光のスポットの大きさは，これから説明する物理法則によりその最小値が決まります．実際の光ディスクでは，ほぼ理論値通りの最小スポットサイズが実現されています[6]．

　光ディスクの盤面上には，情報を表すパターンが記録されています．パターンは細長い棒の形をしています（図2）．集光されたスポットがパターン上にくると光の反射が弱く，パターンから外れると反射は強くなります．この反射光の大小を図1の光検出器によって計測し，「1」と「0」の2値のデ

---

4. なぜレーザー光を使う必要があるかは別途勉強してください．そのためには太陽や電灯の光とレーザー光の違いを知る必要があります．キーワードは「コヒーレンス」です．コヒーレンスは大学生レベルでも難しい概念ですので，時間（年数）をかけてじっくり勉強しても良いでしょう．
5. ビームの太さは対物レンズの径よりも大きくすることが必要です．こうしないと集光スポットサイズが小さくできません．
6. モノづくりの現場では，理論値通りのものが作れるわけではありません．ありとあらゆる条件を考慮して理論値が実現できるよう，設計します．さらに実物は設計図通りにできるわけではありません．必ず製造誤差，組み立て誤差，調整誤差が生じます．製造現場で出る誤差の大きさを考慮した上で，誤差があった時でも結果の理論値からのずれが許容範囲内に収まるように考慮して，設計を行います．

👉 誤差とそのコントロールについては，『高校生のための東大授業ライブ　学問への招待』第13講「同じ形に秘められた技と力——現代社会を作上げた技術標準」（橋本毅彦）で詳しくご紹介しています．ぜひ読んでみてください．

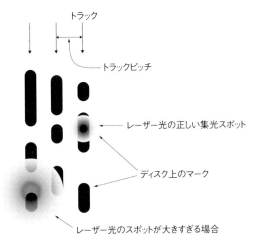
図2 光ディスク盤面上でのマークと光スポットの関係

ジタル信号を識別します.光スポットの位置は固定されていますが,ディスクは回転しますので,相対的に図2の光スポットはトラックと書かれた方向に移動していきます.トラックは等間隔でらせん状になっていますので,ディスク全体で一筆書きになっています.つまりディスクが1回転すると,図の隣のトラックに光スポットはきています.もちろん放っておくと光スポットはトラック上にあるとは限りませんから,サーボと呼ばれる技術を使って常に光スポットがトラックのど真ん中にくるような制御をかけます[7].光ディスクの回転は線速度が一定になるようにします.したがって外周では回転は遅く,内周では速くなります.このような状態で,レーザー光の反射を見ていると,光スポットがマーク上にあるか,ないかに応じてある時間「1」状態が続いたのち,今度はまたある時間「0」状態が続きます.この時間はある単位時間の整数倍になっており,この長さでデジタル信号が表されています.BDの場合はマークの長さの最低単位 T は 75 nm で $2T$ から $7T$ までの6通りの長さのマークの組み合わせを使います.またマー

---

[7] 身近なサーボ技術の例は,デジカメのオートフォーカスと手ぶれ補正です.原理は違いますが,常に同じ場所にくるように制御するという意味では,機能は光ディスクのサーボとよく似ています.

クとマークの間隔にも意味が与えられており，こちらも同じ 6 通りです．

マークで光の反射率を変化させる原理には，いくつかの種類があります．もっともわかりやすいのは CD-R など，末尾に「-R」のつくディスクで，これは色素による光の吸収率を変えることで反射光の大きさを変えます．このディスクでは光をあてることにより，光を吸収した色素分子が直接分解したり，温度上昇による化学反応が起きて色が変わり[8]，その結果使っているレーザーの波長に対する吸収率が変わります[9]．

CD-RW などの末尾に「-RW」がつくディスクはちょっと難しくなります．このディスクでは，記録材料は無機の結晶を使います．結晶は原子が規則正しく配列している状態で，表面はつるつるピカピカの状態です．ですからこの状態だと反射率は高い状態になっています．これにレーザー光のスポットをあて，局所的に温度を上げると，融点を超えて一瞬液体になります．これをゆっくり冷やすと再び結晶に戻りますが，急冷するとアモルファス（非晶質）[10]という原子の配列の規則性の非常に低い，要するにバラバラに配列した状態になります[11]．この状態では表面はピカピカではなく，強い光の散乱が起こります[12]．このため，対物レンズに戻ってくる光量が小さくなり，「1」と「0」の判別ができることになります．

もっとも難しいのが CD-ROM など，末尾に「-ROM」のつく読み出し専

☞ 身近なアモルファス物質としてはガラスがあります．第 7 講「ガラスのこれまで，ガラスのこれから――古くて新しいガラスの科学と技術」（高田　章）をぜひ読んでみてください．

8. 色素は有機分子ですが，光を吸収してそのまま分解する反応と，吸収した光のエネルギーが熱に変わって，温度上昇による化学反応で分解する反応などがあります．この現象もきちんと勉強する価値のある奥深いテーマです．
9. 見た目の色が変わる現象と，特定の波長の光に対する吸収の大きさが変わることの間にどのような関係があるかということも，掘り下げていくと楽しいものです．
10. アモルファス（非晶質）もいろいろ知ると面白いと思います．まず結晶とは何かということを知ってからアモルファスに進むとよいでしょう．
11. 固体が液体に，液体が気体になることを相転移と言いますが，結晶がアモルファスに変化するのも相転移と言います．またひとつの材料が，温度や圧力によって原子の配列の異なる，違う種類の結晶になることもあり，これも相転移と言います．たとえばグラファイトとダイヤモンドはどちらも構成原子は C（炭素）だけという点は同じですが，まったく性質の違う結晶です．
12. 表面がデコボコ，ざらざらだと光の散乱が起きますが，つるつるであっても散乱が起きることがあります．これも調べると面白いでしょう．

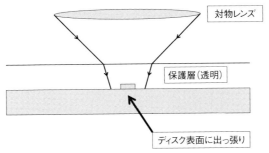

図3　CD-ROMなど読み出し専用ディスクの反射光調節の仕組み

用ディスクで，マークは盤面上の微小な出っ張りになっています（図3）．出っ張りの高さはちょうど使う波長の1/4になっており，下の面からの反射光は，上の面からの反射光よりもちょうど波長の半分だけ長い距離を行って帰ってくることになります．ということは，上の面からの反射光と下の面からの反射光はちょうど逆位相になり，弱め合う関係になります．波の干渉現象は高校の物理でも出てきますので，なじみのある人も多いと思います．これによって，光のスポットが盤上の出っ張りの上にあると，スポットサイズがバーの幅より大きめなので，出っ張りの上の面とその周りの低い面の両方から光が反射し，それらがおたがいに干渉して弱め合うことになります．一方，出っ張りのない平らな面に光があたっている時は，全部の反射光が同位相ですから，普通の平面鏡での光の反射と同じになり，強い光が戻ってきます．これが信号を読み出す原理になります．

　この出っ張りのあるROMのディスクはプラスチックの射出成型という方法によって作られます．まず凹凸の裏返った金型を作り，これにプラスチックを流し込んで作ります．安価，高速に大量生産できるのが特徴です[13]．

---

[13] 代表的な射出成型品はプラモデルのパーツですが，もっと身近なところでは，たい焼きや今川焼も射出成型品と言ってよいでしょう．ただしプラスチックの場合は，温めて柔らかくした材料を型に入れて，冷やして固めますが，たい焼きの場合は加熱して固めるところが違います．射出成型の特徴は，同じものが高速に大量に作れることで，ミリオンセラーという言葉があるように，音楽CDなどでは100万枚同じものを，しかも短時間で作ることも難しくありません．

光ディスクの記録密度

　さて，いよいよここで光ディスクの記録密度に関して考えてみましょう．図2をもう一度見てください．光スポットをあててマークの長さを判別するわけですから，光スポットの大きさを小さくすればするほど，細かいマークの長さが判別できます．光スポットの大きさに対してマークが小さすぎると，図2に示した大きすぎる光スポットの場合のように光が前後のマークや隣のトラックのマークにかかってしまい，単一のマークの情報を取り出すことができません．このような場合，反射光の強さの時間的変化はスポットが大きくなるほど小さくなってしまい，「1」なのか「0」なのかの判別がつかなくなります．つまりレーザーの集光スポットの大きさを小さくするほど細かいマークが判別でき，またトラックの間隔を小さくすることができます．したがって，記録密度は光スポットの面積に反比例することになります．光スポットで1点1点記録していく場合を考えれば，1bit（ビット）あたりに必要な面積が光スポットの面積程度になるということは容易にわかるでしょう．細長いマークを使う方式はもう少し密度が上がりますが，せいぜい数倍というところです．いずれにせよ，光スポットのサイズが，光ディスクの記録密度を決める基本的な要因になるのです．

　それではこの光スポットのサイズは何によって決まるのでしょうか．それは光の回折[14]という現象です．レンズによる光の集光の様子を図4に示します．光を光線と考えると，レンズが理想的なものならば[15]入射した平行光線は，すべて焦点で交わります．しかし光の実体は電磁波，すなわち電気と磁気の絡み合った波です．波にはついたてに開けた穴を通り抜けると，穴の

---

[14] 回折という現象は大学での物理でも比較的上級に属する課題で，正しく理解するには数学もある程度必要です．数学を使わなくても何となく理解することはできますが，現実問題を定量的に理解することはできません．逆に正しく理解すれば，実験をしなくても計算だけで非常に精度よく結果が予測できます．場合によっては式を見るだけで計算しなくても結果が推測できます．まずは微分と積分をしっかり身に着けて，一歩ずつ理解に近づきましょう．

[15] 実際に光ディスクに使われているレンズはほぼ理想的といって良いレンズです．機能は顕微鏡の対物レンズと非常に近いものです．これがプラスチックのたった1枚のレンズで実現されているのは，非球面レンズという技術が使われているからです．

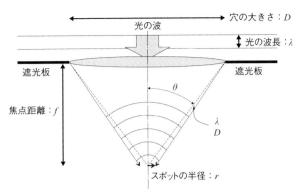

図4 レンズによる光の集光の様子

裏側に回り込もうとする性質があります．これは音の波，水の波など波の種類を問わない，波というものに共通した回折という現象のひとつの現れです．

レンズが丸い形をしているとして，この丸いレンズの枠の外側を通る光は，ここでの集光スポットには寄与しません．ということはこの場合，光を遮るついたて（遮光板）にあいた丸い穴にすっぽりとレンズがはまっているのと同じ状態になっています．これが図4です．直径 D の丸い穴を通った光は，光の波長を λ（ラムダ）とすると，回折による回り込みによって，半角でおおよそ λ/D の角度（単位はラジアン）だけ広がります．レンズから焦点面までの伝搬を考えると，焦点面での光スポットは丸い形になり，その半径は $\lambda f/D$ になります．

ここで，レンズの特性を表すとして開口数（Numerical Aperture，略して NA）というものを定義します．これはレンズによる光の収束角 θ から，$\mathrm{NA} \equiv \sin\theta$ で定義します．これを使って少し正確な計算をすると，焦点で円形に広がった光の半径は，

$$0.61 \frac{\lambda}{\mathrm{NA}}$$

となることが導けます[16]．ここで重要なことは，集光されたスポットの大き

---

[16] この計算は大学レベルの数学を身につけて，波に関する物理を理解してしまえばさほど難しいものではありません．今後じっくり勉強すれば，「なーんだ，簡単じゃないか」と思える日が

さはレンズの焦点距離にはよらず，光の収束角度から定義されるNAという量と光の波長λだけで決まるということです．

さて話を光ディスクの記録密度に戻します．光ディスクの記録容量は光スポットの面積に反比例します．したがって容量はNAの2乗に比例し，λの2乗に反比例することになります．ということは，光ディスクの記録容量を大きくするためには，NAを大きくしλを小さくすればよいということになります．これこそが最初に述べた光ディスクの記録密度を決める物理的な要因になります．実際，CDではNA＝0.45，λ＝780 nm，DVDではNA＝0.60，λ＝650 nm，BDではNA＝0.85，λ＝450 nm，とNAを大きく，波長を短くすることによって，光ディスクは段階的に容量を増やしてきました．

記録密度の現実的限界

それでは，これ以上記録容量を増やすにはどうしたらよいでしょうか．もちろんNAをさらに大きく，レーザーの波長をさらに短くすればよいわけですが，実はこれはもうほぼ限界にきています．

まずNAですが，NA＝0.85のレンズでの光の集光の様子を自分で絵に描いてみるとわかりますが，θ＝58度というのはかなりすれすれの角度で，これ以上NAを大きくすることは非常に難しいことがわかります．レーザーの波長も半導体レーザーでこれ以上短くすることは困難です．高価で大型のレーザーは光ディスクには使えません．また，記録ディスクの保護層に使われているプラスチック材料は，これ以上短い波長に対しては吸収が急激に増えてしまうため使えません．石英ガラスなど，これ以上の短波長（紫外線域に入ります）に対して透明な材料もありますが，高価で庶民にはとても手の届かない値段のディスクになってしまいます．

現在，ソフトウェア技術の助けなど[17]様々な手段を使って最短マーク長と

きます．積分を使った式をいじくることは必要ですが「解く」必要はありません．たいていの問題はすでに誰かが解いてくれています．

トラックピッチを小さくし，記録容量をあと少しだけ上げる試みがなされていますし，また多層化（現在 3 層のものまで市販されています）両面化などで容量を上げようとする努力は続いています．しかしやはり回折による限界は乗り越えられませんし，多層化にも限度があります[18]．

結局のところ CD 以来の平面上にマークを描いてそれを読む，というタイプの光メモリーの記憶容量は，ほぼ限界に達しているというのが現状です[19]．

ホログラフィックメモリー

とすれば，これ以上光ディスクの記録容量を増やすには，別の方策を考えねばなりません．その中の候補のひとつがホログラフィックメモリーです．これはホログラフィーの原理を応用したメモリーで，デジタルデータを図 5 に示すような 2 次元の白黒模様で表現して，これを 1 枚の画像として記録，再生するものです．2 次元バーコードである QR コードの巨大版であると思ってください．

ホログラフィーはそもそも 3 次元画像を記録できる技術です．視点を変えると 3 次元物体の像の見える角度が変わっていきます．眼鏡をかけるタイプのステレオ画像は，視点を変えても見えるものは変わりません．「ホロ」とは英語の whole に相当するギリシャ語で，「すべて」を意味します．3 次元物体のすべてが記録できるのでこのように名づけられました．視点を変えるとそれに応じて像の見える角度が変わるという性質を利用すると，視点を

---

17. ソフトウェア技術は現代のもの作りには欠かせないものになっています．光ディスクでは，ハードウェアの「くせ」を知って信号を元に戻す技術，それでも発生した信号の誤りを訂正する技術などが使われています．誤り訂正技術の進歩には目をみはるものがあり，信号が半分失われても「完全に」もとに戻すことができる技術などが考案されています．ナンプレを解くのとちょっと似ているかもしれません．
18. 多層化の層数が増えると，1 層あたりから返ってくる光の強さはどんどん小さくなります．たとえば 2 層目からの反射光は帰りにも 1 層目を通過するので，そこでまた反射されてしまうからです．
19. 両面化，多層化した上にソフトウェア技術を駆使して 1 層あたりの容量を増やせば，何とか 500 GB はいくのではないか，という観測はあります．

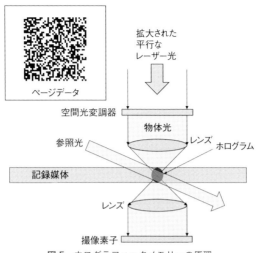

図5 ホログラフィックメモリーの原理

変えると違った画像が現れる，という記録の仕方もできます．1万円札にもホログラフィーがついていますが，これは視点を変えると3種類の異なる絵（2次元）が見えてきます．ホログラフィックメモリーもこれと同様の原理を使って，数百枚の2次元デジタルデータを記録媒体の同じ場所に書き込むことができます．

記録媒体には光があたると屈折率が変化する材料を用います．かつては銀塩感光材料[20]や，光があたると屈折率の変わる結晶[21]が使われましたが，今はフォトポリマー材料[22]が主流になっています．

ホログラフィックメモリーでは，記録時には2次元デジタルデータを空間光変調器と呼ばれるデバイスに表示します．高級な小型液晶テレビと思えば間違いありません．これをレーザーで照明して，透過光をレンズで絞りま

---

20. いわゆる写真フィルムと同じ．ただしホログラフィー用は超高解像度．
21. フォトリフラクティブ材料といいます．鉄イオンを添加したニオブ酸リチウム $LiNbO_3$ が代表的です．
22. 比較的小さい分子が，光照射をきっかけとして重合し，鎖状につながって大きな分子（高分子）を作ることにより屈折率が変わる材料．2000年ごろからホログラフィー材料として大きく進歩しました．

す．レンズの焦点面状に記録媒体を置き，ここにホログラム[23]を記録します．ホログラフィーでは記録する画像の光（物体光）の他に参照光と呼ばれるもうひとつの光が必要です（図5）．物体光と参照光は記録媒体中で干渉して明暗の干渉縞を作り，この明暗に応じて媒質の屈折率が変化して，ホログラムが作られます．通常のフォトポリマーの場合，明るい部分の屈折率が大きくなり，暗い部分は屈折率が小さくなります．画像を再生する，メモリーとしてはデジタルデータを読み出す時には，記録されたホログラムに参照光だけを照射します．すると物体光が再生されます．再生像は，デジカメの撮像素子とほぼ同じデバイスで読み出します．

　先に，同じ場所に多数の2次元画像が書き込めると書きましたが，すでにホログラムが書き込まれた同じ場所に違う画像を書き込む時には，参照光をあてる角度を変えます．再生は書き込み時と同じ角度の参照光を当てないと行われません．つまり，参照光の角度を変えつつ多数ページを同じ場所に書き込んでも，再生時には同じ角度の参照光で書き込まれたページだけが再生され，他のページのデータは現れません．これにより同じ場所に多数のページが書き込めるのです．

　あるページを再生している時に，参照光の角度を少しずつずらしていくと，再生画像は徐々に消えていき，そのうち次に角度の合うページの再生像が現れてきます．ホログラフィーの性質として，記録媒体の厚さが厚いと，少しの角度変化で画像が消えます．ということは，隣り合うページに対応する参照光の角度間隔を詰めることができることになります．すなわち，同じ場所に多数のページを書き込めることになります．つまり，ホログラフィックメモリーはCDのような面記録ではなく，3次元の体積を使って記録しているということになります．実際ホログラムはある程度の厚さのある媒体の厚さ方向にも分布して記録されています．3次元の体積を使うことで，記録密度は増大し，記録容量を増やすことができます．これはよくよく考えると通常の光ディスクで多層記録するということと結局は同じことになる，とい

---

23. ホログラフィーは3次元画像を記録する技術全般を意味し，ホログラムは屈折率分布の形で記録された画像のことを指します．

うことがわかるのですが、これは少し上級の内容になるので、ここでは説明は省略します．

　ホログラフィックメモリーの特徴には、面ではなく体積を使うことで記録容量を大きくできる、ということの他に、データの転送速度が上げられる、ということもあります．今はハードディスクなどの進歩も著しく、データの記録容量だけでは他のメモリーに対して優位はあまりありません．むしろデータの転送速度が大きい、というところがホログラフィックメモリーの利点になります．これは2次元データを一括で記録・再生できる、ということからきています．単純計算では1000×1000画素のページを使えば、1回で1Mbit（メガビット）の情報を送れることになります．1秒あたり1000フレーム扱える素子を使えば、1秒あたり1Gbit（ギガビット）になります．

　私たちはこのようなホログラフィックメモリーに関して、その基本原理を解明するとともに、新しい方式をあの手この手で考え出しています．ホログラフィーは非常に古い技術で、すでに70年ほどの歴史をもっていますが、ホログラフィックメモリーのように、多数のページを同じ場所に書き込んだ時に何が起きているかは、すべてがわかっているわけではありません．理論に合わない現象がしばしば顔を出します．また記録材料についても、フォトポリマーは謎の多い材料で、これも解明すべき課題はたくさんあります．

　この講義では、CD, DVD, BDといった光メモリーの原理と、その記録密度の限界について説明し、さらにその限界を打ち破る新たな方式のひとつとしてホログラフィックメモリーを紹介しました．当然ですがこれらを理解するためには、様々な物理の現象、法則、理論を知らなければなりません．さらにはその物理のためには数学も必要になります．光メモリーというものをきっかけに、これに関わる物理に興味をもっていただいて、いろいろ勉強するきっかけになってもらえればよいな、と思っています．私たちの身近なところにも物理の関わる現象や機器はたくさんあり、同時に物理を知ることでそれらのことが簡単に理解できるようになったりします．ぜひいろいろなものに興味をもって、探究していただきたいと思います．

PROFILE

志村 努（しむら・つとむ）先生のプロフィール

東京大学生産技術研究所光電子融合研究センター教授
1959年東京生まれ．1987年東京大学大学院工学系研究科物理工学専攻博士課程修了．博士（工学）．レーザーと光を中心に，物質と光の相互作用とそれによる光の時間空間波形の制御などの研究を行っている．最近はホログラフィックメモリーの研究に力を入れている．趣味はトロンボーン演奏．

主な著作　『ホログラフィックメモリーのシステムと材料』（ファインケミカルシリーズ）（監修・共著，シーエムシー出版，2012）
『Holograms-Recording Materials and Applications』（共著，InTech，2011）

 志村先生おすすめの本

『ファインマン物理学』全5巻　リチャード・ファインマン他著，坪井忠二他訳（岩波書店，1986）
高校生には少々敷居が高いかもしれませんが，物理の基礎を勉強するならこれ．少し背伸びをしてみましょう．光学の基礎は電磁気学です．波を扱うという点では，光学は意外に量子力学と共通点も多い．勉強に疲れたら，同じ著者の『ご冗談でしょう，ファインマンさん』シリーズ（岩波現代文庫）もおすすめ．

『ヘクト光学』全3巻　ユージン・ヘクト著，尾崎義治他訳（丸善，2003・2004）
きちんと書いてあって，かつやさしい光学の教科書はほとんどありません．その中ではヘクトは比較的やさしいほうですが，それでも高校生にはちょっと難しいかもしれない．これまた背伸びしてみましょう．

『鏡の中の物理学』朝永振一郎（講談社学術文庫，1976）
中途半端な知識の人の語る物理は妙に小難しい．それに対して，本当に物理がよくわかった人は，難しいことでもわかりやすく説明することができます．朝永振一郎はその最高峰です．難しい物理を本当にわかりやすく語ってくれます．

LECTURE

笑って考える少子高齢社会

―― ジェンダーの視点から

研究が挑むのは技術的な課題ばかりではありません．第5講では少子高齢社会にどのように向き合うかを，ジェンダーという切り口から考えます．

瀬地山　角

　この講義では，ジェンダーの視点から，日本が直面している少子高齢社会を乗り越えるためにはどうすればよいのかについて考えていきたいと思います．まず，子育てを例にジェンダーという概念の重要性をおさえつつ，性別にとらわれない発想についてみていきます．その上で，少子高齢化に対処する方策として，みんなが働きながら子育てができる社会を作るためのアイデアや課題について紹介していきます．

ジェンダーって？

　私のマイカーはチャイルドシートのついたマウンテンバイクです．今まで10年あまりの間，東京大学の駒場キャンパスの中にある保育園に毎日，子どもをチャイルドシートに乗せて送り迎えをしていました．最初は「保育所が見つかってよかった」と思っていたのですが，私の職場に保育所があるわけですね．送り迎えを誰がするのか？　などというのには議論の余地がないわけです．全部，私がするようになりました．まぁそこまでは想定内だったのですが，保育所のお迎えに行ける時間に子どもを迎えに行き，帰るような時間に家にいるということは，絶対に私のほうが先に家に帰っているわけです．子どもは「腹へった〜」と言いますから，当然，食事の支度をしなけれ

ばなりません．そうして保育園の送迎と夕食が私の日課になりました．でもその分，私は子どもとの時間を密にとれて，子どもは母親とよりも私と長い時間を共有しています．

　よく「子どもはお父さんにはなつかない」「うちの子は『ママがいい』って言ってきかない」「私がいないと2時間ももたない」などという人がいますが，こういうのは中途半端にお母さんが帰って来るからいけないんです．いっそのこと，1泊2日でお母さんは出かけてしまうのがおすすめです．私はいろいろな所でジェンダー関係の講演をしていて，そういうのを「口から出稼ぎ」と呼んでいるのですが，0歳から子どもを連れて，北海道から石垣島まで行きました．「今日は子道具連れて来ました」などと言って講演をしていたのですが，そういうところで週末を過ごすと，子どもとの信頼関係もできてきます．

　皆さんはジェンダーという言葉を習われたと思うのですが，私の専門の分野で一番重要な出発点なので，少し時間を費やして例を挙げました．ジェンダーというのは，社会的性差，つまり人間が作り出した性差を指す言葉です．「子どもを産む」ということは，生物学的に決まっていて男性にはできないことですが，「子どもを育てる」ということに関して男性にできないことは何ひとつない，ということを私は自分の生活の中で十分に実感できました．そしてこれがジェンダーという概念が持っていた最初の出発点だ，ということを一応，最初に置いておきたいのです．

　ジェンダー（社会的性差）に対して，対になる概念は「生物学的性差」，英語ではsexと言います．私たちはジェンダーという言葉を獲得したことで，「それは生まれつき決まっているからだ」（これを難しい言葉で言うと生物学的決定論と言います），という考え方から少し自由になれたのです．私たちが「男は××すべきだ，女は○○でなければいけない」と考えていることの大半は，実は生物学的に決まっていて変更の難しいようなものではなく，しょせんはジェンダーの領域，社会的な性差にすぎないのです．人が生み出した，社会的／文化的に作り出されたものだとすれば，人と人とが相談して変えていくことができる．これがジェンダーという言葉を獲得することによって得られた，社会を変えていくための「破壊力」なのです．

少子高齢社会で働く人が減っていく

　「少子高齢社会を乗り越える」という本題に入りましょう．1970年には生産年齢人口（15-64歳）の働く人9.8人で一人の高齢者を支えていたものが，2013年には2.3人で一人の高齢者を支える状態になり，2050年には1.3人で支えることになります．「胴上げから騎馬戦になり，最後はおんぶになる」といわれるのはこのためです．

　いずれは年金の支給年齢を徐々に引き上げて，みんなが働く社会になっていかざるをえないでしょう．60代は現役で高齢者が働く社会というのを考えていかなければなりません．タクシーの運転手さんは若い人では生計が保てなくなっているので，徐々に女性や高齢者の職場になっていくはずです．この間乗ったタクシーの運転手さんがやっぱり高齢者だったのですが，面白い人でした．雪が降っていた時だったので，「運転手さん，冬タイヤはどういうものがいいのですかねぇ」と聞くと，「そうだねぇ，いろいろあるけど，とりあえずおすすめは丸いのだねぇ」．「ナイス，ボケ！」と思ったので「お元気そうですねぇ．運転，お好きなのですか？」と聞いたら「おお，大好きだねぇ．運転しながら死ねたら本望だよ」と言われて．それ，日本語ではふつう「交通事故」って言うんですが……．さらに，最近のタクシーにはよく趣味やモットーが書いてありますが，モットーの欄には「当たって砕けろ」．「どんな恐ろしいタクシーやねん！」と思ってびっくりしました．

　働く人が減る，つまり，支えられる人がどんどん減っていく社会ですから，支える側を増やしていかなければならない，というのがこれからの社会政策の基本になっていきます．働く人を増やす政策をとらなければいけないという時に，どうすればいいのか？　1つめのポイントは先ほど挙げた，高齢者になるべく働いていただく場所を作っていくという点にあります．日本の高齢者は健康でかつ働きたいと思っています．しかも高齢者が働くことに許容的な文化を持っています．日本は，働くことを子どもも歓迎しますし，当人も働きたいと思っているという変わった社会で，ですからないのは職場だけなのです．その意味でいかに高齢者に職場を提供していけるか，というのが，高齢社会のショックを和らげていく上で非常に重要なことになります．

主婦の優遇制度が合理的でないワケ

　ここまで，高齢者について簡単に触れましたが，今日はテーマがジェンダーですから，ここからは主婦の話を中心にしていこうと思います．ただ実は男子学生の皆さんにも深く関係するテーマなので，「オレは関係ない」と思わないでください．

　現在，主婦に対しては主婦を保護する，もしくは優遇する，様々な政策が設けられています．代表的なものを挙げると，配偶者控除といって税金をまけてくれる制度があります．サラリーマンの奥さんが年収103万円未満であれば，夫側の税金が安くなるという制度があります．さらに多くの企業で，配偶者手当といって，奥さんが働いていない場合には給料が増額されるといった制度があります．また，年金や医療保険でもサラリーマンの配偶者である主婦は保険料を払わずに入れます．介護保険も主婦は保険料を払わなくてもよいようにできています．民主党政権は，2009年に政権をとった選挙ではマニフェストで，当初，「配偶者控除を撤廃して子ども手当の財源にする」と言っていました．私は基本的にはその方向しかないだろう，と思っています．つまりこのような優遇制度を続けることはもはや不可能で，それでも働けない人がいるとしたら，それは子どもがいるためなので，子ども手当につけ替えるというのがほぼ唯一の合理的な解決策だと思います．

　優遇が続けられない理由を簡単に説明しておきましょう．別に私は主婦がいけないといっているのではありません．主婦という生き方は尊重されてよいと思います．ただそれを制度の標準において保護する政策は，高度成長期の名残であり，少子高齢社会ではとるべきではないと考えるのです．
① 労働供給をゆがめる

　配偶者控除は基本的に既婚女性に対して「働かない方が得だ」というメッセージを送る制度です．せっかく働きたいという人がいるにもかかわらず，年末になるとスーパーのパートの女性が「夫の扶養の範囲からはずれるので，今日は働けません」などという不合理なことがおきるのを放置するべきではありません．政策が労働供給をゆがめるようなことがないようにしていく必要があります．

② 介護保険との整合性

　また，そもそも介護保険というのは，介護の面倒は一応，社会でみます，という制度です．介護保険の保険料を使って社会でみます，といった瞬間に，莫大な財源と莫大な労働力が必要になるわけですから，そこで主婦優遇をやったら財政的に破綻するのは目に見えています．

③ 離婚の増大

　次に離婚の話です．皆さん，2014年の1年間に受理された婚姻届に対する2014年の1年間に受理された離婚届の割合はどのくらいになるかわかりますか？　正解は約35％です．離婚は，野球で世界中のどのリーグに行っても首位打者になれるくらいの「好打者」なのです．全盛期のイチロー並みです．高校生の皆さんは結婚はまだでしょうから，よく考えてくださいね．今どき結婚をするというのは，全盛期のイチロー相手にマウンドに上がるピッチャーみたいな恐ろしいことなのです．

　このたとえからわかる教訓が2つあります．離婚しようと思って結婚する人はいません．投手は誰でもバッターを抑えようと思って投げるのですが，相手はイチロー並みに打ち返してくるのです．ですから，いくら自信があるからといっても，イチローにヒットを1本も打たれないことを前提にして人生を設計するのは危険すぎます．男女の平等云々ではなく，人生のリスク管理の問題として，結婚したら何とかなる，などというライフデザインは危険きわまりないのです．その年に結婚した人がその年に離婚するわけではありませんが，このデータは1998年以降17年連続で3割を超えていますから，婚姻はだいたい3割強，破綻すると思って間違いありません．

　ですから，結婚は永久就職，なんて勘違いは絶対にダメだということになります．別に，主婦になってはいけないという意味ではなく「もし別れたらどうするか？」ということを，キチンとどこかアタマの中で考えておく必要があります．これが教訓のその1です．

　教訓その2．皆さんはまだ経験されていないでしょうが，3割5分の好打者は，抑えた時に喜べばよいのであって，ヒット1本打たれたくらいで人生，絶望していたらピッチャーは生きていけません．昔，「別れても好きな人」という歌がありましたけど，あんな後ろ向きなこと言っていたらダメで

す．「別れたら次の人」というくらい切り替えていきましょう．

社会政策として考えると，保護の対象にすべきなのは，夫の稼ぎだけで暮らせる専業主婦ではなくて，離婚して子どもを抱えて大変な思いをしている母子家庭の方であって，基本的に保護する対象が間違っていると考えられます．その意味でも専業主婦層を保護するということに合理性はありません．

④　主婦の地域的・階層的分布

次に専業主婦の地域的な分布と階層ですが，まず地域です．

表1は夫が働いている世帯の妻の有業率，妻が働いている割合を計算したものです．妻が働いている割合なので，有業率の数値が低いほど専業主婦が多いことになります．表1（右）を見てみると専業主婦が一番多いのは，奈良県です．以降も首都圏・関西圏がずらっと並びます．皆さんはおそらく東京や大阪は働いている女性の多いところだと勘違いされていたのではないかと思うのですが，データはその正反対です．東京は確かに全体の女性の就業率でみるとさほど低くはありません．47都道府県だと真ん中くらいになります．東京の女子の就業率が高いのは，未婚の女性が多く働いているからです．東京は既婚になると主婦になる確率が非常に高い地域なのです．

逆に共働きが多い県（表1左）には，山形，島根，福井，東北・北陸・山陰がずらっと続きます．山形は三世代同居の比率が日本一高い地域です．パートでそれほど多くお金を稼いでいない人も含まれていますが，家計は持ち寄りで，おばあちゃんが子どもの面倒を見てくれていたり，保育所に入る

表1　都道府県別の妻の有業率（％，2010年国勢調査「夫就業世帯の妻の有業率」より）

妻の有業率の多い県ベスト10			妻の有業率の少ない県ベスト10		
1	山形	71.6	1	奈良	50.9
2	島根	71.5	2	大阪	52.5
3	福井	71.5	3	神奈川	53.2
4	鳥取	70.9	4	兵庫	54.4
5	富山	70.8	5	千葉	55.7
6	高知	70.5	6	埼玉	56.0
7	石川	69.5	7	東京	56.4
8	新潟	69.0	8	北海道	56.8
9	宮崎	68.0	9	福岡	57.7
10	秋田	67.9	10	京都	58.2

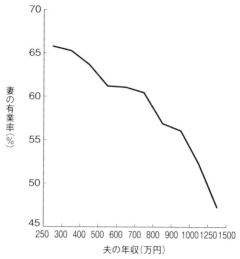

図1　夫の所得別の妻の有業率（就業構造基本調査，2012）

のが簡単だったり，職住が近接していたりなど，様々な理由でこのような地域では共働きが多くなります．一方，奈良，大阪，神奈川などという地域は，主婦になる女性の学歴が高く，したがって夫の収入が比較的高く，経済的には働く必要がない人が多い，もしくは，働こうと思っても保育所がない，職住が離れている，あるいは，学歴が高いために職業を選ぶ傾向が強い．そういった理由でこれらの地域では既婚女性の働いている割合が低く出てきます．

次に主婦の階層的分布です．これは図1を見れば一目瞭然です．夫の年収が上がると妻は働かなくなります．

夫の収入の増加とともに，妻の有業率はほぼ単調に減少をしていきます．専業主婦というライフスタイルをあえて今，「商品」と呼ぶならば，それを買える層というのは男性の中でも豊かな層で，豊かな層が買っている商品に対して税金を払い戻すというのは，宝石を買っている人たちに向かって税金を還付するのと同じで，やはり社会政策上の合理性に欠けています．以上をまとめると，首都圏や関西の比較的豊かな専業主婦を優遇することに果たして社会政策上の合理性があるか，というのが，私が提起したい論点です．

このような様々な理由があるので，基本的には主婦の方にもそれなりの負

担をお願いするという制度にしていかざるを得ないだろう．そして主婦の方にも働いていただいて，みんなで働く社会というのを考えなければならないと私は考えています．

問題は実は男性側

　しかし，この問題は働く既婚女性 対 主婦の問題ではありません．制度が専業主婦に有利なように作られている以上，それを利用して主婦になろうとする人たちがいるのは当然です．ですがこれは「女の問題」ではありません．男性の方にもっと大きな問題があると考えられるのです．

　表2にあるように男性の家事・育児時間は著しく短くなっています．6歳未満の子どもを持つ夫の育児時間37分となっていますが，私の場合，朝の保育所の送りやその準備の時点で37分は過ぎていました．それにお迎えをして夕食を作ってとなると，家事を含めれば毎日3時間近くかかっていたと思います．最近ようやく保育所の送り迎えがなくなり，毎日2時間くらいになりました．このように男性の家事時間が女性の5分の1，6分の1などというのは，私はもはや「社会的」に問題にすべきことだと思っています．「うちは専業主婦だから別に構わない」「それはうちの家庭の事情だ」というのを超えて，「社会的に」問題にすべき水準だと思っているわけです．まずはなぜ「社会的に」問題なのか，その理由をあるたとえを使いながらご説明をしたいと思います．

表2　男性・女性の家事，育児時間の比較（週平均の1日あたりの時間）

(a) 家事関連時間

	男性（夫）	女性（妻）
共働き世帯	39分	4時間53分
専業主婦世帯	46分	7時間43分

(b) 育児時間

	男性（夫）	女性（妻）
6歳未満の子を持つ世帯	37分	3時間15分

出典：(a) (b) とも社会生活基本調査，2011

植林をする林業者 vs. 植林をしない林業者

　今，日本中の山林が植林をしない林業者と植林をする林業者に占有されていると仮定をしてください．この2つの林業者が自由な市場で競争をします．これはどちらが勝つでしょうか．結論は自明で，植林をしない林業者が勝つに決まっています．どうしてかはすぐわかっていただけると思います．相手の業者が植林をしているあいだ，一日中，木を切り倒すことができる．そうすると1日に切り倒せる木の量は多く，労賃が同じであれば木1本にかかる工賃は安くなりますから，もし同じ材質の木が出てくれば，そして消費者が何も知らなければ，その植林をしない林業者の木のみが売れるでしょう．そうすると，植林をする林業者はやがて淘汰され，日本中の山林が植林をしない林業者の手に渡ります．

　そうすると30年くらいかけて日本中の山林は禿げ山になっていき，30年後に私たちはその保水力を失った山林からの大水害という形で，30年間植林をしてこなかったことのツケを一気に払わされます．

　つまり実は私たちは，植林をする林業者の高い木を1本1本買うことを通じて，30年後の大災害を防ぐコストを積み立てていたのです．

少子化とは何か

　ここで，植林をしない林業者を男性労働者，植林をする林業者を女性労働者，植林を子育て，と置き換えてみてください．企業がどうして男性ばかりを雇いたがるのかがわかります．さきほどの表2からわかるように，6歳未満の子どもを同じように持っていても，育児時間は，男性は37分，女性は195分と大きく異なります．そうすると植林のコスト＝子育てのコストは女性労働者の肩にのみ加算されているように企業からは見えます．つまり，男性であれば夜遅くまで働かせられるけれども，女性であれば早く帰らせなければならない．「あそこには小さい子どもがいて風邪をひいたら……」「だいたい女は出産したら辞めるかもしれない」．確かに出産後は7割位の人が退職します．「そうでなくても育児休業を取得するし」．残りの3割の7割

くらいが育児休業を取得します．「やっと職場に帰って来てくれたと思ったら，今度は子どもが風邪ひいたといっては早退される」．

　つまり企業の側から見れば，男性なら育児には関わらず，配慮が要らないので，使いやすく見える．ですから不景気の度に女性の就職難がおきるわけです．これは「合理的」な企業の選択だと言ってもよいかもしれません（私は決して賛成しませんが）．ただしこれは唯一の「合理的選択肢」ではありません．女性を活用していることで成功している会社はいっぱいあります．現在男女の平均賃金が違うわけですから，同じ賃金を出せば女性の方が優秀な人が集まるはずで，そのことによって成功している，そういう「合理的」な行動をとる企業もたくさんあります．しかし悲しいことに多くの日本の企業は，男性を雇ったら夜遅くまで働かせ続けられると勘違いをして，植林をしない林業者の木を買い続けているわけです．これが日本中で累積します．一私企業がやる分には影響は少ないでしょう．ところがこれを日本中の企業がやるとどういうことが起こるでしょうか？　植林をしない林業者の木ばかりが売れているわけですから，労働者に向かって植林のコストが正当に支払われていない状態になります．したがって日本中が禿げ山になります．これが少子化という現象です．

　つまり少子化というのは，現在，日本の職場が，普通に働きながら普通に子育てができない状態になっているということのシグナルなのです．ですから植林のコストが男性にもかかるようにするために，男性の育児休業はもっとあたり前にならなければならないのです．

　育児休業に限らず，男性がもっと育児に関わることが「社会的に」必要だと言ったのは，そこを強調したかったからです．植林（＝子育て）のコストが女性の肩の上にのみ加算されるという不正義を放置する限り，この問題は解決しません．植林をしない林業者と植林をする林業者を自由に競争させてはいけないのです．林業者が木を出荷する時には，一定の量の植林をしなければならないという規制をかける必要があり，これを放置すると日本中の山林は禿げ山になってしまいます．それと同じように，この育児時間にまつわる不均衡も「社会的に」問題にしていく必要があります．

　ここで男性の育児休業を強調したのは，女性を雇っても男性を雇っても，

後ろに子どもや介護の必要なお年寄りがついてくるということを，言い換えれば働く私たちの背後には常に私たちのケアを求める誰かが存在しているということを，企業が認識する仕組みにする必要があるからなのです．24時間，仕事のために働くことはできません．ケアを必要とする人たちの存在を折り込んだ形で職場は回らないといけません．日本社会の少子化というのは，要は，この社会全体が消滅するという方向に向かっている，というサインです．社会の再生産ができなくなる．企業にとっては短期的には「合理的」な行動かもしれませんが，日本中の企業がそういう行動をとることによって社会全体としては，社会の再生産自体が危ぶまれるという状況になっているのです．

夫の産休を普及させよう

その意味からも男性の育児休業取得者はもっと増えなければいけません．今は2％くらいしかいませんから，いまだに珍獣扱いされます．珍重されるのではなく，珍しい動物扱いされるのです．夫の育休は珍獣保護のためではありません．女性を雇っても男性を雇っても，その背後には子どもがいるということを企業に実感してもらうには，男性を雇っても育休が生じるものだというのが常識になる必要があるのです．

それでもいきなり育休はちょっと……という人も含めて，高校生の男子の皆さんも女子の皆さんもぜひ，憶えておいてほしいのですが，私はせめて「夫の産休を普及させよう」ということを提唱しています．5日間，土日と合わせれば1週間，それくらい出産の時に夫が休む．日本はお母さんだけが実家に帰って出産というケースがよくありますが，あれはそろそろ時代遅れになってもいいのでは，と思います．それほど難しいことではないです．私は，子どもが産まれる前年に母親が亡くなったのですが，親の死ぬ予定日というのは厄介でした．余命1年と言われてから，いつ死ぬかがわかりません．まさか「早く死んでくれ」とも思わないですし，予定が立てられないのです．その点，子どもが産まれてくる予定日というのははるかに確実です．多少早くなることはあっても，「予定日1カ月過ぎてもまだ出てきませ

ん」などということは絶対におきません．臨月になったらいつでも電話1本で，「すみません．段取りはしてありますから，これで1週間休みます」というのがあたり前にならないといけないと思うのです．

　ノーベル賞をとったり，オリンピックで金メダルをとったりする人は別かもしれません．ですが私のような普通の人間にとっては，人生に家族の誕生と死，以上の大事件なんてなかったなぁ，と思うのです．今，日本で少々ひどい会社に勤めていても親の死んだ翌日に「おまえ，出てこい」というところはないでしょう．でも忌引きというのは労働基準法には書いていないのは知っていますか？　あれは法律上は，別に認めなくてもよい休暇なのです．社会慣習上認められているものにすぎません．

　だとすれば，夫の産休も社会慣習上，認められてもよいのではないか．それくらい重要なことなのではないか．私は，第一子の時はアメリカでした．第二子は予定日がセンター試験の当日で，私は入試委員だったので四方に頭を下げて「この先もう子どもが産まれる予定もないので，これだけは」とお願いして，代わっていただきました．

　そういう意味でも男子学生の皆さんもぜひ立ち会い出産を経験してください．やはりあの瞬間に痛みと喜びを共有することで，その後の子育てに対する態度や，責任感といったものも違ってくると思うので，おすすめをしておきます．

労働の「馬車」は二頭立てに

　いわゆる「標準家庭」という言い方があります（私は決して使わない言葉ですが）．お父さんが馬車馬のように働いて，お母さんが御者になって後ろから鞭打って，荷台に子どもが二人くらい乗っているという一頭立て馬車体制の家庭のことです．高度成長期は日本経済が，年率10％で成長したので，翌年の暮らしは必ずよくなりました．しかし今は荷物が重すぎます．子どもも「草食系」とかいうクセにカネを食うのです．荷物は重くなるし，馬車の馬力はどんどん落ちていくし，こうした状況で馬一頭に荷物を任せるのは大変危険なことになります．

離婚のリスクという意味では女性にとっても危険ですが，私はそれ以上に男性にとって危険な状態だと考えます．家族の経済的責任を一人で担うことが，これからの時代に可能でしょうか？　馬車を二頭立てにするのは，男性にとって決して不利な話ではないのです．少子高齢社会を乗り越えるには，「みんなが働く社会」を作る必要があります．そして「みんなが働く社会」というのは，「みんなが家事育児を共有する社会」でないといけないのです．みんなが夜遅くまで働いてしまうと，子育ての時間はなくなります．「みんなが働く社会」ではみんなが家事育児を共有して，ともに家族で夕食を囲める環境にしていかなければならないのです．

長時間労働と低い生産性

　そういう観点から見た時に日本の長時間労働は際立っています．図2は週に49時間以上働く人の割合を国際比較したデータです．講演でお話をした際に，日本ではこんなのは残業と呼ばない，と言われたことがあります．確かに1日2時間ですから，5時に帰れる人が7時まで働いているくらいだと残業と呼ばないという人がいるのは不思議ではありません．さらにこれは統計が出ている場合しかカウントされていません．サービス残業という違法行為が横行する日本の会社では7時位までの残業はいちいちカウントされていないケースもたくさんあるでしょう．とりあえず日本は韓国と並んで突出して高いことがわかります．一方，オランダ，フィンランド，ノルウェー，こうした社会が極端に低くなっています．1日2時間残業する人が1割もいない国なのです．

　日本の労働生産性（労働者一人あたり）はものすごく低いのです．OECD34カ国19位，アメリカを100とした時に約69です．一方，先ほど出てきたノルウェーは34カ国2位で，113もあります．フィンランドの77，オランダの80も日本よりはるかに上です．要するに日本社会では，無駄な仕事をしているということになります．

　まず馬車は二頭立てにしていく，そして長時間労働をなくしていく．この選択肢は決して経済的に不利なことではないことはこの統計からもわかると

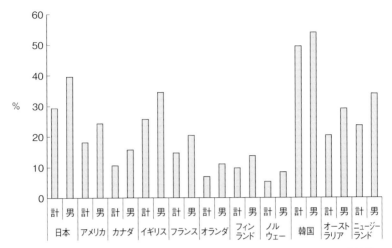

図2 週に49時間以上働く人の割合（Working Time Around the World, ILO, 2007）イギリスのみ2003年，他の国は2004-2005年のデータ．また，オーストラリアのみ50時間以上働く人の割合を示す．

思います．生産性を一人あたりで考えるために，よけいに多くの人を残業させてしまうのかもしれません．日本人は労働生産性の低い一人労働者を長く働かせようとするのですが，1時間で考えれば別の人をいれたほうがもっと多くのアウトプットが出てくるはずです．生産性を時間あたりで考えて行動するということができれば，ビジネスとしてみても，長時間労働をなくすことには意味があるはずです．

ワークライフバランスの充実した企業とは

これまでの論点を踏まえて，これからの企業はどういうあり方でなければいけないか考えてみましょう．ワークライフバランス（仕事と家庭との調和）の実現には，男女を平等に扱う，そして，子育て・家庭との両立を支援する，この両方の視点が必要です．

図3を見てください．両方ないものを昭和型化石企業と呼んでおきましょう．ここに平等だけ進んだのが，男女ともにモーレツに働く職場．私の同級生の世界でいうと公務員になった人たちがこういう働き方をします．当時

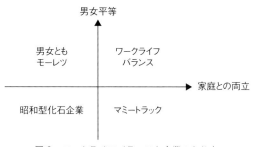

図3 ワークライフバランスと企業のあり方

は省の名前からして「通常残業省」というのもありました．本当に夜中まで，というより夜明けまで働きます．

　一方逆のパターンで，お母さん社員には優しく，育休もとりやすくていいのですが，いったん育休をとると出世できなくなる会社があります．これをマミートラック型と言います．マミートラックというのはアメリカの用語で，「お母さんの線路」という意味です．女性社員が子どもを持ったとたんに出世コースから外され，人事の主流に戻れない現象を指しています．こういう会社の特徴は女性の管理職がいない点です．もしいてもその人は独身か子どもがいないかのどちらかで，子持ちの女性の管理職がいません．たちが悪いのはこういう会社は女性に優しいと勘違いされているふしがあります．比較的待遇がいいとされている大企業などに見られるパターンです．

　ワークライフバランスという言葉は最近よく使われますが，仕事と家庭の調和をとっていこう，というものです．そういう働き方をしないと，日本社会の再生産自体ができないという話はわかっていただけると思います．高校生の皆さんの将来を考えた時に，たとえば大学を出て20代の間は猛烈に働くのはかまわないと思います．でも30代になって子どもを持って，という時にそんなことをやっていては子育てはできません．

　私も20代はずっと大学院生でしたが，夜中まで，あるいはそれこそ夜明けまで，ずっと論文を書いていました．ですがそんな生活をしていては子育てなどとうていできませんから，働き方を変えていくわけです．仕事と家庭との調和に配慮した職場が増えていかない限り，日本の禿げ山化は止められないのです．

男性も差別されている？① —— 自殺

　こういうジェンダー論系の話になるとだいたい男性が悪者にされるケースが多いのですが，私はせっかく男性ですから，今日は逆もやってやろうと思います．ここに来ている女子学生の皆さんが，いかに男性に差別的な視点を持っているのかというのを糾弾していこうと思うのです．

　昔あった，アリナミンVドリンクのCMで，丸山茂樹が出てきて，玄関先で奥さんが見送ってくれるシーンがありました．奥さんが「あなた，疲れているのね」と言うので，休ませてくれるのか，と思ったら，「でも頑張って！」とぶぉ〜んっと，飛ばされて行くのです．「なんで男だけそんな恐ろしい目に合わなアカンねん！」と驚きました．子どもはしょうがないですが，なぜ妻の分まで男性が稼がなければいけないのか．この馬車の馬力が落ちている時代にです．

　2014年の自殺者数は2万5374人．一方，交通事故の死者は4113人でした．なんと交通事故の6倍くらいの人が自殺しているのです．ですから春と秋に交通事故のキャンペーンをするのなら，毎月，自殺防止キャンペーンをしなければいけないくらい深刻な問題です．2013年の殺人による犠牲者数は370人（警察庁統計）で，殺人の70倍も自分で死んでしまう国は世界で日本だけです．しかも自殺者数は2011年まで14年連続で3万人を超えていました．日本は自殺率の非常に高い国です．主な国で日本より自殺率が高いのはロシアと韓国くらいです．自殺の男女比はご存じですか？　自殺は7対3で男性なのです．1998年に自殺者数が急激に増えたのですが，アジア経済危機が影響したと言われています．自殺はもともと，60代以上で病気を苦に，というのが中心でした．ところが，この年を境に40代，50代で経済上，生活上の理由で，というのが急増したのです．40代・50代に限ると，自殺の8割が男性です．ですから自殺は隠れた男性問題なのです．男たちが稼がなければいけないという重荷に耐えかねて命を絶っていっているという深刻な問題で，一頭立て馬車というのが今，いかに危険なものになっているかをこのデータは示しています．男を過重な稼得者としての役割から解放することは，男性の命を守る大変重要な課題なのです．

CHAPTER Ⅱ 研究で課題に挑む！

男性も差別されている？②――外見

　同じ男性差別ですが，視点を変えて，少し軽い話で行きましょう．「女性は外見で差別されるからよくない」という議論がありますが，では男性は外見で差別されないのでしょうか？　男性に対する外見差別で最も激しいのは「ハゲ」です．なぜ髪の毛がないだけであんなに不当な扱いを受けなければならないんでしょう？　「ハゲは差別用語だからよくない」と言う人がいて，「何というんですか？」と聞いたら，「髪の毛の不自由な人」だそうで．よけいに腹が立つのではないかと思うのですが．

　「ハゲ」とくれば「チビ」です．「チビ」は個人的に恨み骨髄なので言いたいことが山ほどあります．小学校の背の順に並ぶのは何とかならないでしょうか．私は前から4番目より後ろに行ったことがないのですが，「手を腰に当てる時の屈辱感なんて，わからへんやろ，お前ら」といつも思いました．4月の始業式も憂鬱なのですが，一番嫌なのが9月1日の始業式で，夏休みの間に絶対，伸びてきたヤツがいて，また前にいかされるのです．だいたいあんな1ミリ単位で並べて綺麗だと思うのは，段の上から見ている校長ただ一人です．中にいる人間には何のメリットもないのに，なぜあんな恐ろしいことをさせるのでしょう．チビも差別用語だからよくないという議論があり，「垂直的に恵まれない人」というらしいです．そしてそれと対になる体型の方は「水平的に恵まれすぎた人」というのだそうで．

　この前，健康ランドに行ったらしゃべる体重計というのが置いてあって，身長を入れて乗ると「ちょっと太りすぎです．気をつけましょう！」とか言うのです．私が乗ると「標準体重です．でも体脂肪率に気をつけて」とか．ところが私の後ろから，たいへん「水平的にお恵まれになった方」が来て，けつまずいたみたいで，どさっと乗っちゃったのですね．そしたらその体重計クンがいきなり「ピピピピッ」と言い出したので「何を言うのかなぁ」と，耳をダンボにして聞いていたら「お一人ずつお乗りください！」．これ考えた人は，体重計作らずに吉本興業にいった方がいいと思うのですが．

男性も差別されている？③ ── 「やさしくって頼りがいのある人」

　もうひとつ男性差別ネタをとりあげましょう．最近，「黙ってオレについてこい！」というタイプの男性が減りました．こういうのをトラ男クンと呼ぶのですが，トラ男クンは今，絶滅の危機に瀕しています．どうして絶滅危惧種になったのか？　理由は簡単で「オレについてこい」といって3歩歩いて後ろを見たら，誰もついてこないのです．女性の側が「私の言うことも聞いてほしい」と言うようになったからです．私はそれは良い変化だと思いますし，男性の側もそれに応じるようになりました．

　そういう女性の言うことを聞いてから判断しようとする男性を，トラ男クンに対してヤギ男クンと呼ぶのですが，ヤギ男クンが増殖しています．「デートはどこに行きたい？」「ディナーは何が食べたい？」ヤギ男クンは自然に女性側の意向をくみ取ろうとします．ただヤギ男クンの増殖に対して女性の側が，「でも，いざという時は私を引っ張ってくれる頼りがいのある人でないと」というので，私は「おまえは何様のつもりや」と言いたくなるのです．「やさしくって頼りがいのある人」というのが人気なのだそうです．ですが「そんな難しいことを一人の人間にいっぺんに求めるな」と私はいいたくなります．どちらかというのならわかるのですが，同じ項目について逆のことを一人の人間に求めるな，と言いたいのです．「私の言うことを聞いてほしい」と言った瞬間に，その女性に残されている選択肢はその「頼りない」彼と一緒に悩んで結論を出すことであって，都合の悪い時にだけ，ぽーんと判断を投げてしまうというのはやっぱりフェアではないと思います．

　私は別に男性差別を糾弾したかったわけではありません．私のやっている分野というのは，女性だけではなく，男性が肩の荷を下ろすことができる社会を構築するための学問なのです．私は世の中が求める「男性性」のようなものにあまり適応しなかった人間なので，こういう分野を選んだのかもしれません．ですが男性の側も肩の荷を下ろすチャンスだと考えれば，人生の幅が広がるのではないかと思っています．

男女共同参画って？

　男女共同参画の話を持ってきて最後にしようと思います．

　日本は，国際的には女性の力を活かせていない極端な後進国です．少子高齢社会の議論の最後にこれを持ってきたのは，女性と男性で新しい社会を構想する必要があると考えるからです．少子高齢社会では，女性の能力を活用せずに社会が発展することはできません．性別に関わりなく能力を活かせる社会を目指すということが男女共同参画社会基本法の前文に書かれています．男だろうと女だろうと，自分の能力をきちっと活かせるような社会にしていかなければならない．そういう目で見た時に，日本はたいへんな後進国です．世界経済フォーラムが発表した女性がどの程度政治や経済などの分野で役割を果たしているかを示す GGI という指数で，日本は 2014 年で 142 カ国中 104 位．日本は人口の半分の能力を活用できていない国で，そういう国に未来はないと思われます．皆さんが活躍できるようにするためにも非常に重要な政策課題なのです．

PROFILE

瀬地山 角（せちやま・かく）先生のプロフィール

東京大学大学院総合文化研究科教授
1963年奈良県生まれ．1997年3月東京大学大学院総合文化研究科博士号（学術）取得．2000年8月ハーバードイエンチン研究所客員研究員（2001年8月まで）．2009年8月より現職．

主な著作　『お笑いジェンダー論』（勁草書房，2001）
　　　　　『東アジアの家父長制──ジェンダーの比較社会学』（勁草書房，1996）

 瀬地山先生おすすめの本

『「若者の性」白書──第7回青少年の性行動全国調査報告』日本性教育協会編（小学館，2013）

高校生・大学生の性に関して，40年にわたって継続的に実施されてきた調査の報告書です．日本の高校の性教育は現実を直視できておらず，大きな問題をはらんでいます．等身大の「性」を知ることのできる本としてぜひ参考にしてください．

『セクシィ・ギャルの大研究──女の読み方・読まれ方・読ませ方』上野千鶴子（岩波現代文庫，2009）

ジェンダー論の大家，上野さんの最初の著書です．広告に現れる女性像を材料にして，男社会の女性に対する視線を読み解いた名著．無名の時代にこれを最初に出し，その後『家父長制と資本制』（岩波書店）のような専門書を出すというのも，実はすごいことなんです．

『時間の比較社会学』真木悠介（岩波現代文庫，2003）

社会学に興味がある方へ．私たちは「時間」とは「客観的に」存在すると勘違いしているのですが，時間がいかに社会によって異なるかを実証した名著．デートの時に遅れてくる相手を何分待つのかさえ，きっと時代や社会によって違うのです．

LECTURE

コンピュータが将棋を学ぶと?

—— 思考するコンピュータ

第6講でご紹介するのは，コンピュータに人間のような判断や思考をさせる挑戦です．挑戦を通じてコンピュータの発展につながる技術や，人間の思考の仕組みを知るためのヒントが見えてきます．

金子知適

思考するコンピュータ

はじめに，コンピュータにとって，将棋が他の仕事と比べてどのくらい難しいのかを考えてみましょう．コンピュータは何でもできるというわけではありません．人間と比べてどちらが上手にできるかを手がかりに，得意不得意を考えてみましょう．たとえば"3+4=？"というような計算問題とか，10年間の新聞に「将棋」という単語が何回登場したか調べることは得意です．とはいえ，計算や暗記が得意ならセンター試験の問題を解くのも簡単かというと，そうではありません．適切な回答を選ぶには，問題の意図を常識で補いながら読み取る必要があって，それはかなり難しいことなのです．コンピュータは論理的な思考は得意ですが，人間の知的な活動を支えている他の要素，常識や感覚的な判断，日本語で意味を伝えるなどのことは苦手にしています．将棋を指すことは，現段階では得意と不得意の中間にあって，研究する価値のあるテーマなのです．

将棋に関連したテーマの中で，論理的な思考で答えを見つけられる例に，「詰将棋」があります．詰将棋は，細かい点を無視すれば，王手という攻撃の連続で相手の王を追い詰められるかを判定する問題です．王手と相手が逃

げる手の組み合わせだけを調べれば良いので，比較的早くからコンピュータで解けるようになりました．詰将棋の問題の中には，正解手順が1500手を超える大作もあるのですが，今では数分で解くことができます．

では，詰将棋ではなく二人で指す普通の将棋はどうでしょうか．将棋を指す時の人間の考え方は，論理的な思考と，感覚的な判断の両方に支えられています．コンピュータも，両方を身につける必要があります．

論理的な思考は，将棋で先を読む（先の展開を予測する）ために必要です．将棋に馴染みがない方は，東京のような複雑な路線図があって，どの経路が良いかを考えている状況を想像してください．最近は無料のサービスでも，コンピュータに時刻表まで加味した良い路線を推薦してもらえて便利になりました．推薦のために内部では，この駅で何線に乗り，この駅で乗り換えてと様々な経路をシミュレーションして，一番良いものを料金や早さなどの観点で選んでいます．このシミュレーションで今の駅から隣の駅に移動するという部分が，将棋では今の局面である手を指して次の局面を考えるという部分に対応します．もっとも将棋の場合は，各駅に平均80路線くらい乗り入れているような状況で，現実のどの路線図よりもずっと複雑なのですが．

将棋で感覚的な判断をする機会としては，この局面がどのくらい勝てそうか考える形勢判断が挙げられます．形勢判断では，勝敗に直結するような理由がなくても，細かい手がかりを参考に優劣を判定する必要があります．たとえば，ある人を喜ばせようと思った時に，プレゼントを贈るとして，好み，予算，デザインなどを総合してどれにしようかとか，あるいは相手が家族なら何か手伝いをした方が喜ばれるかなどと考えている状況を想像してください．考える手がかりがないわけではないのですが，これなら絶対良いという自信がないことも多いと思います．このような判断は人間でも得意とは限りませんが，コンピュータではほとんど役に立たないでしょう．最近ようやく，インターネットでの買い物で「これも買いませんか？」とおすすめしたり，将棋に限定すれば多少の判断ができるようになったり，と少しずつ技術が進んでいます．商品の推薦では，その人の検索履歴や他の商品への評価などを参考にします．将棋の場合は，プロ棋士という強いプレイヤの棋譜（対局の記録）から学びました．データを参考に，これはだいたいこうだと

コンピュータに学ばせて役立てる技術が，広く応用されつつあります．

コンピュータにとって，将棋を指すより難しいことはあるでしょうか？江戸時代から作られているような芸術的な詰将棋の作品を作ることは，まだできていません．複雑で難しければ良い問題というものではなく，手順の面白さのような観点も評価されるためです．また，将棋を一局指したあとに人間は感想戦という振り返りを行い，どの手が良かったとか代わりにこう指したら？などと相手と意見を交換します．それが上達の秘訣とされています．しかしコンピュータは対局では強くても，なぜ良い手なのか自身の考えを説明したり，相手の言葉から学ぶことはまだできません．なお，変わったところで，誰にもできないことが証明されてしまっている問題も世の中にはあります．「与えられたプログラムが有限時間で計算を終えるかどうか判定する」という問題がその1つで，そのような計算手順をもし作れたとすると矛盾が生じてしまうのです．そのような特殊な問題を除けば，コンピュータが人の助けになる場面は今後も少しずつ増えていくことでしょう．

コンピュータ将棋とプロ棋士の対局

コンピュータ将棋の歴史の中で重要な対局が2013年に行われ，GPS将棋というプログラムが三浦弘行八段（当時，現九段）に勝利しました．三浦八段は，当時もA級2位というプロ棋士の中でもトップ棋士の一角です．GPS将棋の開発には筆者も加わっていますので，その時の様子を紹介しましょう[1]．

まずは対局の背景を紹介します．将棋に限らず，コンピュータにゲームをプレイさせる研究は，人工知能の目標の1つとして古くから始まっています．将棋プログラム同士の初めての対局は，大阪大学と玉川大学のコンピュータを使って1979年に行われました．当時は現在のようなインターネットもありませんでしたので，オペレータが指し手を読み上げて電話でやりとり

---

1. 第二回電王戦と名づけられたプロ棋士と将棋プログラムの5対5の団体戦の，大将戦（最終局）として行われました．

図1 対局で使用された約700台のiMacが並ぶ演習室の1つ（中央）と建物内の配置図（右），1台を細い長方形として役割分担を表示する監視画面（左）．

する必要があり，1局に1カ月以上かかったと伝えられています．歴史は流れて，海外ではチェスを指すコンピュータがとても強くなり，1997年に世界最強と見なされていたガルリ・カスパロフが敗れます．勝ったDeep Blueは，チェス専用のハードウェアとスーパーコンピュータを組み合わせた，チェスのための特別な機械でした．その10年後の2007年に，将棋でもトッププロである渡辺明竜王（当時）に，Bonanzaというプログラムがこちらは1台の計算機で挑戦します．結果は渡辺竜王の勝ちでしたが，好勝負となったことから，予想よりもBonanzaが善戦したとして大いに評価されました．それだけそれまでの将棋プログラムは弱く，将棋は難しいと認識されていたのです．その後，これから紹介する2013年の対局まで，トッププロとの対局機会はなく，コンピュータ将棋全体の6年間の進歩が試されることとなりました．

対局に向けて，その時点で可能な最高の実力を発揮できるよう開発チームは努力しました．その1つは，約700台のコンピュータを活用したことです．1台1台はiMacという個人用のコンピュータがほとんどなのですが，分担してより深くまで先を読むことで，全体として強くなるのです．チェス専用に特別に作られたDeep Blueは，1997年の時点で1秒間に約2億の局面を読むほどの突出した性能でした．残念ながら将棋では専用ハードウェアやスーパーコンピュータのような特別な構成は準備できませんでしたが，GPS将棋も，700台を合わせた効果で1秒間に約2.5億局面を探索していて，将棋プログラムで初めてDeep Blueの数字を超えました．通常の家庭

CHAPTER II 研究で課題に挑む!

図 2 第二回電王戦第五局が行われた将棋会館の特別対局室.
(日本将棋連盟提供)

用のコンピュータでは GPS 将棋は 1 秒間にざっと 100 万局面程度しか読めなかったので,夢の舞台にふさわしい対局者ならぬ機械を準備できたと思います.また,1 台だけの場合と比較して,全体で約 4 手ほど深く先を読むことができました.

　たくさんの iMac は,東京大学の 1,2 年生が学ぶ駒場キャンパスの情報教育棟のものを借用しました.情報教育棟は,コンピュータを用いる授業や自習に使われている建物で,図 1 の中央の写真と右の配置図のようにたくさんの端末が並んだ演習室が建物内に複数あります.対局当日には,自習に使われていた 1 室を除いて残りすべての部屋の端末を使いました.図の左側は,1 台 1 台の働く様子を監視するシステムで,それぞれの考えている局面をあとで説明するゲーム木の形で左側を根として描いたものです.故障などが起こらないように祈りながら,このように全体を監視しました.また,対局が行われている将棋会館とコンピュータの置かれている大学との通信はインターネット上で自動的に行いましたが,万一の場合に(昔のように?)電話で指し手を伝えるという手順まで準備して備えました.

　対局の結果,コンピュータ将棋プログラムが初めて A 級のプロ棋士に勝ったことで,さまざまなニュースで大きく取り上げられました.図 2 は,終局直後の対局室の写真で,取材のカメラの多さからも注目の大きさがわか

図3 将棋（左）とどうぶつしょうぎ（右）
（左）教養学部の授業「将棋で磨く知性と感性」より，（右）幻冬舎エデュケーションより．

ります．また，この対局でGPS将棋が選んだ一手はGPS新手と名付けられて，その後もプロ棋士同士の対局で登場しています．コンピュータが自分の感覚で考えて指した手が新しい定跡と認められたのですから，とても名誉なことです．コンピュータ将棋がここに至るためには，これまでに説明したように，論理的な思考と感覚的な判断の両方を磨く必要がありました．とくに，後者はコンピュータがプロ棋士の棋譜から学んだもので，それができるようになってやっと，強くなったのです．後半はこれらをもう少し詳しく紹介します．

先を読むことと判断すること

ここで，将棋の性質などを少し確認しておきましょう．将棋は図3の左の写真のような9×9のマスをもつ盤を使って二人が交互に駒を動かすゲームで，最初に指す人を先手，もう一人を後手と呼びます．プレイヤが二人だけで三人目や四人目を味方につける交渉などがないことや，隠された札のように不確定な情報もサイコロの目のような偶然性もないことなどは，基本的な性質です．将棋の駒には種類があり，それぞれの動き方や役割があります．動く際に位置関係に応じて，相手の駒を取ることもできて，王という特別な駒を取るまで追い詰めたら（詰みと言います）勝ちになります．王以外の取った駒は自分の戦力になるので，駒をたくさん取る方が有利なのです

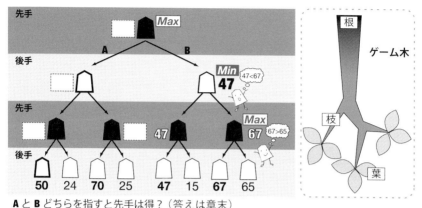

Aと**B**どちらを指すと先手は得？（答えは章末）

図4 ゲーム木
図の駒の記号は局面に，矢印が指し手に対応．

が，他にも駒同士の連携をとって働きを良くしたり，良い陣形を築くことも重要になります．

また，コンピュータの思考で，先を読んで未来の可能性を調べる方法を**探索**と言い，局面の勝ちやすさを数値で表す関数を**評価関数**と言います．それぞれ，論理的な思考とか，感覚的な判断などと呼んできた内容に対応します．

探索の第一歩は，自分と相手の指し手の選択肢について，漏れなく挙げることです．その上で，自分→相手→自分→と何手か進んだ未来の中から一番良いものを選びます．ただし相手がどう指すかはわからないので，相手がどう指しても悪くならないように，自分の手を選ぶ必要があります．先の展開を考えるモデルをゲーム木といって，図4のように表します．図中で黒い駒と白い駒が矢印で結ばれていますが，黒い駒が先手（自分）が指す番の局面，白い駒が後手（相手）が指す番の局面，矢印が指し手をそれぞれ表します．一番上に描かれた黒い駒は対局中の現在の局面で，それより下の残りの駒はこう指したらどうなる？と検討に必要な局面です（説明の都合でコンピュータは先手だとしました）．探索の手順は，まず一番上の局面で指せる手に対応する矢印をすべて描きます．図ではAとBの2本しかありませんが，実際には平均で約80本の矢印が横に並びます．人間の場合は有力な手だけを2，3通り調べると言われていますが，コンピュータは無駄な可能性

が高い手まですべて調べるからです．先手が指した次は後手の番なので，黒い駒から出た矢印の先は，白い駒になります．同様に後手番の局面から出る矢印の先は，先手番の局面になります．探索では，このようにどんどん深く深く枝を伸ばしてゆきます．今，枝と書きましたが，このようなグラフを一般に**木**と呼んでいます．一番上の駒が根，矢印が枝に対応し，空(そら)が下の方にあると見立てて下向きに成長します．また，一番下の，もうそこから矢印が出ていない駒を**葉**と呼びます．さて，説明のためにここでは上から4段目に来たところで木の成長を止めたとしましょう．

　未来の可能性がこのように枝分かれしていたとして，この根の局面で，AとBどちらを指すと良いでしょうか．答えを与えるのが min-max 探索法と呼ばれるものです．まず一番下の葉のすべての局面に，先手の勝ちやすさを表す点数をつけます．詰みで勝ちなら∞，「千日手」という引き分けなら0，詰みで負けなら$-\infty$，まだ勝負がついていなければ形勢を判断する評価関数で点数を決めます．続いて下から2段目の先手番の局面を1つずつ考えます．その局面の勝ちやすさは，先手がそこでどの指し手を選ぶかによって変わります．勝ちを目指すために先手は点数の高い手を指す方が良いでしょう．そう指すならば，先手番の局面の点数は，そこから矢印が出ている先の局面の点数の最大値になります．同様に，その一段上の後手の局面では，後手も自分の勝ちを目指すために点数の低い手を選び，その点数は矢印が出ている先の局面の点数の最小値になります．このようにして，葉から根に向かって，すべての局面の点数や最善の指し手を決めていくことができます．将棋などの多くの二人ゲームでは，先手が勝ちやすい局面は後手は勝ちにくく，後手が勝ちやすい局面は先手は勝ちにくいという対称な関係にあるので，点数の大小のどちらが嬉しいかが手番によって反転します．min-max という名前は，手番の立場での最善が，最大値と最小値になることと対応します．

　さてコンピュータのこのような考え方には，重要な性質が2つあります．たくさん探索してゲーム木を広く深く成長させた方が強いということ，葉で勝ちやすさを点数で表す評価関数が正確な方が強いということです．

　探索を続けてゲーム木を成長させると究極的には，葉の局面のすべてで終

局して勝ち負けが決まっていて，これ以上は成長できないという状態になります（有限のゲームを前提にしています）．そうすると，ゲーム木のすべての局面で先手の勝ちか後手の勝ちか引き分けか，勝ちであれば必勝法まで，上記の考え方で正確に求めることができます．初期局面から，このような結論を求めることをゲームを解くとも言います．実際にゲームを解けるかどうかは，コンピュータの能力とゲーム木の大きさで決まります．3×4の盤面で遊ぶ「どうぶつしょうぎ」（図3の右）は，約1億種類の局面を調べた結果，後手必勝とわかりました．一方，将棋で同じような計算を行うには，大雑把に10^{70}程度の局面を調べる必要があってとても無理と考えられています．なお実際の探索は，ゲーム木の中で結論に影響しない枝を無視したり，いくつかの手法を使い分けるなど，効率化のために様々な工夫が行われます．

反対側の究極として，絶対に正しい評価関数というものを作れたなら，ゲーム木を展開してmin-maxの計算を行っても探索しないで評価関数だけで決めても結果が変わらないため，探索の必要はありません．そのようなゲームは，知っている人が必ず勝ってしまうので人気が出にくいのですが，たとえば石取りゲームには簡単な規則で局面の勝敗を判定できるものがあります．

将棋ではどちらの究極も実現できないので，少しでも深い探索と少しでも正確な評価関数を目指して進歩してきました．同じ評価関数を使っていれば深く探索する方が強いのですが，探索は浅くても正確な評価関数を使う方が強いということはしばしばあります．実際に，熟達した人間は形勢をとても正確に判断できるために，長い間コンピュータよりも強かったのです．

人間の思考記録から判断基準を学ぶ

最後の話題として，評価関数の作り方を考えてみましょう．局面を見て勝てそうかどうかを点数で表すにはどうすれば良いでしょうか．ある程度までは，人間が将棋を学ぶ時のように，コンピュータに考え方を組み込むことができます．まず将棋では駒をたくさん持っている方が勝ちやすく，また駒にも種類があって，1カ所しか動けない「歩」という駒よりも，縦横自在に動ける「飛車」という駒の方が強力です．そこで歩1枚を100点，飛車1枚

を 1000 点というように駒の種類ごとに点数を決めておき，先手と後手の駒の枚数からそれぞれの持点を計算します．その上で，先手の持点から後手の持点を引くと，先手の方が価値のある駒をたくさん持っていれば正に大きく，その逆なら負に大きくなるので，良い駒をたくさん持っていれば勝ちやすいという考え方を数値で表現できました．

ただ，一般に人間の知識や感覚を点数で表すことには無理があります．たとえば，王という大事な駒が安全な方が勝ちやすいということは将棋の常識なのですが，コンピュータにとっては「安全」という概念が難しいのです．仮に「安全とは，王の周り周囲 8 マスに味方の駒が 3 枚以上あり，かつ一番近い敵の駒との距離が 5 マスより遠いことである」と定義すれば表現できますが，これでは安全という言葉で表したかった内容とのずれが大きくて役に立ちません．本当は，枚数や近さだけでなく，囲いと呼ばれる守備の駒の連携とか，相手の攻撃駒の連携とか，駒がないマスが逃げ道になるかとか様々な基準を総合して安全と言いたいところです．しかし，連携とか逃げ道とかぼんやりした言葉が次々と登場してしまって，なかなかコンピュータにわかる表現，つまりマスにいる駒の種類や位置関係と対応させることができません．

そこで，次のように，人間とはかなり異なる方法で，コンピュータは有利不利を判断しています．まず，王が 81 マスのどこにいるかに対応した点を決めておきます．中央より左右に寄ったマスの点を少し高くしておくことで，端の方が攻撃される方向が限定されていて安全なことが多いという経験を，点数に反映させることができます．同様に，王以外のすべての種類の駒も，81 マスのどこにいるかに応じて点をつけます．このような各駒ごとの点の合計を，評価関数が局面につける点数とします．ここまでで，ある種類の駒について場所ごとに 81 通りの点があり，将棋の駒の種類は（「成り」という特殊状態を含めて）14 あるので，14×81 の表となります．次にこれまでの考え方を駒 2 枚に拡張して，(14×81)×(14×81) の表を作ります．たとえば「金」という種類の駒は守りに優れているので，王のそばにいると価値が高いのですが，それには表中の「王が 8 八にいて，かつ，金が 7 八（隣）にいる」欄の点を高くし，「王が 8 八にいて，かつ，金が 1 八

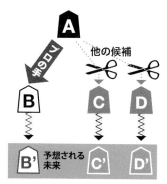

図5 棋譜から学習する仕組み
プロ棋士の選択とコンピュータの選択を比較.

（遠く）にいる」欄の点を低くすることで表現します．このように加点あるいは減点項目を細分化していくことで，総合的に人間の感覚に近い判断を目指すのです．表を広げると，所有者の異なる駒のペアも対象になります．さらに拡張して駒3枚の表を作ったり，駒が次に動ける先のマスを組み合わせたりと，プログラムごとに様々な工夫がなされています．

　良い評価関数を作るためには，これらの表の項目のすべてについて良い点を決める必要があります．長い間プログラマが頑張って点を調整していたのですが，自動的にこの値を決める「機械学習」という技術の研究が進んで，将棋プログラムの強さが大きく進歩しました．そのきっかけは，2007年に渡辺竜王と対局したBonanzaの開発手法が，作者の保木邦仁さんにより発表されたことです．これは，チェスでカスパロフが敗れた1997年より後のことで，当時のDeep Blueはほとんどの点数を機械学習ではなく開発者が手で調整したと記録されています．コンピュータ将棋はコンピュータチェスから様々な技術を導入していますが，この学習については，日本で実用化された技術と言えるでしょう．

　点数を自動で学習するには，プロ棋士の対局の記録である棋譜を参考にします．棋譜の局面でどの手が指されたかと，コンピュータが自分で考えた時にどの手を選ぶかを調べ，両者がなるべく一致するように表の点数を微調整するのです．図5の例で，プロ棋士がある局面AでBという手を選んだと

しましょう（きっと良い手です）．それからその局面には，CやDという指し手もあったが，選ばれなかったとします（悪い手と考えます）．

さて，コンピュータがどう考えるか，各局面を探索させます．もしBの点が一番高ければ，そのプログラムはプロ棋士と同じ指し手を選べるので成功です．もし，BよりもCの方が勝ちやすいとなった場合には，判断が一致せず失敗です．その場合は，少しBの点数を上げるかCの点数を下げるかなどして調整すると，Bを選ぶように直せそうです．うまく調整を進めると，プロ棋士と同じ指し手を選べる割合が10％前後から40％前後まで向上して，また実際に強くなります．

その際には，BとCを直接比較するのではなく，それぞれから予想される数手先の局面B'とC'を比較することが重要です．将棋がわかる方でしたら，初手から▲７六歩△３四歩のあとでBが▲２六歩という普通の手，Cが▲２二角成と角という駒を交換する趣旨の手だと思ってください．ここで角を取った直後で先手が角を２枚持っている局面Cと，角が１枚しかない局面Bを直接比較すると，角は取るだけ損だと誤解して角の点数を下げてしまいます．代わりに後手が△同銀と角を取り返したC'になると予想して，C'と比較すれば，先手も後手も角を１枚ずつ持っているのでその問題を避けられるのです．ところで△同銀と正しく予想するためには，その手の評価が一番良い必要があります．つまり良い評価関数と正しい予想は，お互いを必要としあう鶏と卵の関係にあり，この点は学習の難しさの１つになります．

また，評価関数の値は，とても細かい評価の和で作られています．それらには今まで紹介したように，飛車の価値とか，歩の価値とか，王と金の位置関係とか様々なものがあります．ですので，局面全体の点数を上げたり下げたりしたいと思っても，関係する多数の項目のどれを変えるのが良いのかを簡単には決められません．調整の仕方によっては，ある局面では正しい手を選べるように改善しても，別の局面で失敗が増えてしまうかもしれません．そこで，正確には次のように行います．数学が苦手な方は飛ばしても構いません．

まず，評価関数のパラメータ全体を並べて１つのベクトルwとします．

歩 1 枚の価値とか王と金の表とか調整したい項目全部を表していると考えてください．それから，学習するお手本の棋譜の局面を集合 $\mathcal{P}$ と表記します．これらを使って，棋譜との不一致度 $J(\mathcal{P}, \boldsymbol{w})$ を次の式で表します：

$$J(\mathcal{P}, \boldsymbol{w}) = \sum_{p \in \mathcal{P}} \sum_{m \in \mathcal{M}'_p} T(\mathrm{s}(p, d_p, \boldsymbol{w}) - \mathrm{s}(p, m, \boldsymbol{w})).$$

シグマ記号 $\sum$ は，何かの合計を表します（添字の位置が下でも右下でも同じ意味です）．最初の $\sum_{p \in \mathcal{P}}$ は，棋譜のすべての局面 p について右側を合計するという意味です．次の $\sum_{m \in \mathcal{M}'_p}$ は，各局面 p にはプロ棋士が選んだ 1 つの指し手 d_p と選ばれなかった指し手 $\mathcal{M}'_p$（通常は複数）があるのですが，後者の選ばれなかった $\mathcal{M}'_p$ のそれぞれの指し手 m について右側を合計するという意味です．関数 $T(x)$ を後回しにしてカッコの内側を見ると，何かの引き算になっています．左の $\mathrm{s}(p, d_p, \boldsymbol{w})$ は，プロ棋士が選んだ指し手 d_p をコンピュータがパラメータ $\boldsymbol{w}$ の評価関数を使って探索して検討した時の評価です．右の $\mathrm{s}(p, m, \boldsymbol{w})$ は，同様に，選ばれなかった指し手 m を評価した結果です．両者の差を取ると，プロ棋士の手を他の手より高く評価した場合に正，そうでない場合に負になります．さて，$T(x)$ は，簡単のために $x < 0$ で $T(x) = 1$, $x > 0$ で $T(x) = 0$ と考えましょう[2]．$T(x) = 0$ の項は $\sum$ で合計しても関係がなく，$T(x) = 1$ の項のみ足されます．つまり，この $J(\mathcal{P}, \boldsymbol{w})$ は全体で，プロ棋士が選んだ指し手より他の手の方が良いとコンピュータが判断した回数，つまり不一致の度合いを表すわけですね．この関数が小さくなるような $\boldsymbol{w}$ を良いパラメータと考えます．

このように関数 $J(\mathcal{P}, \boldsymbol{w})$ を定義したら，$\boldsymbol{w}$ を少しずつ変化させながら，一番 $J(\mathcal{P}, \boldsymbol{w})$ が小さくなるような $\boldsymbol{w}$ を探します．たとえば，$\boldsymbol{w}$ のなかの歩 1 枚の価値を表すパラメータが現在 100 点だったとすると，ちょっと増やして 101 点とかあるいは減らして 99 点とかを試してみます．大小どちらを試すか決めるには，微分を使います．微分して傾きが正なら，歩の価値を増やすと $J(\mathcal{P}, \boldsymbol{w})$ も増える，反対に歩の価値を減らせば $J(\mathcal{P}, \boldsymbol{w})$ も減ると予想できるわけです．このように，ある関数を決めてそれを最小化するパラメー

---

[2]. 実際は，シグモイド関数というものを左右反転させた $1/(1 + e^{ax})$ という形をしています．

タを探す問題を**最適化問題**と言います．最適化問題にはたくさんの種類と解き方があって，将棋だけではなく社会の様々な問題を解くために使われています．

　ところで，筆者は高校生になる前からプログラミングに興味をもち独学してきましたが，数学にはあまり興味をもっていませんでした．その時点では将来，将棋のプログラムを作ることになったり，そこで微分を使うことになるとは想像できたはずもありません．高校生の読者の方にも相性の悪い科目があるかもしれませんが，その内容がもし将来必要になった時でも頑張れば何とかなる程度には身につけておくことをお勧めします．

図 4 の答え：50 対 47 で A の方が少しだけ得．

CHAPTER Ⅱ 研究で課題に挑む！

PROFILE

金子 知適（かねこ・ともゆき）先生のプロフィール

東京大学大学院情報学環・総合文化研究科准教授
同大学大学院総合文化研究科博士課程修了．博士（学術）．専門は人工知能．最近の興味は「プログラミングコンテスト」．対局開始までの準備が勝負のコンピュータ将棋と異なり，その場でプログラマが戦うところが面白い．

主な著作 　『人間に勝つコンピュータ将棋の作り方』（分担執筆，技術評論社，2012）
　　　　　『コンピュータ将棋の進歩 6 ── プロ棋士に並ぶ』（分担執筆，共立出版，2012）
　　　　　『情報　東京大学教養学部テキスト』（分担執筆，東京大学出版会，2006）

 金子先生おすすめの本

『数学ガール乱択アルゴリズム』（数学ガールシリーズ 4）結城浩（ソフトバンククリエイティブ，2011）
将棋の話ではありませんが，コンピュータで問題を解くための「アルゴリズム」に関する様々な話題を，同シリーズ独特の高校を舞台にした柔らかな雰囲気で学ぶことができます．

『白と黒のとびら ── オートマトンと形式言語をめぐる冒険』川添愛（東京大学出版会，2013）
小説の中で主人公が出会う謎に，情報科学に関連深い概念が織り込まれています．直接コンピュータは出てこなくても，コンピュータの世界の考え方に親しむことができます．

『人間に勝つコンピュータ将棋の作り方』瀧澤武信他著（技術評論社，2012）
コンピュータ将棋の技術についての解説と徐々に強くなってきた歴史，迎え撃つ（？）人間側のアマチュア高段者から見たコンピュータ将棋の特徴について読むことができます．2010 年に行われた清水女流王将（当時）との対局をきっかけに書かれた本ですが，内容のほとんどは古くありません．

『上達するヒント』（最強将棋レクチャーブックス 3）羽生善治（浅川書房，2005）
アマチュアの実際の対局中に現れた局面を題材に，将棋の考え方を言葉で説明した本です（駒の動かし方がわかる人向け）．コンピュータ将棋プログラムは強くはなったものの，このように言葉で説明することはまだ実現できそうもありません．

LECTURE

ガラスのこれまで,ガラスのこれから
―― 古くて新しいガラスの科学と技術

身近な物にもまだ数多くの課題が潜んでいます.第7講のテーマであるガラスは身近な物質ですが,実は未知のことも多く,材料科学の点でも物性科学の点でも挑戦しがいのある物質です.その発見から現在,そして将来の展望まで,ガラスに対する挑戦をご紹介します.

高田　章

生活を豊かにしているガラスの商品

身の回りにあるガラスの商品を探してみると,携帯電話やテレビのスクリーン,建物の窓,自動車・電車の窓,電球,コップ,ビンなど,数多くの商品があることに気がつきます.ふだんは意識することはあまりないと思いますが,ガラスは空気や水と同じように透明な材料であるために人間の視界を妨げずに光を通し,また風雨・気温の寒暖・騒音から私たちを守ってくれているのです.これ以外にも重要な役割がたくさんあります.たとえば,メガネ,望遠鏡,顕微鏡をはじめ種々のレンズとして私たちがいろいろなものを見る手助けとなってくれたり,光ファイバーのように情報を伝えることもできます.あるいは磁気ディスクのように情報を蓄える役割も果たしています.

このように,私たちの生活と切ってもきれないくらい様々な働きをしてくれているガラスですが,皆さんは何が原料となっているのかご存じでしょうか.ガラスは,ケイ素（Si）に4個の酸素（O）が結合したケイ酸塩が主成分で,ケイ素を中心とした一辺が 2.65 Å（オングストローム,10^{-10} メートル）の四面体が原子構造の骨格となっています.地球上の地表付近に存在す

る元素の割合を推定して質量パーセントで表したものをクラーク数と言いますが，上位2つの元素は酸素とケイ素で，ケイ酸塩のかたちで岩石中に大量に存在しています．ガラスの主原料がクラーク数の最上位2つを占めるということは，ガラスの原料がほぼ無尽蔵だということになります．また，これらの原料は人体に無害であるばかりでなくリサイクルが可能で，環境にとてもやさしい材料でもあります．さらに窓ガラスの例からもわかるように，普通の用途では数十年のオーダーで使い続けられる素材でもあるのです．

本題に入る前に，「ガラス」という言葉が指す対象について触れておきたいと思います．ここまでは，有史以来，人類の生活と文化に深く関わってきた典型的な材料（ケイ酸塩ガラス）の意味で「ガラス」という言葉を使ってきましたが，物理・化学といったサイエンスでは別に定義される意味があります．この定義では「ガラス」は「結晶ではない固体（液体・気体ではない）の状態」を示します．この定義に従うと，ケイ酸塩ガラスだけでなくゴム，金属ガラス，冷凍食品などもガラス状態ということができます．以下では，材料としてのガラスは「ガラス」，状態としてのガラスは「ガラス状態」として区別をします．

ガラスの科学と技術の歴史

では，まずガラスの歴史をひもといて，先人の英知と人類への貢献を振り返ってみましょう．人類史上どこで最初にガラスが作られたのかはいまだに謎となっています．少なくとも3-4千年前には使われていたようです．ローマの歴史家プリニウスによると，フェニキア（現在のシリアあるいはイスラエルの地中海沿岸）の砂洲でフェニキア人が偶然ガラスの作り方を発見したということになっています．

その後，紀元前1500年ごろにはエジプトを中心とした国々でガラス製品の製法が確立していました（図1a）．その製法とは粘っこいガラスを粘土の型におしつける型押し出し法とか，布製の袋に砂を詰めて作った芯の上にガラスの糸を巻きつけたり，芯を溶けたガラスの中に浸し冷えてから芯を壊して取り出す砂芯法でした．ローマ時代にはローマ帝国内でガラス吹きの技術

図1　ガラス作りの変遷
(a) 古代，(b) ローマ時代，(c) 中世．

が開発されました．吹管の先に溶けたガラスを付けて中から空気を送り込みガラスを膨らませるもので，ガラス職人は球形から円筒形まで様々な形や大きさの製品を容易に作ることができるようになりました（図1b）．

　ローマ帝国が没落した後はシリアやビザンチンの地域を中心に金属化合物による着色技術が進み，中世のステンドガラスへ発展していきます．中世の時代には教会でステンドグラスが盛んに使われました．教会の中に一歩足を踏み入れるとそこにはステンドグラスによる美しい色彩の世界が広がり，人々は神の国の空間と考えていました．キリスト教文化を支える舞台装置としてステンドグラスは大きな役割を果たしていたのです．

　ステンドガラスの色を出すには発色のもととなる特殊な金属とその金属の発色を助ける他の成分とのバランスが重要なのですが，化学の知識が無く化学分析法も無かった時代に職人がどのようにして種々の色のステンドガラスを作っていったのかはいまだにひとつのミステリーです．また，ステンドグラスのような高級な工芸品とは別に，中世の建築物にはガラスが各所に用いられたため，大きな板ガラスや鏡などのガラス産業も発展しました（図1c）．

CHAPTER Ⅱ 研究で課題に挑む！

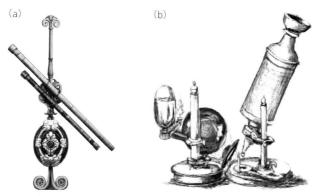

図2 ガリレオの望遠鏡（a）とフックの顕微鏡（b）

　ここまでは生活用品に関するガラス製品とその製法を中心に中世までの歴史を見てきましたが，ガラスの科学分野への大きな貢献も見逃がせません．16世紀から17世紀に活躍し地動説で有名なガリレオ・ガリレイは自分で倍率の高い望遠鏡を製作し天体の観測を続けました（図2a）．もし望遠鏡のガラスレンズが無かったとしたら，地動説の発見もずっと遅れたことでしょう．ヨハネス・ケプラーやアイザック・ニュートンも自分で考案した望遠鏡を用いていました．

　もうひとつの科学への貢献例としては顕微鏡が挙げられます．ニュートンと同時代のロバート・フックは顕微鏡を使ってコルクを観察し小さな部屋のような構造をセル（細胞）と呼びました（図2b）．その後，顕微鏡は医学分野で必須の道具となっていきます．ルイ・パスツールは顕微鏡を通して微生物を観察しワクチンの予防接種を開発しました．またアレクサンダー・フレミングは顕微鏡を通してペニシリンを見つけ，抗生物質発見の道を拓きました．

　望遠鏡・顕微鏡の発明に続き，19世紀後半になると種々の光学ガラスがドイツを中心に開発されました．その背景には光学技術の発展および量子論の開拓との密接な関係があったことも重要です．一方，19世紀末になると，当時の文化・芸術を代表するアール・ヌーヴォーあるいはアール・デコと呼ばれる装飾性が高く美しいガラス工芸品がたくさん作られ，その時代の

文化を美しく彩りました．

飛躍的に進歩した 20 世紀のガラス

　20 世紀に入ると，ガラスの科学と技術が相互に刺激を与えながら大きく発展しました．とくに，X 線回折法が結晶構造だけでなくガラス構造にも応用できるようになり，ガラス中の原子間の距離の分布が議論できるようになったことで，ガラスの科学が大きく進展をはじめました．X 線回折法は材料に X 線を照射した時，波の性質をもった X 線が材料中の原子に衝突すると，波の回折という性質によって原子の背後に回り込む性質を利用したもので，回り込んでいく波が作る縞模様を観測して，そのデータから原子の位置を推定します．結晶の場合は並進対称性（原子位置が x, y, z 軸方向に周期的に繰り返される）の性質をもっているために構造決定が比較的容易ですが，ガラスの場合は結晶のような周期性が無いことが原子の位置を決める上で大きな障害となります．ある種類の原子に平均何個の別の種類の原子がどのくらいの距離で化学結合しているか，たとえば SiO_2 ガラスの場合は Si の周りに O 原子が平均 1.62 Å の距離で 4 個結合しているところまではわかっています．しかしながら，それより大きな距離を隔ててどのようなつながりが伸びているかが実験だけではわからないのです．

　20 世紀の前半は図 3a のような構造イメージしかもてませんでしたが，計算機シミュレーションの力により図 3b のような現実的な 3 次元原子構造を議論することができるようになってきました．さらに科学・技術の進歩により，均一なガラスだけで構成されるのではなく，ガラス中の一部が結晶化した構造をもつ結晶化ガラス，あるいは成分の異なる 2 種類のガラスに分離し入り組んだ 3 次元模様の構造をもった分相ガラスも見つけられました．前者は結晶のもつ光学的特性および力学的特徴の長所を活かしてフォトニック材料や耐熱材料，生体材料が開発されています．後者のガラスは 2 種類の成分相のうちの一方を化学的に溶かし出し，溶けてできた孔（最近は数ナノメートルの小さな空隙が作られています）を利用して物質の分離をしたり，孔の表面に触媒をくっつけて反応を起こさせたりすることに利用され

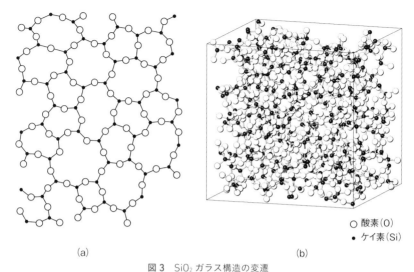

図 3　SiO_2 ガラス構造の変遷
(a) 20 世紀の前半に考えられた原子配置，(b) 計算機シミュレーションで得られる原子配置．どちらの図も白丸は酸素，黒丸はケイ素を表す．

ています．

　さて，私たちに身近な板ガラスの製法が 20 世紀にどのように変化したのかも見ておきましょう．20 世紀の前半には，完全に自動化された大量生産方式が完成しましたが，冷却過程で表面に歪みが残ってしまうという問題が残っていました．1950 年代になると 20 世紀の 10 大製造技術のひとつに挙げられるフロート法が生まれます（図 4）．英国の会社が社運をかけて開発した方法で，板ガラス製法の革命と言われて世界を席巻する技術となりました．フロート法は液体状態になった金属すず（Sn）の上に溶けたガラスを流し込みます．溶けたガラスはすずに浮いた状態になり，重力のため平らになろうと外に広がる力と，丸くなろうとする表面張力の 2 つの力が釣り合うところで一定の厚み（6–7 mm）になります．自然の物理法則を利用しているため上・下面ともこれまでの製法では得られなかったほど平滑な面が得られます．厚いガラスを作るためには両端を堰き止めて広がらないようにし，薄いガラスを作る時には両端を機械的に引っ張る仕組みを使います．フロート法で作られる通常の板ガラスの製品は 2–19 mm の厚みですが，最

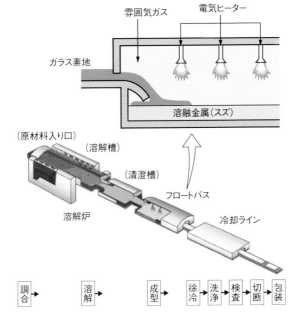

図4 現代のガラス製造プロセス全体（下図）とフロート法プロセス（上図）

新の技術では 50 μm の超薄板の量産ができる技術レベルまで到達しています．その他，フュージョン法あるいはダウンロード法という新しく特徴のある製造技術も開発されています．

ガラスに関する現代の科学

　これまで種々のガラス商品とそれを作る製法を見てきましたが，ここからはサイエンスの世界において重要な「ガラス状態」について考えてみましょう．実は，現代の科学は「ガラス状態とは何か」という科学的な問いかけに対して，すべてを明らかにしてくれる段階にまではまだ到達していません．1977 年にノーベル物理学賞を受賞したフィリップ・アンダーソンは「固体物理学の中でもっとも難解で興味深い現象はたぶんガラスの性質とガラス転移（溶けた液体状態からガラス状態に変化すること）である．これは 21 世紀に解決されるかもしれない．」と言っているぐらいです．

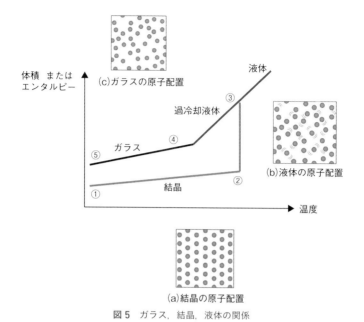

図5 ガラス，結晶，液体の関係

　ガラス状態を科学的に説明するために，以下では典型的なガラス（窓ガラス，ビンガラス等）を例に挙げて説明します．まず，原料であるケイ砂（SiO_2），ソーダ灰（Na_2CO_3），石灰石（$CaCO_3$）を混ぜて溶解した後，冷却してガラスを作ることができます．化学反応の結果，ガス成分が抜け，最終のガラスの化学組成は Na_2O-CaO-SiO_2 のように，複合酸化物として表記されます．化学成分だけ決めてもその物質はまだガラスとは言えません．結晶になる場合とガラスになる場合があるからです．固体状態にある「結晶」（図5の①；結晶の原子配置は図5aのように x，y，z 方向に周期的にきれいに配置されている）の温度を高くしていくと②のところで溶解がはじまり，原子がランダムに動き回る「液体」状態③（図5bのように原子配置が不規則で絶えず動き回っている状態）に変わります．今度は逆に③からゆっくり冷却すると通常はエネルギー的に一番安定な結晶である②に戻るのですが，急速に冷却した場合には原子が一番安定な配置である結晶構造に向かう途中で運動エネルギーが奪われるために動けなくなってしまい，③から④のところまでは液体（準安定状態のため過冷却液体と呼ばれる）のままで，④

から最終的な⑤の状態は固体状態である「ガラス」（図5cのように原子配置が不規則で動きがほとんど止まっている状態）になります．液体状態から結晶になることを結晶化，液体状態からガラスになることをガラス化（ちょうど状態が変わるところをガラス転移と呼びます）と言います．

　ここまでの議論を振り返ってみるとガラスの状態に2通りの見方があったことに気づかれたことでしょう．ひとつ目の見方では作り方にかかわらず最終的に材料の原子配置が非周期的構造になっている状態（図5cの状態）としてのガラス状態です．もう一方の見方ではランダムな原子配置をとっている液体がほとんど動けない状態になったもの，すなわち凍結した液体がガラス状態である（図5cの状態）ということになります．最初の見方についてはX線回折あるいは他の分光学手法を用いて原子配置を詳細に調べる研究が進められてきました．もう一方の見方では液体状態から冷却しながらガラス状態に移っていく途中の熱分析（図5の①から⑤までの区間の熱の出入りを測定）をベースにした熱力学あるいは統計力学による解析が行われてきました．両者の見方，ミクロレベルの原子配置とマクロレベルの熱力特性をつなげられる科学の今後の発展が期待されています．

　ここまでガラス状態とは何かを見てきましたが，ガラスの化学成分は必ずしも SiO_2 が主成分である必要はありません．たとえば，水（H_2O）はゆっくり冷やすと結晶である氷になりますが，急冷するとガラス状態（アモルファス氷と呼ばれる）になります．「アモルファス」という言葉は原子構造に着目した定義で，結晶でない構造という意味で非晶質とも呼ばれます．通常は結晶になってしまう金属も超急冷により金属ガラスと呼ばれるものが作られ，新しいガラスの仲間が増えてきました．高分子材料（樹脂）でも鎖状の大きな分子は結晶の規則正しい配列を取りにくいため容易にガラス状態が生成されます☞．なお，液体状態からの急冷だけでガラスが作られるかというとそうではありません．低温でも結晶を高圧力で圧縮すると原子配置が乱れ

☞ 高分子材料のガラス化を利用した技術にCD-RWなどがあります．興味のある方は本書第4講「次世代の光メモリーはどうなる？——ホログラフィックメモリー」（志村　努）を読んでみてください．

てガラスのような構造になります．強いエネルギーをもつ光を照射して原子配置を乱れさせる方法もあります．

ガラスの特性

　ここからは，私たちの生活を豊かにしてくれている，ガラスの様々な特性を見ていきましょう．

　ガラスの特性の中で重要なもののひとつは，透明で光を透過する，という光学特性です．ガラスはなぜ透明なのでしょうか．結晶の場合は理論から推測できますが，ガラスは結晶ではないので量子力学シミュレーションで電子構造を計算してみると，可視光（人間が識別できる波長域の光）を吸収しない，すなわち可視光に対応するエネルギーの大きさでは電子が高いエネルギーレベルに飛び移ることができないためであることがわかります．ちなみに，50年ほど前の窓ガラスの色は現在の色に比べてもっと青緑がかっていました．これはガラスの原料中に含まれる微量の鉄がその発色の原因でした．鉄の存在によってガラスの電子構造中に新しい電子軌道ができ，電子が青緑以外の波長の光のエネルギーで高いエネルギーレベルに飛び移ることができるようになり，その結果，光の吸収が起こったために青緑色に発色したのです．現在では不純物の鉄を極力減らすことでより透明なガラスが実現できています．

　この考え方を逆手に取ると，ガラスに特定の色を発色させたい場合にその色のエネルギーに対応した電子軌道を計算すればどの金属を使えば良いかがわかります．また，ガラスの科学はガラスを着色する原理を与えてくれるだけでなく，日常のガラス製品に新しい光機能を付与することにも役立っています．たとえば，住宅用の窓ガラス向けの高遮熱断熱ガラス，ペアガラスでは，外に面するガラスの内側に特殊金属膜をコーティングします．この特殊金属膜は太陽光の中で可視光だけを通し，肌に悪影響を及ぼす紫外線と熱を伝える赤外線をほとんど通さず，高い遮熱効果を実現しています．

　この考え方は自動車のガラスにも応用されています．夏の強い日差しの中で運転する時に肌の日焼け防止をすると同時に，太陽のジリジリ感を低減し

てくれるのです．光を制御できる材料にはガラスの他にも透明な高分子材料等がありますが，過酷な環境でも長期的に安定で加工精度が高いガラスの魅力は絶大です．

さらに，ガラスは光ファイバー，太陽電池用のカバー，光学レンズ用の材料としても大活躍しています．ハワイ島にあるすばる望遠鏡のレンズは超低熱膨張ガラスを用いて作られていますが，研磨精度は12 nm（人間の髪の太さの5千分の1）と言われています．レンズの径をハワイ島にたとえると，研磨の誤差が紙1枚分程度の精度に収まっているというナノテクノロジーの世界です．情報社会が進む中，優れた光機能をもつガラスはデバイス等への幅広い応用展開が今後も期待されています．

ガラスのもうひとつの重要な特性として，機械的特性が挙げられます．建物や自動車を考えればわかりますが，ガラスは過酷な屋外の環境で用いられることが多いのです．ガラスは本質的には非常にタフで，特別なことがなければ数千年でももつ材料ですが，大きな衝撃で突然割れてしまうことがあります．ガラスのアキレス腱と言えるこの弱点は「脆性」（機械的にもろい）という言葉で表現されます．古代よりこの弱点を克服する挑戦が続けられ，ガラスの機械的信頼性は着実に向上してきました．

では，ガラスはなぜ脆性を示すのでしょうか．これもガラスの科学が説明してくれます．まず材料の強度のベースとなる要素は化学結合の強さです．実はSiとOの化学結合は非常に強いものです．SiO_2ガラスのファイバーを表面に傷が発生しないように作ると，本来の化学結合の強度が示す値と同レベルの強度のタフなガラスになります．ところが表面に傷がついてしまうと強度が100分の1程度にも低下してしまうことがわかっています．実際のガラスの表面を化学処理して傷を見やすくしてみると，確かにμmレベルの無数の傷が観測されます．数十〜数百nmレベルの傷の観測は難しいのですがやはり無数に存在すると考えられています．

表面積が大きなガラス，あるいは取り扱っている途中で接触する機会が多いガラスは，表面に傷がつくため理論強度より低い強度になります．20世紀初めにアラン・グリフィスという人がガラスやセラミックスのような脆性材料に対してグリフィス理論と呼ばれる理論を作りました．材料に傷（クラ

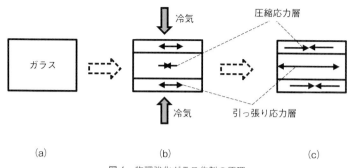

図6 物理強化ガラス作製の原理
(a) 加熱状態，(b) 両側から冷気吹きかけ，(c) 室温状態．

ック）があると傷が無い部分に比べて掛かる力（応力と呼ぶ）が何倍にもなる応力集中が起きるというものです．傷・欠陥が無い材料では材料にかかる力はほぼ均等に分散されます．一方，傷・欠陥がある場合にはその周辺の応力の倍率が傷の大きさの平方根に逆比例するということが材料力学の理論からわかります．

　ガラスの脆性を補い，強度を増すために材料に対して行う工夫としては，傷がつきにくいガラスの化学成分を開発すること，ガラスの上にコーティングすること，破壊を引き起こす引っ張りの外力に対抗できる圧縮応力層（材料内部に収縮しようとする応力が残っている層）をガラス表面に作ることが挙げられます．この中で一番多く利用されている方法は，物理強化と化学強化と言われる方法です．

　物理強化は高温状態から急速冷却し，最終的なガラスの表面に圧縮応力層を作り出す方法で，自動車用強化ガラス製造に応用されています．まずガラスを均一に加熱しますが，この状態ではガラス内部に応力はありません（図6a）．その後ガラスの両表面に冷たい空気を吹きかけ急速冷却すると，ガラスは熱の伝わりが悪いために表面は固化し内部はまだ液体に近い状態です．表面のガラスが固化する過程で内部に圧縮応力が働きますが，内部は液体状態に近いために原子が移動してあっという間に圧縮応力は解放（ゼロに近づく）されます（図6b）．その後の冷却過程では内部の液体に近い状態も固化します．この過程で内部が外部に比べて大きく収縮するのですが，外部はす

でに固化しているために原子の移動が制限され，内部から働く圧縮応力を消すことができません．最終的なガラスには表面に圧縮応力，内部に引っ張り応力が残ります（図6c）．このガラスを破壊しようとすると，応力の残っていない通常のガラスを破壊させる引っ張り応力に比べて表面の圧縮応力を打ち消す分の引っ張り力が余分に必要になるため，高強度のガラスになっているのです．

　もう一方の化学強化ガラスは，スマートフォン用カバーガラスのような薄いガラス板用で力を発揮しています．原理としては，ソーダ石灰ガラスを硝酸カリウム溶融塩に入れます．化学の分野では化学平衡という現象があり，ある割合でガラス中のNa（ナトリウム）イオンが溶融塩中のK（カリウム）イオンと置き換わっていきます．Naイオンがもともといた狭い場所に無理やりKイオンが入り込みますが，Kイオンが周りのイオンに強い引っ張り応力を働かせるために高強度のガラスができるわけです．

　ガラスの機械的特性の最後の話題として，ガラスの割れのパターンに関した研究も紹介したいと思います．材料の破壊が原因となった事故が発生した時には，専門家が破断面を観察して破壊の原因を推定します．この技術はフラクトグラフィーと言われ，どの材料にとっても重要な技術となっています．最近では結晶成長のパターン，化学反応が織りなす複雑なパターン，生物が作り出す集団行動のパターン等のパターン生成の研究が精力的に行われていますが，日本では破壊のパターンを科学として捉えてきた歴史があります．地球物理分野の研究者で文学にも造詣の深かった寺田寅彦は「ひび割れの研究」をして「形の物理学」と言われる分野の先駆的な研究をはじめています．その弟子の平田森三も割れ目とその伝搬の研究を続け，『キリンのまだら』という本も書いています．強化ガラスのように破壊によって大きなエネルギーが解放される場合は，クラックの伝わる速度がどんどん上昇していき，ガラス板の上から見ていると次々にクラックが分岐していくパターンが観測されます．厚いガラスになった場合には断面方向にも複雑なテクスチャー（詳細に見ると破断面の凹凸ピッチが異なっている）が観察されます．ガラスが割れた場合の安全確保という点でガラスのクラックパターンの研究は未開拓の重要な分野です．

CHAPTER Ⅱ 研究で課題に挑む！

ガラス分野の挑戦とシミュレーション技術

　人類有史以来のガラスの歴史と現在のガラスの科学・技術を説明してきましたが，ここからは今後の展望を見ておきたいと思います．長い歴史を経て，ガラスの科学・技術は成熟しているとも言えます．一方，現在世の中ではコンピュータやITに関する技術が猛烈に進んでいます．20世紀のはじめごろに量子物理学を開拓した一人でノーベル物理学賞受賞者であるポール・ディラックは「物理・化学を支える理論式はほぼわかっているが，複雑な式過ぎて解けない」と言いました．しかし，高速な計算機および計算アルゴリズムがどんどん開発される現代では，シミュレーションという形でこれまで解けなかった式の数値解が得られるようになってきたのです．そして，このことはガラス分野にもおおいに生かされてきています．そのようなシミュレーションを有効活用するために重要なのは解きたい現象の本質を見抜き，適切にモデル化する力量です．実験研究者との連携も重要です．

　では，シミュレーションはどのようにガラスの科学に貢献し，今後の展望はどうでしょうか．まず，原料を溶解するプロセスに関しては溶融しているガラスの流れ解析が大きな貢献をしてきました．1500度以上の高温で重油を燃焼し，その熱で原料を溶かすプロセスは，複雑で観測が難しいものです．シミュレーションで測定が難しい温度や流れを推定することができ，残存する泡（反応の結果生成する気泡）を減らして均質なガラスを作る操作指針に結びついています．同時に，必要な温度の計算なども可能になったため，省エネにも役立っています．ガラス産業はまだまだエネルギー多消費産業であるため，今後もガラスの溶融プロセスの省エネに努めていかなければなりません．

　2番目の貢献は，ガラスの成形プロセスのシミュレーションです．ガラスの成形は液体状態から固体状態に移っていく粘弾性特性の解析が重要です．粘弾性のシミュレーションは設計通りの製品形状を作り込むことと，レンズ製品の場合には歪みを低減し屈折率を狙い通りの値にもっていくことに利用されています．さらに，3番目の貢献はガラス製品のマクロな強度設計です．マクロと書いたのは製品形状の最適設計という意味で，複雑な形状で力

の加わり方も複雑な場合にどの場所にどれくらいの応力が発生するかを力学的に予測し，その応力を低減するように製品形状を設計することに利用されています．今後は破壊パターンの解析手法の開発も期待されます．

　4番目の貢献はガラスの材料設計です．すでに原子構造を計算できるようになってきたことは説明しました．計算された原子構造をもとに光学特性や機械的特性等の解析・予測に利用されていますが，今後はもっと幅広い応用が期待されます．

　この講義では，ガラスの科学と技術についての概略をたどってきました．ご理解いただけたでしょうか．ガラスの科学・技術が今後さらに発展しながら地球環境への負荷を減らし，持続可能なブループラネット作りにも大きく貢献していくことを願ってやみません．

CHAPTER Ⅱ 研究で課題に挑む!

PROFILE

高田 章（たかだ・あきら）先生のプロフィール

旭硝子株式会社中央研究所特任研究員（元東京大学生産技術研究所客員教授）．1955 年生まれ．1977 年東京大学工学部計数工学科卒業．旭硝子株式会社でガラス材料に関する理論・計算科学の研究に従事．1994 年ロンドン大学で Ph.D 取得．ロンドン大学客員教授兼任．趣味は油絵・ヴァイオリン・マラソン．

主な著作　『ナノマテリアル工学体系　第 1 巻　ニューセラミックス・ガラス』（分担執筆，フジ・テクノシステム，2005）
　　　　　　『巨大分子系の計算化学——超大型計算機時代の理論化学の新展開』（分担執筆，化学同人，2012）

 高田先生おすすめの本

『**世界でもっとも美しい 10 の科学実験**』ロバート・P・クリース著，青木薫訳（日経 BP 社，2006）
科学の仕事に携わる喜びの中に美しさがあることを知ってもらいたい．

『**ガリレオの指——現代科学を動かす 10 大発明**』ピーター・アトキンス著，斉藤隆央訳（早川書房，2004）
科学に関するノーベル文学賞作家と言われるほど絶妙な視点とタッチで科学史を紹介．

『**物理学とは何だろうか**』（上・下）朝永振一郎（岩波新書，1979）
新しい物理学を築いてきた著者ならではの視点からのわかりやすい物理学史．

CHAPTER

III

研究の中から見えてくるもの

研究は実験や考察を通じて未知のことを既知のものとしていく作業でもあります．ここでは研究を通じて明らかになりつつある未知の現象の姿や，研究者が研究対象についてもっているイメージなど，研究を行う中で研究者が見たり，感じたりしていることをご紹介します．

LECTURE

秩序がもつ固さ

―― 超伝導の世界

　研究者が自身の研究する現象に対してもっているイメージは，現象の理解や新しい発想を生み出す時に役立つことがあります．第 8 講では研究者が超伝導現象についてもつイメージを通じて，物性の不思議な世界へご案内します．

加藤雄介

　皆さんは「超伝導」と聞くとどんなイメージが浮かぶでしょうか．超伝導とは，温度が低くなった時に金属がとりうる状態のことです．金属は電気を通しますが，電気が流れれば抵抗があるので発熱で熱くなります．しかし温度を下げていくと，多くの金属が抵抗なく電流を流すことができる状態，超伝導という状態になります．この不思議な状態が実現するからくりは半世紀近くの期間にわたって多くの物理学者が解き明かそうとしてきた難問でした．一方，この超伝導状態は温度を下げていくと実現するという意味では，氷や固体のようにその物質が本来とりたかった状態，エネルギーが小さい状態です．不思議な状態とは書きましたが，超伝導を研究している人たちの頭の中には，「超伝導は液体というより氷や固体のような何か『固い』状態」という単純なイメージがあり，そのイメージによって超伝導現象は自然に理解できるという感覚があります．「固い」から抵抗がゼロになるって？？と戸惑う人も多いかもしれませんが，そのような把握の仕方は，超伝導に限らず，固体や磁石，さらに広く素粒子の世界も含めて，秩序立った状態を理解する際に広く用いられる現代物理学の大事な財産です．

　この講義では「超伝導」を題材に，低温で実現する秩序状態と固さ，そし

て波について，一般的なものの見方やイメージをお伝えしていきますので，皆さんに少しでもそれらを摑みとっていただければ幸いです．

超伝導とは

　今回のテーマである超伝導は約100年前にオランダのライデンで見出された現象です．オランダのライデン大学のカマリンフ・オネスのグループは水銀の電気抵抗が3K（絶対温度3度，摂氏−270度）以下でゼロになることを発見しました（1911年）．「ゼロになる」と測定によって結論づけることは不可能で，正確に言うと水銀の3K以下の電気抵抗率は，常温の銅のそれの$1/10^{17}$程度かそれ以下であるというのが彼らの結論でした．その後，鉛，錫，インジウム，タリウム，ガリウムなど他の金属でも低温にすれば超伝導になることが発見されています．物質が普通の金属状態（常伝導状態）から温度を下げて超伝導になる温度を転移温度（critical temperature）と呼び，T_Cという記号を用います．Criticalは「臨界的」という意味を持つ語で，物質が超伝導状態あるいは常伝導状態でいられる「ぎりぎりの」温度という意味を込めています．

　現在でもより転移温度の高い超伝導体の探索が行われています．2014年8月31日現在での最高の転移温度は153K（約摂氏−120度）です．これは産業総合研究所の山本文子博士らによって実現したものです．これに限らずこの20数年日本の超伝導に関する実験的研究は世界のトップを走っています．

　電気抵抗がゼロになるという現象自体，劇的ですが，超伝導の実験として皆さんにとってもっとも身近で，かつ印象的なものは磁石の上で超伝導体が浮いている演示実験（デモ実験）または超伝導体の上で磁石が浮いている実験でしょう．この実験を高校の授業で見たことがある人もいるでしょうし，大学のオープンキャンパスや学園祭，大学教員の高校への出前授業などで目にする機会があると思います．東京大学の駒場キャンパスでも毎年6月上旬に行われるオープンラボで超伝導を実験的に研究している先生や大学院生が超伝導の演示実験を行っていますので，機会があればぜひご覧になってい

ただきたいと思います（超伝導体がなぜ浮くかについては次の節の終わりに述べます）．

マイスナー効果とゼロ抵抗

さてこの浮上実験に関連する基本的な性質としてマイスナー効果と呼ばれる効果があります．これは超伝導体が磁力線を物質内部から外に排除する効果で，1933 年に発見されました．あとで少し触れるようにゼロ抵抗はマイスナー効果から導くことができます．その意味でマイスナー効果のほうが「ゼロ抵抗」より基本的，本質的な性質です．超伝導現象においてもっとも基本的な性質が見出されるのに発見から 22 年かかったということになります．

外から磁石を近づける，あるいは電磁石のスイッチを入れることで磁場をかけた時の物質の振る舞いを磁気的性質といいます．物質を磁気的性質によって大まかに，常磁体，反磁性体の 2 つに分けることができます（鉄など永久磁石を作る強磁性体についてはここでは除外しておきます）．常磁性は磁力線を内部に引きつける性質で，常温のアルミニウム（一円玉）や酸素がその例となります．一方，反磁性は磁力線を外に排除しようとする性質で，銅（十円玉）やグラファイト（鉛筆の芯），水が反磁性を示す物質例です．インターネット上で液体酸素，固体酸素が磁石に引きつけられる画像や，トマト（ほとんどの成分が水）が近づけられた磁石から遠ざかる動画を見ることができます．これらの画像は常磁性物質は磁場（磁界）を好み，反磁性物質は磁場（磁界）を嫌うという物理的なイメージを与えるという点で優れていますので，興味のある人は探してみるといいでしょう．超伝導体の磁気的性質は，磁力線を完全に排除する反磁性，という意味で完全反磁性と呼ばれます．ただし，通常の反磁性はそれに比べてはるかに弱い効果ですので，超伝導と通常の反磁性は別の機構で起こっていると考えられます．

完全反磁性を実現する「からくり」は，導体（金属）が示す静電遮蔽との類推により理解できます．説明の準備として，他の物質とこすり合わせるなどして摩擦で帯電した物体（帯電体）を導体でないもの（絶縁体）に近づけ

る場合を考えます．その時絶縁体は帯電体に引きつけられます．それは帯電体の電荷によって，絶縁体内部の電荷に偏りが生じ，帯電体に近い部分（遠い部分）に帯電体の反対符号（同符号）の電荷が現れ，帯電体の電荷と，絶縁体内部の偏った電荷の間に働く力の合力が引力となるためです（誘電分極）．この時帯電体の電荷が作る電気力線は，絶縁体内部の電荷によって幾分弱められます．

次に帯電体を導体に近づけた場合を考えましょう．この場合は導体表面のうち，帯電体に近い部分（遠い部分）に帯電体と反対符号（同符号）の電荷が現れ，導体が帯電体に引きつけられるのは，絶縁体の場合と同様です（静電誘導）．しかし導体の場合には，絶縁体とは違って自由に動ける電荷があるので，帯電体の電荷が導体内部に作る電気力線を完全にゼロにするように，導体表面に電荷が分布することが可能になります．もし導体内部に電気力線が存在していると，その電気力線に沿って，自由に動ける電荷が力を受け加速運動を始めるので，その状態は不安定になります．いわば，導体は「電気力線を嫌う」わけです．このように帯電体を導体に近づけた時，導体の表面に近づけた物質のもつ電荷と反対符号の電荷が誘起され，外部からの電荷が導体の内部に作る電気力線と導体表面の電荷が導体内部に作る電気力線が打ち消し合う現象を静電遮蔽といいます．

超伝導における完全反磁性も，外部の磁石や電流が超伝導体内部に作る磁力線を打ち消すように，超伝導表面に電流が流れることで生じます．超伝導以外の物質でも似たような傾向はあるのですが，超伝導ほど大きな表面電流を流すことはできないので，（弱い）反磁性を示すにとどまっています．

先ほど述べた浮上実験のうち，マイスナー効果で説明できるものもあります[1]．超伝導体の上に磁石が浮いている実験を考えましょう．磁石を超伝導体の上にもっていくと，磁石から発せられる磁力線が超伝導体内部を貫きます．その磁力線を打ち消すように超伝導体表面に渦状の電流が流れますが，

---

1. 浮上実験のうちマイスナー効果で説明できるのは数百ガウス程度の磁場までの現象に限られます．それ以上の磁場で見られる浮上実験は「ピン止め効果」と呼ばれるからくりによって説明されます．最後の節で述べる「量子化された磁力線」が超伝導体のある場所に画鋲のように止められて，動けなくなるのがピン止め効果です．

電磁石と同様に渦状の電流は磁石と同じ働きをします．その"磁石"の向きは超伝導体の上にある本当の磁石と，超伝導体表面をはさんで，鏡写しの配置になっています．もとの磁石のN極と鏡写しの位置（面対称の位置）に渦電流による"磁石"のN極があり，両者のS極もまたたがいに鏡写しの位置にあるという意味です．同じ極同士が向き合っているわけですから，たがいに反発する力を感じ，磁石が超伝導体に近づけばそれだけ反発力も強くなります．したがって，超伝導体の面からある距離の上方の位置に磁石がある時，磁石にかかる2つの力（重力と超伝導体表面の電流からくる上向きの力）が釣り合うことになります．

　超伝導体だけはなぜ外から入ってくる磁力線を完全に打ち消すほどの表面電流を流すことができるのかについては，次の節以降で説明していきます．

　その前に，先ほど予告していたマイスナー効果とゼロ抵抗の関係について述べておきます．外部の磁石や電流の配置や強さが時間的に一定であって，かつ外部電荷，超伝導体につながっている電池のいずれもない状況では，電場（電界），誘導起電力のいずれも生じません．それでも電流が流れるのであれば，電気抵抗は必然的にゼロであるはずということになります．

超伝導の状態図

　前の節で常伝導状態と超伝導状態の境目の温度を転移温度と呼ぶと書きました．転移温度という語は，水と氷の境目の温度（融点）や水と水蒸気の境目の温度（沸点）にも用いられます．

　水が氷になる，あるいは水蒸気になる，またその逆の過程のように物質の状態（相）が変化する現象を相転移といい，相転移が起きる温度を転移温度といいます．金属が常伝導状態から超伝導状態に変化する現象も相転移のひとつです．超伝導を相転移現象として理解することが，完全反磁性を理解する上での大事なポイントになります．これまで皆さんが習ったことがある相転移は固体と液体の間の相転移，液体と気体の間の相転移でしょう．それらの相転移と比較しながら，超伝導における相転移について説明していきます．

　物質が取る状態を決める因子のひとつは温度です．H_2O が常圧で摂氏0

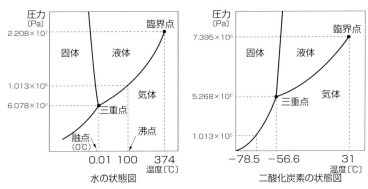

図1 状態図の例（井口洋夫，木下實ほか著『化学Ⅱ 新訂版』実教出版，2008, p.42）

度以下では氷，摂氏100度以上では水蒸気，その間の温度では水となることから明らかでしょう．ただこれは常圧の話で，融点も沸点も圧力に依存します．圧力をかければ氷は摂氏0度以下より低温で融けますし，気圧の低い山の上では，摂氏100度より低い温度でお湯が沸きます．物質の状態は，温度と圧力で決まります．圧力を縦軸に，温度を横軸にとってグラフで物質がどの状態になっているかを表すのが状態図です．図1に水と二酸化炭素の例をのせてあります．大まかな構造は2つの物質で似ていますが，固体と液体の間の相転移線（融解曲線）の傾きの符号が異なっていることに気づきます．多くの物質では二酸化炭素のように圧力が高くなれば，融点が高くなっていき，融解曲線は正の傾きとなりますが，水は逆に負の傾きになっています．水は私たちにとって身近な物質ですが，状態図における性質（熱力学的性質といいます）はむしろ例外的なのです．水のように融解曲線が状態図において負の傾きをもつ物質には，固体の方が，液体より密度が低いという共通する性質があります．コップの水に氷を入れると浮くことからも，常圧では氷の方が水より密度が低いことが納得できるでしょう．圧力をかけると，密度の高い状態がより広い温度で実現するのはもっともらしいと考えれば，融解曲線の傾きと密度の関係は理解できます．

では，次に超伝導の状態図について考えましょう．超伝導状態は低温で実現し，温度を上げると超伝導状態は壊れて，常伝導状態になります．超伝導状態を壊すには温度を上げる以外にも，強い磁場を外からかけるという方法

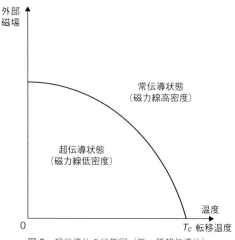
図2　超伝導体の状態図（第一種超伝導体）

もあります．外から磁場をかけると超伝導体はそれだけ実現する温度範囲が狭くなり，転移温度は外部磁場が大きくなるとともに低くなるのです（この理由はこの節の後の方で説明します）．このように考えると，外からかけた磁場（磁界）を縦軸にとり，横軸に温度をとった超伝導の状態図が図2のようになるのは自然に理解できるでしょう．

　この図と水の状態図を比べてみます．縦軸の外部磁場を圧力と読み替えると，超伝導と常伝導の相転移線と，氷と水の融解曲線が対応しているように見えます．外部磁場を圧力と読み替える妥当性については説明がいりますが，このような読み替えは物理的にはむしろ自然なものなのです．電磁気学で偉大な貢献をしたファラデーは，磁力線は周りの磁力線と反発し，磁力線が密なところから疎なところに力が働くといっています．それを定式化（数式の形で表現）したのがマクスウェルなので，マクスウェルの応力と呼ばれています．これはとても便利な考え方です．たとえば，2本の平行な電流の間に働く力の向きを考えた時，それぞれの電流が周りの空間に作る磁力線を考えた時，電流と電流の間の地点では，それぞれの電流が作る磁力線の向きは反対なので，たがいに打ち消し合い，磁力線は疎になっています（図3a）．

　一方で2本の電流から遠く離れた地点では，2つの電流が作る磁力線はほぼ同じ向きなので強め合うために磁力線は密になります（図3b）．磁力線の

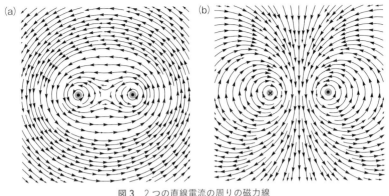

図3 2つの直線電流の周りの磁力線
(a) 平行な直線電流の場合, (b) 反平行な場合.

　密度が空間的に均等になるように力が働くとするファラデーの考え方に従うと平行電流にはたがいに引き合う力が働くことになります．これは，一方の電流が作る磁場（磁界）が，もう一方の電流に及ぼすローレンツ力[2]を考えた時と同じ力の向きを与えています．2本の反平行な電流の間に斥力（たがいに反発する力）が働くこともマクスウェルの応力の考え方で同じように説明できます．超伝導体に外部からかける磁場（磁界）を強くすることは，マクスウェルの応力の考え方で言えば，物質内部により多くの磁力線を入れようとする圧力が働くことを意味します．こうして考えると，外部磁場と圧力の対応も受け入れることができるでしょう．

　少し前に，氷の融解曲線が負の傾きをもつのは氷の方が水より低密度であるからと説明しましたが，超伝導の場合に密度に相当するのは，磁力線の密度です．超伝導体内部に磁力線はないので，究極の低密度状態です．このため外部磁場が強くなって磁力線を内部に入れようとする外からの圧力が高まると，より高密度な磁力線状態である常伝導状態が，超伝導状態に比べてより広い温度領域で実現するということになります．

---

2. 電流が磁場（磁界）から受ける力．フレミングの法則によって，電流の方向と，磁場の両方に垂直な向きに力を受けます．

秩序が固さを生む

　前節までの説明で，超伝導の状態図にも目が慣れ，その読み方に頭が慣れてきたころでしょうか．これまでは氷と超伝導状態が対応するという話をしてきましたが，秩序をもつ相という点では，超伝導状態は，氷に限らず固体の結晶状態（以下単に固体，固体相と呼びます）と多くの点で類似しています．固体相では粒子は液体相や気体相と違って規則的な空間配置をもっています．このような位置に関する秩序が存在するために，曲げたり，ねじろうとする変形に対してもとに戻ろうとする復元力が働きます．この復元力が固さにつながります．一方，液体相や気体相においては粒子の位置はおたがいほとんど無関係（無相関）に自由にとることができるので，変形してももとに戻ろうとする力は働きません．

　復元力（と慣性）があると，それにともなう振動現象や波動現象が現れます．復元力の一番簡単な例として単振動におけるばねの力を思い起こせば，たしかに復元力は振動現象を引き起こしうることがわかります．また，固体にあって，気体や液体にはない波動の例としては横波の地震波（S波）があげられます．縦波の地震波（P波）は固体に限らず存在しますが，これは圧縮に対する固さは固体に限らず液体，気体でも存在するためです．この固さは位置の秩序に由来するものでありません．各相の固さのうち，ある特定のものが秩序に由来するのです．そしてその秩序の種類によって，どのような固さをもつのかが決まるのです．

超伝導体がもつ秩序―対相関

　ではまず，超伝導状態はどのような秩序をもつのかを見ていきましょう．超伝導状態での主役は電子たちですので，それらに注目します．仮にある瞬間のスナップショットをとってみても，電子の位置はばらばらで，秩序立っているようには見えません（図4a）．そこで運動の様子を見るために各電子の速度を矢印で書き入れて，全体の様子をざっと眺めてみても，ばらばらな方向を向いていて，やはりまだ秩序らしいものは見出せません（図4b）．た

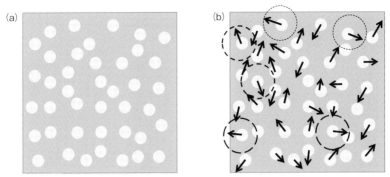

図4 超伝導体内の電子

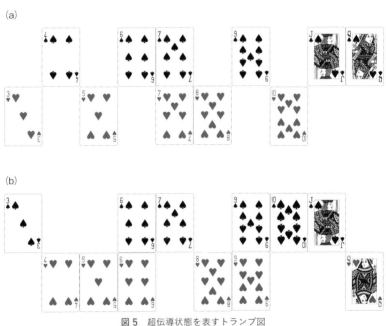

図5 超伝導状態を表すトランプ図

だよく見てみると，ひとつの電子がある速度をもっている時，必ずそれと大きさは同じで反対向きの速度をもつ別の電子があることに気づきます（図4中の点線で描いた丸に囲まれた電子のペアに注目してください）．

さらに，図5aに示すようにトランプを例にとって説明すると，スペード

の6がある時は必ずハートの8があり，スペードの12（クイーン）がある時はハートの2が必ずあり，ハートの1がない時にはスペードの13（キング）がないというわけです．すべてのペアにおいてカードの合計数（＝14）が共通になっています．カードの数字から7を引いた数が速度に対応すると思えば，この例は，すべてのペアの重心速度がゼロであり，図4で表された状態を単純化したものと理解できるでしょう．

図4に戻って，電子たちがこのようなペアを作る状態をとるとエネルギー的に安定になることが見出されたのは1956年，今から58年前のことでした．図4や図5aで表した状態は，電子たちの重心速度がゼロ，すなわち止まっている状態を表しています．超伝導現象は抵抗ゼロで電流が流れるところが面白いところ……だとすれば流れのある超伝導状態とはどんな状態か，と思うのは自然なことです．次にそれを考えましょう．

全体として流れている状態のうち一番エネルギー的に低い状態は「すべてのペアが同じ重心速度をもつが，その重心速度がゼロではない状態」となります．図4の流儀で書き表すことは少々難しいので，ふたたびトランプの例に頼ることにします．図5bは，スペードの7とハートの8がペア，スペードの3とハートの12がペアとなり，ハートの3がないので，それとペアになるべきスペードの12もないという例を表しています．この例ではカードの合計数はすべてのペアで15であり，重心速度は（15−14）/2＝1/2となっているので，たしかに流れのある超伝導状態を表しています．

超伝導状態における電子の間に生じるこのような相関を対相関といいます．ペアを組むという意味で，2つの原子が分子を形成するのと似た印象をもつかもしれません．しかし通常の分子気体はそれぞれの分子の間には相関がなく，ばらばらの速度で飛び回っているのに対し，超伝導状態ではすべてのペアが同じ速度をもち，かつ，全電子にわたる秩序をもつという点で本質的に異なります．数年前に二人三脚の原理で足をつなげる人の数を大きく増やした「30人31脚」という競技がありましたが超伝導状態の電子のペアたちも，あれと同じでひとつのペアだけが勝手な速さで進むことはできないというわけです．一方，分子気体のほうは，二人三脚のそれぞれのペアが，思い思いの速度で運動場を駆け回っている状態に相当します．

対相関がもたらす固さ

　以下では，超伝導状態における秩序，対相関がどのような固さをもたらすかを見ていくことにします．トランプの例では各カードの「速度」も整数値しかとりえませんでしたが，有限の広がりをもつ物質の中の電子の速度も，離散的な値しかとり得ないという意味では似たようなものです．たとえば半径 1 cm のリングに閉じ込められた電子の速度は約 1 cm/s（秒速 1 cm，これを v_0 と表すことにします）の整数倍の値

$$\cdots -4v_0, \ -3v_0, \ -2v_0, \ -v_0, \ 0, \ v_0, \ 2v_0, \ 3v_0, \ 4v_0, \cdots \qquad (1)$$

しかとり得ません．これは量子力学というミクロな世界の力学の結果なのですが，その点については深入りしません．ここでは速度は有限ではあるが，十分小さい値 v_0 を単位に離散化（量子化）されることを認めてもらって話しを進めます．

　質量と速度の積を運動量といい，多くの粒子からなる系の運動状態を特徴づけるのに便利な物理量ですので，以下超伝導状態の運動量を考えることにします．

　ペアの運動量は，ペアのなす電子の運動量の和で与えられます．それぞれの電子の運動量を $n_1 m v_0$, $n_2 m v_0$ とすると（n_1, n_2 は整数），ペアの運動量は

$$n_1 m v_0 + n_2 m v_0 = (n_1 + n_2) m v_0 \qquad (2)$$

となり，mv_0 の整数倍で与えられます．全電子の数を N（話を単純にするため以下これを偶数とします）とすると，全電子の運動量はすべてのペアの運動量の和で与えられます．超伝導状態では $N/2$ 個のペアが同じ運動量をもつので，全電子の運動量は

$$mv_0 \times \frac{N}{2} \qquad (3)$$

の整数倍で与えられます．

　ひとつひとつの電子やペアがとりうる運動量の量子化単位は大きくないのに，対相関があるために，量子化単位は，その $N/2$ 倍となり，N としてア

ボガドロ数程度の値（およそ 6×10^{23}）をとるととても大きな値になります．すなわち，超伝導状態は流れのある状態を実現しようとすると，大きな運動量をもつ状態しか作りえないということがわかります．そのために運動エネルギーも大きくなります．その結果，電子の運動を乱す外的要因があろうとも多少のことではびくともしないという性質をもちます．ただしいったん流れたら，たとえエネルギーが高くても単独で脱落する人（電子）はいないので，安定に流れるという特徴もあります．

再びマイスナー効果

　超伝導体に外から磁場をかけたとしましょう．磁場は荷電粒子の運動を曲げる働きをします．皆さんの中には陰極線（真空の中の電子の流れ）に磁石を近づけると，陰極線が曲げられてしまうのを物理の授業で見た人がいるかもしれません．超伝導状態の電子にとっては対相関を通して全電子の運動が連動しているわけですから，超伝導にとって磁場の影響は深刻です．実際，磁場がかかると，対相関を通してエネルギー的に安定な状態を作ることが難しくなります．

　磁場の影響を最小限に抑えるために超伝導がとった方策は，電子の運動状態を乱す磁場を内部に入れないこと，そのために表面 $0.1\ \mu\mathrm{m}$（10^{-5} メートル）程度の厚さの領域に電流を流して外部からの磁場を打ち消してしまうことでした．表面部分に電流を流して外部磁場からの圧力（マクスウェル応力）をはねつけることで内部の平穏を実現するわけで，固体結晶の時に外部からの曲げ，ねじりなどの影響を結晶全体で受け止めるのとはだいぶ事情が異なります．超伝導状態では，内部に磁場を入れないことで実現する対相関の状態のエネルギー的な得（とく）が大きいこと，電子の運動状態の足並みがそろっているため大きな電流を流せることがポイントでもあります．

「秩序を生む固さ」という見方について

　超伝導体（と固体）を題材に眺めてきた，低温で実現する秩序状態に対す

る一般的なものの見方について，強磁性体を第三の例として加えつつもう少し広い視点から眺めてみます．強磁性体の場合の秩序は物質内の微小な磁石（磁気双極子またはスピン）の向きがそろう秩序です．向きの秩序であるから，スピンの向きを曲げようとするとそれをもとの向きに戻そうとする復元力が働くでしょう．復元力があれば，それにともなう振動現象が存在し，スピンがたくさん並んでいれば，弦の振動と同じく定在波が無数に存在するでしょう．さらに，原子の数だけスピンがあり，磁性体が十分大きければ，スピンの波（波動）も存在するでしょう．強磁性の例でも固体の時と同様に，秩序とそれにともなう固さ（復元力），そしてそれにともなう振動または波動の1セットがそろっていることがわかります．

　スピンという物質内の微小な磁石の向きがそろっているのは永久磁石だから納得できるでしょうが，どうやってスピンの向きをねじるのか，あるいはその波があるといってもどうやって確かめるのかは固体の時のようにわかりやすくはありません．目に見えない振動・波動現象を捉えるのには共鳴，共振現象を用いるのが有効です．共鳴現象の一番単純な例として，おもりをぶら下げたばねの上端を持ち上下に振動させた時，振動させる周期が，ばねの振動周期と一致する時に振動の振幅が増大する現象が挙げられます．気柱の振動でも外から定在波の振動数に合う振動を加えると空気の振動の振幅が増大するのもその例です．振動の振幅が増大するのですから，外から加えた仕事が効率的に振動のエネルギーとして伝わっているはずです．スピンの波の場合には磁場を外から加えてその磁場をある周波数で振動させると，その周波数がスピンの波の振動数と一致した時にエネルギーの吸収が大きくなるはずで，これを磁気共鳴といい，現在では磁性体を調べるのに重要な手段となっています．「固体の時のようにわかりやすく…」と書きましたが，固体が結晶秩序をもつことが観測で確かめられるようになったのはX線回折の技術が発展してからのことです．秩序相はどれも共通して秩序と固さと振動または波動の1セットをもっているといいましたが，セットのうちどれがすぐにわかるもので，またどれが抽象的でイメージしにくく観測するのにひと工夫要するものかは，それぞれの秩序相によって違います．そしてその観測しにくそうな部分はどうやったら観測できるかと考えを掘り下げていくと新

たな展開が開けるようです．

　この節で述べてきた，「秩序を生む固さ（復元力）は新たな波を生む」という考えをより一般的に提唱したのは，南部陽一郎氏（2008年ノーベル物理学賞）です．南部氏は超伝導の秩序に由来する波や関連する問題を考察した延長上で上のような考えに到達しました．秩序由来の波（の一部）は南部・ゴールドストーンモードと呼ばれています．モードというのはここでは波という程度の意味と考えてください．ゴールドストーンはイギリスの物理学者の名前です．「秩序→固さ（復元力）→波」という見方は物質の物理学（物性物理学）だけでなく素粒子の世界でも重要な見方となっています．実際，最近発見されたヒッグス粒子は，南部・ゴールドストーンモードの研究がきっかけとなって予言されたものです．ヒッグス粒子（素粒子の世界では粒子も波のように振る舞い，波も粒子のように振る舞います）自体は，南部・ゴールドストーンモードではありませんが，見えない秩序を波で見るという意味では，本講座のこれまでの話と大いに関連があります．ちなみにヒッグス粒子が発見されたCERN（欧州原子核研究機構）にある加速器施設では，超伝導磁石が主要構成要素として重要な役割を果たしています．概念上も実験技術の上でも超伝導の研究とヒッグス粒子の発見はつながっているのです．

超伝導状態を支配する渦

　超伝導の状態図を先に図2で示しましたが，合金や多くの化合物の超伝導体の状態図は，ちょっと違っていて，マイスナー状態と常伝導状態の間に「渦糸状態」と呼ばれる状態が存在します．部分的には外からの磁場を部分的に受け入れるため内部にも磁力線が存在するという意味で常伝導状態のように見えますし，一方で，電子がペアを作っているという意味では超伝導状態のようにも見えます．そのような性質から渦糸状態は以前，混合状態と呼ばれていました．図1のような状態図をもつ超伝導体を第一種，図6のような状態図をもつ超伝導体を第二種と言います．超伝導発見から数十年はもっぱら第一種超伝導体が研究されてきましたが，現在までに見つかっている

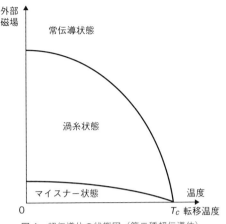

図6 超伝導体の状態図（第二種超伝導体）

多くの超伝導体は第二種超伝導体です．マイスナー状態は小さい磁場で壊れてしまうので，磁場をかけた場合にはたいてい渦糸状態になっています．その意味で，現実の超伝導体においては渦糸状態が主な舞台であるとも言えます．

　これまで磁力線を目で見てきたかのように磁力線について話したり，絵で描いたりしていましたが，渦糸状態は，磁力線を目で見るのに一番適した環境にあります．渦糸状態にある超伝導体内部の磁力線は，1本当たりの磁束が等しくなるように分かれて分布しているからです．その1本1本の磁力線（これを量子化された磁束，量子磁束などと呼びます）の周りを，すべての電子のペアが同じ回転状態でぐるぐると回っているので，その量子磁束は渦糸とも呼ばれ，それが渦糸状態という名の理由にもなっています．渦といえば竜巻や台風，低気圧を思い起こしますが，超伝導体の中にはそれに似た渦が，磁力線の数だけ多数入っているのです．いったん竜巻や台風が発生すると多くの被害をもたらしうるので，それらの進路，動きは大いに気になるところですが，超伝導体内部の渦糸の運動も状態図や磁気的性質を変えてしまうほどの影響を及ぼします．超伝導体の性質を支配する渦の性質を理論的に研究すること，それが私のテーマです．駆け出しのころにはじめて以来，いったん離れてまた再開したりを繰り返して長年のつき合いになります．また機会があればそれらについても皆さんにぜひお話したいと思います．

> **CHAPTER III** 研究の中から見えてくるもの

PROFILE

加藤　雄介（かとう・ゆうすけ）先生のプロフィール

東京大学大学院総合文化研究科准教授
1967年東京生まれ，東京育ち．東京大学大学院工学系研究科博士課程中退，博士（工学）．専門は物性物理学理論．趣味は将棋と，同僚の先生に時々教わるチェス．日本の古典を読むのも楽しみのひとつ．

主な著作　『Dynamics of One-dimensional Quantum Systems: Inverse-Square Interaction Models』（共著，Cambridge University Press, 2009）

 加藤先生おすすめの本

『絶対零度への挑戦 —— 低温の世界を求めた科学のドラマ』K. メンデルスゾーン著，大島恵一訳（講談社，1971）
超流動や超伝導など量子力学がマクロな効果を生む量子物性に関する科学ドラマが，超流動の第一人者により臨場感あふれる筆致で描かれている．

『春宵十話』岡　潔（毎日新聞社，1963）
数学者が，研究における発見の喜び，情緒と数学の関係などを語った随想集（口述筆記による）．研究者はどんなことを考えているんだろうと思う人に読んでほしい本．

『物理学とは何だろうか』（上・下）朝永振一郎（岩波書店，1979）
力学や熱力学，統計力学の誕生の歴史が生き生きと描かれている．できあがった学問を学ぶのも大事だけれども，できあがっていく過程を追体験するとより興味がもてると思います．

LECTURE

いきいきとした状態の科学

──細胞性粘菌でさぐる自己組織化のメカニズム

第9講の題材は細胞性粘菌と呼ばれる生物です．普段は単細胞のアメーバとして生活している生物ですが，条件がそろうと集団となって多細胞の構造を作りあげます．その仕組みを解き明かす中で生き物の「いきいきとした状態」が見えてきます．

澤井　哲

　アメーバ界の代表選手，細胞性粘菌（以下，粘菌と省略）は，土壌中でバクテリアやカビなどを栄養源にして増殖する単細胞のアメーバです．この生き物の面白いところは，飢餓状態に陥ると何万もの細胞が集まることによって，子実体という柄の上に胞子をのせた形をした多細胞体制を作ることです（図1a）．そのため社会性のアメーバとも呼ばれています．受精卵という単一の細胞が次々と増殖と分裂を繰り返しながら個体が形成される動物の発生とは対照的です．この粘菌の生活史は生物学の教科書でも登場するので，おなじみの方も多いでしょう．しかし，細胞がいかに集合するかについて，ご存じの方は少ないかもしれません．細胞性粘菌のアメーバ状の動きや，細胞集合には，この生物種固有の面白さもあるのですが，より一般的に「自己組織化」という現象を理解することに役立ってくれています．自己組織化は，砂丘の模様やうろこ雲といった自然現象から，生命のダイナミクスに至るまで，ミクロな階層からマクロな階層の秩序が形成される際の特徴です．いったいどのようなことがわかってきているのか，私たちが進めている研究の一端を紹介します．

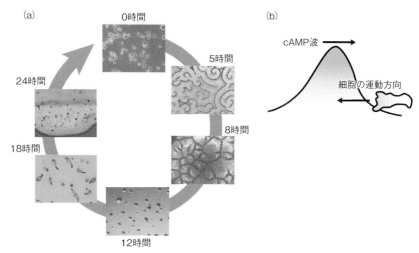

図1　細胞性粘菌の多細胞体制は細胞の集合によって構築される
(a) 細胞性粘菌の生活史（細胞工学, 2010）. 増殖期（0時間）, 集合前期（5時間）, 集合後期（8時間）, マウンド期（12時間）, 移動体期（18時間）, 子実体（24時間）. (b) cAMP波への走化性運動（中島昭彦氏提供）.

細胞性粘菌の集合と走化性

　細胞性粘菌では,「走化性」（化学走性）によって何百から何万個の細胞が集合します（図1a, 8時間の写真）. 走性とは, 細胞の動きを決める性質のことで, 光に向かって動く性質ならば走光性, 熱については走熱性と呼びます. 私たちを構成する細胞の多くもこうした走性をもっています.「走化性」とはある特定の化学物質（誘引物質）に対して一方向的に動ける性質を指します. 真核細胞の走化性の多くでは, 誘引物質の勾配を細胞の前後差の濃度の違いとして読み取っていると考えられています. 細胞性粘菌では, 誘引物質の濃度差が細胞の前と後ろで数パーセント程度あれば, 一方向的な動きを示すことが知られています.

　さて, この誘引物質ですが, 粘菌の集合の場合, サイクリックAMP（以下, cAMPと略します）という核酸の一種が使われています. cAMPは, 日本語に読み直すと環状アデノシン1リン酸となります. 生体のエネルギー通貨として知られるATPはアデノシン3リン酸ですが, cAMPはATPの3

つのリン酸基のうちの2つがはずれて、残されたリン酸基の端とアデノシンという物質がくっついた環状の構造をとっています。粘菌細胞の細胞膜には細胞外のcAMPを検出するための受容体タンパク質が埋め込まれていて、細胞外のcAMPとこの受容体が結合すると、ATPからcAMPを合成するための酵素が活性化され、cAMPが一過的に産生され、細胞外へと放出されます。実は、粘菌にかぎらず私たちヒトを含めた真核生物では、細胞内のシグナル伝達といって、ホルモンなどの細胞外の刺激に対して細胞内でcAMPなどを増やして、それが他の因子をさらに活性化することで、遺伝子発現などの応答を生み出しています。粘菌の場合、これが進化上応用されて、cAMPをそのまま放出して細胞外でも使っていると考えられます。細胞外cAMPは数分の間上昇しますが、その後もとに戻ってしまいます。これは、cAMPを産生する酵素が一過的にしか活性化されないという性質があるのと（これは後ほど述べる「適応」という性質です）、細胞外にはcAMPを分解する酵素が分泌されているためです。したがって、細胞外cAMPが放出されるというイベントは各細胞では一過的にしか起こりませんが、これが細胞間で伝わって波となります。cAMPの波は細胞にとってのいわば道しるべとなり、波の前面の濃度勾配を読み取ることで細胞は一方向的な動きを生み出します（図1b。なぜ波の後ろを読まないかということは別の問題で、私たちの研究から最近わかってきましたが、またの機会にお話しできればと思います）。飢餓状態が引き金となって数百から数十万個の細胞が、波に向かって集合し、体細胞体制（子実体）を構築します（図1a）。

興奮現象が波を生み出す

　サッカースタジアムの応援席で見られる人の波、いわゆる応援のウェーブを思い浮かべてみましょう。観客が立ち上がると、その隣の観客がこれに呼応して一次的に立ち上がります。これをきっかけとして、さらに隣の観客が立ち上がることが繰り返されていきます。このような集団的な振る舞いは、細胞の集団ではいかにして出現するのでしょうか。考えられる可能性は2つあります。ひとつ目の可能性は、ある特別で固有な細胞がリーダー的な役

割をもって，誘因物質の放出を繰り返し，周りの細胞がそれに応答するというものです．実際に，サッカーの応援では主導的な役割を発揮するサポーターがいるようですし，私たち人間の心筋の拍動でも，心臓の右心房付近にある洞結節の細胞がペースメーカーとして働いています．もうひとつの可能性は，どの細胞の特性も同じで区別はなく，誘因物質を放出するかどうかは，たまたまであるというものです．サッカーの応援だったら，偶然にも複数の人間が立ち上がってしまって（トイレに行きたかったのかもしれません），周りが勘違いして，応援のウェーブがはじまってしまったのかもしれません．前者が，あらかじめ決まっているリーダーによって全体が煽動されるのに対して，後者は，そのイベントに参加する感度が極めて高くなってさえいれば，ちょっとした刺激が加わるだけで鋭敏に反応することによるものです．

　細胞性粘菌のcAMP波のはじまりは，どちらの方法で行われているのでしょうか．実は，最近まで，この問いに対する答えをえることはとても困難でした．細胞集団を試験管に入れて，そこで合成されるcAMPを測るといったような実験では，そもそもひとつの細胞の振る舞いを測定していませんでした．また，この方法ですと，いくつかの工夫はできるのですが，基本的に刺激を加える前にcAMPが合成，放出されてしまいますし，細胞外に分泌されたcAMPもそれを分解する酵素によってただちに破壊されてしまいます．このようにcAMPを正確に定量することも難しかったのです．そこで活躍するのが，細胞の中で起こっている現象を生きたままで可視化する技術です．こうした手法は近年様々なものがありますが，非常に強力なアプローチとして，緑色蛍光タンパク質（green fluorescent protein；GFP）とその色を変えた変異体などを利用するものがあります．GFPは，青色の励起光が照射されると単体で緑色の蛍光を発するタンパク質です．この性質により，GFPの遺伝子を細胞に導入してGFPを作らせることで，生きたままの細胞内でタンパク質の局在や化学反応にともなうタンパク質の構造変化を調べることができます．今では細胞内のシグナル伝達を調べるためには必要不可欠なツールとなっています．

　さて，個々の細胞の中のcAMP産生をいかに計測すればよいかということになるのですが，ちょうど2005年当時，ドイツのグループがcAMPの

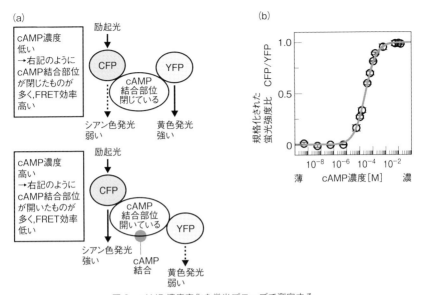

図2 cAMP濃度変化を蛍光プローブで測定する
(a) cAMPを可視化するFRETプローブの模式図, (b) 蛍光強度比のcAMP濃度依存性. 強度比はシアン色が強いほど1に近づく (Gregor et al., Science, 328, 2010を改変).

濃度変化を測定できる蛍光タンパク質を報告していました. これは, シアン色と黄色に発光色をずらしたGFPの改良型 (シアン色：CFP, 黄色：YFP) をそれぞれ, cAMP結合タンパク質の端につなげた形をとったものです (図2a). cAMP分子が結合する領域はちょうど, ちょうつがいのような役割をもっていて, cAMPが結合していない場合は閉じていて, cAMPが結合すると開きます. 閉じている場合, 両端にあるCFPとYFPの間の距離はとても近く, その間にエネルギー移動が生じます (図2a). この現象を蛍光共鳴エネルギー移動, 略して"FRET"(フレット) と呼んでいます.

蛍光タンパク質の発する蛍光はあてた励起光より波長の長い光が生じます. たとえば, GFPだと青色で励起させて緑の蛍光を発し, CFPはそれよりやや青白い光で励起させてシアン色の蛍光が起こります. cAMPが結合していない状態ではCFPの励起エネルギーはYFPに移動し, その結果単体では励起されないYFPから黄色の蛍光が発せられることになります. 逆に, cAMPが結合すると, このエネルギー移動が減少して, YFPからの蛍光が

弱くなります．したがって，このCFPとYFPの蛍光がどのくらい強いかの比が間接的にcAMPの濃度を反映します（図2b）．

このcAMPの濃度変化を測定する蛍光タンパク質をコードする遺伝子を粘菌に導入してこのタンパク質を細胞に発現させます．CFPとYFPとの蛍光強度比を顕微鏡下で生きた状態で追うことで，細胞内のcAMP濃度の変動が測定できるようになりました．蛍光をえる時の波長などを工夫し，感度の高いカメラを用いることで，粘菌の発生にほとんど影響を与えることなく，長時間にわたってcAMPの測定ができます．

ちなみに粘菌の発生のように，集団全体である振る舞いが出現する際に，その要因となるよりミクロの階層の構造があらわには特定しにくい，専門的に言えば時空間的な対称性の破れが下の階層の構造に依存しない場合，それを「自己組織化」（self-organization）と呼ぶことがあります．たとえば，砂丘の模様や，うろこ雲といった自然現象の造形は，その要素である砂粒や水蒸気の形そのものを反映したものではなく，分子が散らばろうとする性質と，エネルギーを利用してより戻そうとする性質が拮抗して生じています．粘菌のcAMPの波と似たものとしては，化学反応のベロウソフ・ジャボチンスキー反応（BZ反応）のように酸化状態と還元状態が空間的に伝播する現象や，生物ですとオオミツバチの巣で蜂の羽ばたきがそろうことで出現する波などがあります（図3）．これらも本来は，個々の要素が異なった状態になりやすいという性質と，それが要素間の相互作用でそろえられるという性質があいまって，波が生じています．ちなみに，結晶の多くはその維持にエネルギーの消費は必要なくその形が分子レベルの非対称性を反映しますので，区別する意味で「自己集積」（self-assembly）と呼んでいます．

受精卵からの発生では，そのもとに卵の極性（動物の卵では，極体のある側が動物極，その反対側が比較的卵黄が多い植物極というように向きが決まっていること）などがあり，構成要素も過程も組み合わせ的に複雑であることから，もともとまっさらな状態から自発的にパターンを生じる特徴があったとしてもそれを抜き出すことは難しいでしょう．再生医療では，幹細胞の無秩序な塊から組織や器官を作るという試みが活発になっていますが，そのように本来あるべきパターンがないか大幅にくずれてしまっている場合で

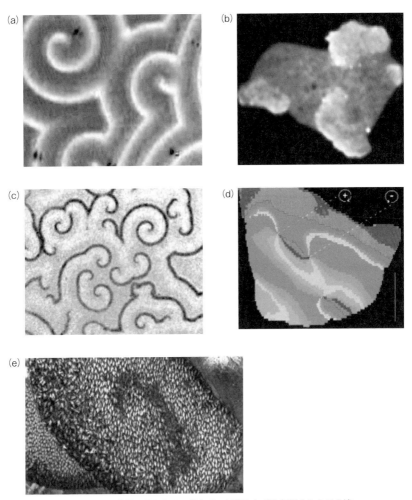

図3 異なる階層で見られる，外向きに回転しながら伝播するらせん波
(a) BZ反応の波（千葉大学櫻井建成氏提供），(b) 単一の粘菌アメーバ内のリン脂質・アクチン波，(c) 粘菌集団のcAMP波，(d) 心臓の心室細動 (Gray, Pertsove and Jalife, Nature 392, 75-78, 1998)，(e) オオミツバチのシマリング行動の伝播 (Kaastberger, Schmelzer and Kranner, PLoS ONE 3, e3141)

は，細胞に本来備わっている自己組織的な側面をうまく使うことがとくに大切だろうと思われます．粘菌のcAMP波は自己組織化現象の典型例として長年知られていたこともあって，cAMPを可視化して測定するということ

は，粘菌の研究だけでなく，「自己組織化」を探求する者にとっても長年の夢でした．

単一細胞レベルでの解析

　さて，こうして細胞内で合成されるcAMPを可視化できるようになった粘菌細胞について，cAMPをどの程度の濃度で加えると，どの程度あらたにcAMPの産生があるかを調べてみることにしました．ちょうどその当時私のところへ留学していた博士研究員のトマス・グレガー（現・プリンストン大学准教授）が，昼夜を問わず一緒に取り組んでくれました．すぐに気づいたことは，単一の細胞を隔離して，まわりの細胞から放出されるcAMPの影響を排除することが大切だということです．そこで細胞を極めて低い密度でスライドガラスに接着させ，この上をpHが維持できるようにしたイオン溶液（緩衝液といいます）が流れる測定系を組みました．このように緩衝液，培養液，血液などを送り続けることを専門用語で灌流と呼んでいます．灌流することで，粘菌細胞から放出されるcAMPも，cAMPを分解してしまう酵素もすみやかに洗い流されるために，細胞外のcAMPの濃度を厳密にコントロールすることができるのです．

　面白いことに，灌流系にばらばらに隔離された細胞に緩衝溶液を流し続けても，cAMPの振動はおろか，一過的なcAMPの上昇すらほとんど見られませんでした．ただ，ごくまれに一過的な細胞質中のcAMPの上昇（これを今後「発火」と呼びます）が見られるということがわかりました．緩衝液にごくわずかなcAMP，分子の数に換算すると細胞のまわりに数個から数十個程度を加えるだけで（図4a，0.1 nM，ナノモールと読む），この確率は若干上昇します．その場合，刺激が加えられたタイミングとは関係なく，でたらめなタイミングで発火する振る舞いを示します．外部から加えるcAMPの濃度が高くなると，およそ1 nMの濃度（細胞のまわりに平均で数百個程度の分子があります）では，観察したほとんどすべての細胞が一過的な発火を示します．この発火は1分くらいでピークに到達して，一度もとに戻りかけるのですが，ふたたびピークが現れるというのを繰り返しながら，15

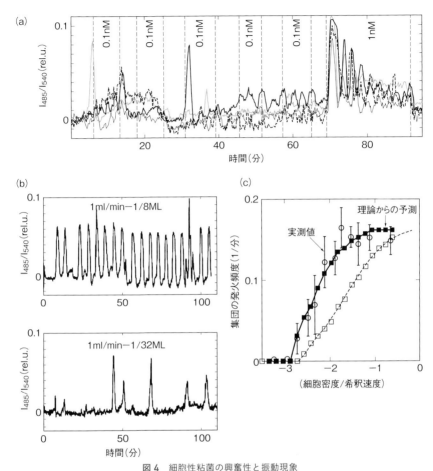

図4 細胞性粘菌の興奮性と振動現象
（a）cAMP刺激に対する単一細胞レベルの一過的なcAMP上昇，（b）集団レベルのcAMPの発火現象．単層にぎっしりしきつめた場合の細胞密度の（上段）1/8（下段）1/32，（c）集団レベルの発火頻度は細胞密度と希釈速度に依存する（Gregor et al., Science, 328, 2010 より転載）．

分ほどかけて徐々に減衰していきます（図4a，1 nM）．こうした観察から，あくまでも細胞外cAMP濃度が上がっている時にのみ，細胞内のcAMP濃度が上昇し，これを取り除くと細胞内のcAMPはもとの濃度に戻ってしまうことがわかりました．このように，ある濃度以上になると，一過的な応答を示すような性質を「興奮性」と呼んでいます．細胞性粘菌（より厳密には最先端研究で使われているキイロタマホコリカビという種）の集合

については，細胞はすべて同様に興奮性であって，あらかじめリーダー的な役割を担う細胞はおそらく存在しないだろうということがわかりました．

生まれながらのリーダーはいない

　このように大活躍の灌流系なのですが，集団的な振動が出現するからくりを理解するためにも大いに活躍してくれます．細胞はガラスの床とプラスチックの壁でできた部屋に閉じ込められているのですが，この部屋の溶液は常に攪拌されていますので，細胞はどの場所にあっても，溶液中の物質はほぼ同じ濃度として感じます．前述の実験では細胞を隔離して，外から与えたcAMPへの応答を測定していましたが，今度は細胞の数を増やして，外からはcAMPを含まない緩衝液のみを流すことにします．つまりこの実験では，細胞外のcAMPは細胞から放出されたものしかありません．すると，細胞数が増える，または灌流速度を緩やかにするほど，発火頻度が上昇すること，5-6分まで上昇するとそれ以上発火頻度が増えないことがわかりました（図4b）．図4cは横軸に細胞密度と灌流速度との比をとり，集団的なcAMPの発火頻度をグラフ化したものです．前者の細胞密度は，じわじわとにじみ出るcAMPの量を決め，後者の灌流速度はcAMPがどのくらいの割合で希釈されるかを表しています．したがって，両者の比は，細胞外にどの程度cAMPがたまりやすいかを決めています．このように，cAMPのたまりやすさを変えることで，集団的な発火現象の起こりやすさを人為的に操作できることがわかりました．

　細胞の数を増やしていく，もしくは灌流速度を低くしていきますと，集団的な発火が起こりはじめました．これが生じるか生じないかの境目では，単位時間に発火が生じる頻度は低く，つまりまれな現象であることがわかります．細胞の振る舞いを観察しますと，細胞はまるで低濃度のcAMPに浸した際に見られるような確率的な発火現象を示しています．つまり，cAMPはただじわじわと一定の速さでにじみ出ているだけでなく，一過的により多くの量を出しているのですから，このことを考慮に入れる必要があります．このような確率的な現象は，実験では簡単には調べにくいということがありま

す．そこで，理論生物学が専門の藤本仰一博士（現・大阪大学理学研究科准教授）と，細胞外 cAMP の刺激濃度と細胞内の cAMP 産生の関係を表現する式を立て，そうした仮想的な細胞の集団の振る舞いについて，コンピューター上の数値シミュレーションで調べてみました．すると，個々の細胞はごくまれにランダムに発火し，cAMP が放出され，その放出がこれまたごくまれに他の細胞の発火を誘起することができること，この連鎖がある程度の規模になった時，集団内でそろった発火が生じることが予想されました（図5a）．まとめますと，生まれながらにして決まっているリーダー細胞はいないのですが，細胞がたがいに確率的に励起し合うことで，集団としては，集団自身を興奮させられる状態が出現するのです．粘菌の cAMP 振動は，個々の細胞をバラバラにしてしまっては出てこない，協同的な励起現象をその起源にもっていると考えられます．このように，上の階層の振る舞いが，それを構成する素子の単独の振る舞いに簡単に帰着されず，素子間の相互作用による集団の振る舞いとして説明されること，その出現が確率的であることが自己組織化のひとつの特徴です．

発火中心と波の形成

　ここまで，粘菌細胞は cAMP の応答について興奮性を示すということをお話ししました．興奮性は粘菌に限ったことでなく，私たちの心筋や神経細胞では，細胞の膜電位が興奮することで，それぞれ拍動と神経活動という私たちにとって必要不可欠な生体機能を担っています．こうした系に共通する性質として，粘菌細胞の cAMP 応答には，興奮するための cAMP 濃度がある閾値以上となる必要があることに加えて，もうひとつ重要な性質があります．それは，cAMP の合成と分泌は一過的に上昇したのち，刺激前と同じ状態に戻るという性質です．この性質は一般に「適応」（adaptation）と呼ばれ，刺激が持続していた場合でも生じます．この時一見，刺激前と同じ状態に細胞内 cAMP が戻っていても，興奮性はしばらくの間はもとに戻ってきません．このことを顕著に示す実験を図 5b に示しました．細胞外 cAMP 刺激に対する細胞内 cAMP の一過的な上昇は，6 分以上の間隔で加えると通

CHAPTER Ⅲ 研究の中から見えてくるもの

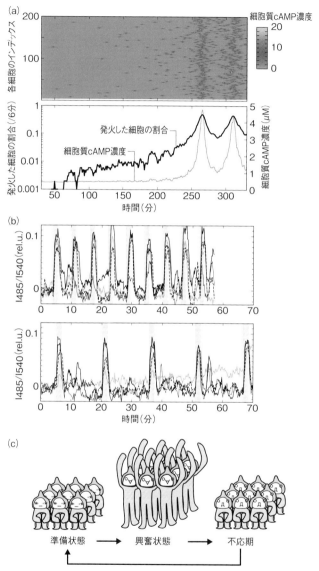

図5 確率的な興奮が重なることで振動が生じる
（a）細胞集団の確率的発火のシミュレーション（上段）発火した細胞の遷移，（下段）発火した細胞の割合とcAMPの変化，（b）周期的なcAMP刺激に対するcAMP応答（Gregor et al., Science, 328, 2010より改変）（藤本伸一氏提供）．（上段）6分周期，（下段）3分周期．灰色の時間に刺激が加えられている．（c）興奮系は3状態間の遷移として理解できる（島田奈央氏提供）．

常の強さを示すのに対して，それ以下の間隔で刺激を加えると応答が顕著に弱くなることを示しています．興奮してからしばらくの間，応答が弱くなる時期を「不応期」と呼んでいます．この時間によって，興奮性が繰り返されて振動的になる時に，ある最低の周期以下には短くならないという性質が生まれます．粘菌の cAMP の振動ですと，図 4c からそれは約 5 分であって，これは実際に細胞集団が集合する際に見られる振動の周期とよく一致しています．

　以上述べたことからもわかるように，一般に興奮系の振る舞いは 3 つの状態間の遷移として理解することができます．まず，①系が興奮性を示している基底状態にあります．②次に閾値以上の刺激が入ると応答する興奮期に入ります．③しばらくすると，応答がもとに戻り，しばらくの間，興奮しにくい不応期に入ります．この 3 状態間の遷移は必ず①，②，③の順序で進み，逆の方向に進むことはありません（図 5c）．サッカーの応援の波で説明すると，①はこのウェーブの応援に参加する意思をもって，まわりをよく観察している状態，②は隣の人が立ち上がった時に自分も立ち上がった状態，そしてその後の③は席につき，しばらく興奮覚めやらぬ状態でいるとすれば，大まかですがあっているでしょう．振動の周期はこの①から③までのプロセスによって特徴づけられますが，特に③の不応期は周期を決める大きな要因となっています．応援のウェーブの場合は，スタジアムをウェーブが何回も周回することはあまりないと思いますので，不応期はおそらくだいぶ長いのだと思います．観衆は熱しやすいが冷めやすく，しばらくの間は，応援ウェーブに参加したいと思わないからでしょうか．

　こうして一過的に上昇した cAMP は細胞外に放出され，それを感じた隣の細胞がさらに興奮し，この応答が細胞間で連鎖的に伝わります．この結果，放出された cAMP は波として伝播します．細胞集団を今度は寒天の上において観察しますと，はじめのうちに観察される波は，でたらめな場所から開始され，これらが競合し合う現象が見られます．低い頻度で開始される波に同期している細胞であっても，途中でより短い周期で伝わってきた波がくるとそちらに応答するようになるので，結果として高い頻度で発火する中心がこの競争に生き残るようになります．このことは，灌流の実験で見た特

性に戻って考えるとよくわかります．cAMPが細胞外でたまりやすい場所ほど，高い頻度で発火するはずですから，そのような場所から波が発生する率が高いと予想されます．このばらつきの原因は，細胞や細胞外の状態の不均一さや，細胞の空間的な分布のむらなどに由来すると考えられます．そうして個々の細胞では確率的に発火が繰り返され，たまに集団的な発火が起きるでしょう．細胞外にはcAMPを分解する酵素が分泌されていますので，その量や，細胞数密度などの変動によって，細胞外cAMPはさらに揺らぎ続けます．そしてじわじわと細胞外cAMPが上昇していき，集団的な発火が繰り返される中で，周期が最短になるような状況に最初に到達した場所が，最終的に生き残る発火中心となると考えられます．

実はこうして出現して伝播する波には2つの形状があります．ひとつは同心円状の波で，発火中心から伝播する波が外側に向けて等方的に伝わっていくものです．もうひとつはらせん状の波で，波の端点が中心にあって，これが回転することで維持される波です．らせんは風呂敷にあるような唐草模様のような形をとります（図6a）．らせんの波も同心円状の波と同様に興奮系の状態遷移に従います．ただし，らせんの中心だけ，この状態がやや特殊な空間的配置をとっています．興奮系の①から③の状態が地球の北極の真上に配置して，状態間を遷移してみたと思ってください．①→③と世界を西から東へと一周したところ，また次に励起される①が出現しますので，自己充足的に興奮が繰り返されることになります．これは，らせんの中心では①-③の状態がすべて1カ所で隣り合わせになる配置になっているためで，このことかららせんの中心を専門用語では空間的な位相の「特異点」と呼んでいます．この特異点が出現するには，波の端が何らかの形で出現して，これによって①-③の状態が隣り合わせの配置になることが必要です．通常，興奮系のルールに従っているだけではこの配置は出てきませんが，何らかの異質性やランダム性があって，そこに不規則な状態遷移が入りますと，このような構造が生み出されやすくなります．粘菌の集合でも多くの場合，らせん波によって集合しており，私の以前の研究から，これは細胞の興奮性が時間とともに変化していることによる，場の不均一性に由来することが示されています．らせん波がどのくらい出現するかは，集合する細胞の数，ひいては子

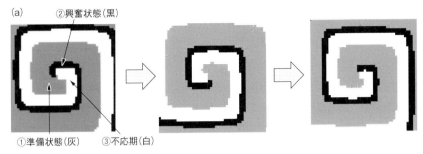

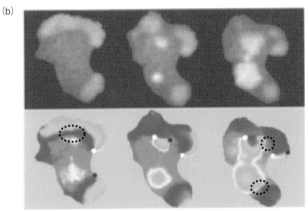

図6 興奮波のらせん
(a) 位相の特異点の周りにおける興奮性の波の伝播の様子．灰色：①準備状態，黒：②興奮状態，白：③不応期．(b) 変形をともなう細胞運動中のイノシトールリン脂質（PIP3）の波（上段）とその位相解析（下段）．白／黒の丸点は時計回り／反時計回りの特異点を表す．

実体の大きさを決めています．子実体が適度な大きさになるべく，らせん波があまり多く出現しないようになっていることもわかっています．

　興奮性やそれが空間的に展開されることで出現する同心円の波やらせん波は，神経細胞や心筋細胞でもよく知られた性質で，BZ反応と呼ばれる化学反応でも知られています（図3a）．心臓の拍動のリズムで不整脈がありますと，らせん波が生まれやすいと考えられています（図3d）．いったん，らせん波ができてしまいますと，これは自己充足的に維持される動的な構造ですので，そこに特殊な細胞も必要とせず頑強です．これは私たちの心臓にとっては厄介な存在です．一方，最近報告された面白い例として，ある種のミツバチで見られる羽の同調が，集団内でらせん波となって伝わるという現象が

あります（図 3e）．近づいてきた外敵がこれを見て逃げていくそうです．興奮性は分子，細胞，動物個体とあらゆる階層にわたって認められる現象ですが，それが役に立つかどうかは系によって違うのです．

アメーバ細胞の自発的な変形に見られるらせん波

アメーバ状の細胞運動や食作用（細菌や真菌などを細胞膜を大きく変形させて取り込む現象）は粘菌だけでなく，私たちの体内ですと，免疫系の細胞である好中球やマクロファージなどに見られます．また，癌細胞が浸潤，転移する際にも似たような運動形態をとると考えられています．細胞膜の裏打ちとして，アクチンと呼ばれるタンパク質が無数に重合し，形成されたフィラメントが樹状のメッシュワークを形成しています．膜を押し出す駆動源の主なものとして，このアクチンの重合化によるフィラメント形成があります．これは，多くの細胞に共通する特徴ですが，粘菌を用いた分子生物学的な解析から，その分子的背景の詳細の多くが明らかになってきています．運動はまったくのでたらめではなく，膜の伸縮，伸張と移動が柔軟なテンポとタイミングで行われ，かつ細胞全体の変形としての調和がとれています．

集合能を獲得する以前の未分化な段階の細胞性粘菌アメーバの形状は，5-6 分の周期性をともなって伸張と回転を繰り返しながら変化します．今から 15 年ほど前に，ドイツのミカエル・ヴィッカー博士は，細胞骨格系のアクチンがフィラメントを形成するイベントが，波となって伝播していることがあるという説を唱えました．とは言っても，顕微鏡による生細胞の可視化は発展途上でしたので，かろうじて見えるアクチンのパターンの断片が本当に波なのかどうか，半信半疑でした．その後，生きた細胞の可視化技術が発展する中で，波の存在を裏づける報告がドイツのグンター・ゲーリッシュ博士らのグループからなされました．波はガラスに接着した細胞の接着している膜の裏打ちで観察され，細胞の端まで届くと，その部分の膜が伸張し細胞が大きく変形します．波というと，物質が移動している様子を思い浮かべるかもしれませんが，正確には，アクチンフィラメントの生成と解体という反応のイベントが連鎖的に空間を伝わっているものです．前述のとおり，興奮

性のダイナミクスは細胞集団から個体集団に至るまで，いくつもの空間スケールで見られていますが，細胞内でそういったものがあるかどうかはほとんど知られていませんでした．もしこれがそうだとすると，興奮系に特有の波の幾何学を示しているはずです．

そこで，当時大学院生の谷口大相さんと，理論生物学の石原秀至博士（現・明治大学准教授）と，アクチンやアクチンを調節する因子のひとつであるイノシトールリン脂質を可視化して，そのダイナミクスの詳細を追ってみました．その結果，ランダムな場所で生成される興奮性の同心円状の波と，中心に位相の特異点があるらせん波が存在していることが明らかになってきました（図6b）．左巻きと右巻きが一対となっているものはその間を結ぶ波面が比較的平面的に膜を押し出していること，単独の特異点で維持されるらせん波は，細胞端の膜を回転させながら押し出していることなどがわかりました．波のダイナミクスは，膜が伸張する時間スケールや，変形する領域などを決定しています．波の発生自体はでたらめでも，いったん波が出現してしまえば，興奮性のダイナミクスに従っていますので，波と波が正面衝突して消えるか，波の前面と背面が衝突して，特異点を形成するかといった具合に，極めて規則正しく反応が進行するのです．やや話がそれますが，私たちの歩行にも，歩幅やリズムがあり，これは脳内の神経の発火パターンに由来します．アメーバ細胞には，もちろん脳はないわけですが，膜上の反応ダイナミクスの発火パターンが変形を調節するというのは奇妙な類似です．

アクチンの重合だけでなく，イノシトールリン脂質の濃度も波と一緒になって上昇することを産業技術総合研究所の上田太郎博士の研究グループが明らかにしています．これにはイノシトールリン脂質をリン酸化するタンパク質のひとつ（PI3キナーゼ）が必要なのですが，私たちの研究からこのタンパク質の膜への局在というイベントがやはり波と一緒に膜上を伝播していることがわかりました．この他にも，基質接着面とは別に，細胞の側方面の膜にも似たような波が伝播することを，大阪大学の上田昌宏博士の研究グループが発見しています．アクチンフィラメントの樹状のメッシュワークやPI3キナーゼが多いというのは，走化性などで動く細胞の前端の特徴なのですが，顕著な波が出現していなくとも，細胞は変形したり，移動したりでき

すので，アクチンの波がどのように生成され，またどのような役割をもっているのかは，いまだに謎です．余談になりますが，粘菌を用いた研究で日本の研究グループは世界的に活躍しています．十数年続いた国内の研究会が，数年前からは細胞性粘菌学会として，定期的な情報交換と交流の場となっています．また，ナショナルバイオリソースプロジェクト（NBRP）粘菌というプロジェクトでは，細胞やDNAなどの材料を国内外の研究者へ提供しており，研究や教育の材料として新たに利用したい方々に対する講習会も開催しています．

階層を超えたダイナミクスから，いきいきとした状態の理解へ

　自己組織化は，下の階層の何らかの現象のゆらぎが増幅されると，期せずして上の階層の秩序形成が起こってしまうことを物語っています．進化の過程で生物は，遺伝子から染色体，タンパク質からタンパク質複合体，原核細胞から真核細胞，細胞集団から多細胞個体へと，それぞれの階層間のダイナミズムを通じて自己複製する単位を集団化させてきました．新しい複製単位と選択対象が出現してきた際には，自己組織化が関わってきたかもしれません．また，階層を構成する要素が全体を規定するだけでなく，系が複雑になるほど，全体が要素を規定して，要素側には自由度がなくなっていきます．たとえば，細胞性粘菌は栄養さえあれば，それぞれの細胞が単細胞生物として独立に増殖できますが，私たちも含め，動物の個体を構成する細胞は，体外で通常は自律的に増殖できません．人間社会の組織に目を向けても，自発的に集まった規模の小さい趣味の会でしたら，メンバーは比較的自由に活動できますが，大きな会社のような組織になるほど役割は決まり，自由度が減る傾向があります．生き物のいきいきとした状態とは，階層間で振る舞いの指導権が行ったり来たりしていて，ゆるくしか決まっていないということと関係しているのだろうと，私は想像しています．要素を組み合わせて全体を作る時に，いかに集団の機能性が発現するか，また集団性をどのように制御できるかには課題が多く残されています．再生医療においては，幹細胞の集団をどのようにあやつればよいのか，はたまた，人間社会に目を向けても，

ますます複雑になるインターネットや人間社会を今後どうデザインするか，生物に見られる自己組織的で階層的な動態が示唆する点は少なくないでしょう．

PROFILE

澤井 哲（さわい・さとし）先生のプロフィール

東京大学大学院総合文化研究科准教授

1973年生まれ．早稲田大学理工学部応用物理学科卒業，同大学院修士，東北大学（沢田康次教授：非線形・非平衡の物理学）博士課程修了．博士（情報科学）．プリンストン大学分子生物学部博士研究員 2001-2005 年，JST ERATO 複雑系生命プロジェクトグループリーダーを経て，2008 年より現職．

主な著作　『生命科学の新しい潮流——理論生物学』（共著，共立出版，2011）
　　　　　『細胞性粘菌：研究の新展開——モデル生物・創薬資源・バイオ』（共著，アイピーシー，2012）

 澤井先生おすすめの本

『**かたち——自然が創り出す美しいパターン**』フィリップ・ボール著，林大訳（早川書房，2011）
自己組織化で生まれるパターンの解説．いろいろな例について写真を見るだけでも面白い．

『**自然と遊戯(ゲーム)——偶然を支配する自然法則**』M. アイゲン，R. ヴィンクラー著，寺本　英・伊勢典男他訳（東京化学同人，1981）
簡単な規則（ゲーム）からどのように構造が生まれるのか，様々な例のイラストなども多く，数式はほとんどないが，内容的には数学や物理学に興味がある人向け．

LECTURE

真空から生まれる科学と技術
――アリストテレスからサイクロトロンまで

　第10講では，真空に関する科学史研究をご紹介します．前半では真空という概念の変遷が，そして後半では真空が必要な実験装置，サイクロトロンを通じて戦前，戦中の日本の素粒子物理学研究の歴史が見えてきます．

岡本拓司

科学史と博物館と機械

　東京大学の教養学部には，駒場博物館という名称の小さな博物館があります．私はこの博物館で行われたいくつかの展示を制作しましたが，その経験を通して，文字やモノの資料を使ってひとつの主題を描くこと，とりわけ，教養学部の前身である第一高等学校（一高）が所蔵していた実験機器類を利用して展示を行うことに関心を持つようになりました．

　私の専門は科学の歴史，とくに物理学の歴史です．科学の歴史の研究でも文献を扱うのが普通で，私自身，駒場博物館の機器類を扱う以前には，研究の中でも，他の博物館で関わった展示においても，機械にあまり注目することはありませんでした．しかし，一高の機器の調査を行ううち，機械の役割を十分に評価しなければ，科学の知識としての性格や，科学を他の種類の知識と分ける特徴は理解できないだろうと考えるようになりました．

　実際には，展示の主題が機器の役割を強調するようなものになるとは限らず，機器が重要な場合でも一高のものが展示の主題にふさわしいとは限りません．また，展示の筋立ての大半は文献に依拠して作らざるを得ません．しかし，数点でも調査してある所蔵品に活用の場が見つかると，展示制作にも

所蔵品調査にもさらに意欲が湧くようになります．

　以下では，2010年10月16日から12月5日にかけて駒場博物館において開催された，「真空から生まれる科学と技術——アリストテレスからカミオカンデまで」という展示の制作で得られた材料に沿って，真空をめぐる考察と技術の歴史を，第二次世界大戦直後に至るまでたどってみます．真空に関する話題は多様なので，関連事項を網羅することはできず，とくに種々の真空ポンプの詳細は解説できませんが，それでも，古代では単なる思弁の対象であった真空が，近代に入ると機械によって実現され，以後，自然に関する多くの知識を生み出す材料となっていくようすを見ていただければ幸いです．

真空のたどった道 —— 古代の自然学から科学の誕生へ

　漢字で書く「真空」という言葉自体は，日本や中国には古くから存在していましたが，その意味は現在のものとはやや異なっていました（後述）．一方，古代ギリシアでは，現在の真空に近い概念に基づいて，空間は空虚かそれとも充満しているのかといった議論が行われていました（広重徹『物理学史1』培風館，1968）．

　古代ギリシアで原子論を主張したデモクリトス（前460-前370）は，宇宙は，空虚な空間（真空）と，そこを飛び回る，分割不可能な原子からなると考えました．原子の衝突で渦が生まれ，渦の中心から地球が生まれるとも唱えました．この時期に，原子という発想があれば真空が問題になる，運動する原子と真空は不可分であるという，後に引き継がれる思想上の流れが生まれました．ローマ時代には，ルクレティウス（?-前50ごろ）が，『事物の本性について』という詩の中で原子論的な自然観を表現しましたが，彼も真空（空虚）の存在を主張し，空虚がなければ物は動くことができないと考えました．

　一方，並行して，空虚がなくとも物体の運動は可能であるという主張も現れました．魚が泳ぐのを見ると，前では水は分かれていき，進んだあとの場所にはすぐに水が入り込みます．水中に空虚な箇所はありませんが，魚はそ

の中を運動できます．空中でも同様のことが起きているのではないかという考えは，何も存在しない空間があると想定することへの抵抗感と結びついて，原子論と対立する，真空の存在を否定する伝統を生みました．

　真空（空虚）を否定する論者の代表はアリストテレス（前384-前322）です．真空否定の根拠としては，たとえば何物も無からは生じないという観察がありました．もし無から何かが生ずるのであればそのものが占める場所には空虚があったと考えてもよいが，無から生ずるものはないので，空虚など存在しないというわけです．

　宇宙の構造と結びついた論拠もあります．アリストテレスは，物質を構成する元素（空気，火，地，水）には宇宙の中に本来の場所があり，土が地面に落ちるのは本来の場所である地球に還るためであると理解しました（自然運動）．宇宙の構造に基づいて運動が起こるわけですが，もし，空間が空虚であれば運動の向きを決める根拠はなくなり，本来の場所も定まりません．ここから，空間は空虚ではないという結論が導かれます．

　土を投げるとしばらくは空中を飛ぶように，自然運動ではない運動（強制運動）も存在します．この運動は魚が水中を進む場合にならって説明されます．つまり，投げられた物体は前にある空気を押しのけ，次いでその空気があとに回って物体を押すというのです．こうして運動が保たれるのですが，そのためには空気が空間を満たしている必要があり，やはり空間は空虚ではないわけです（伊東俊太郎『近代科学の源流』中央公論社，2007）．

　真空に関する議論はアリストテレスの自然学のわずかな一部分であり，彼の議論全体は，宇宙構造と運動ばかりでなく，物質の性質や生命現象，人体の健康までをも有機的に結びつけて説明しようとする壮大な体系を成していました．古代ギリシアを代表する知的遺産である彼の体系は，ギリシアからアラビア世界を経て12世紀に中世ヨーロッパに紹介され，キリスト教と結びついて，以後の時期の学問の根幹となるスコラ哲学を生みました．真空の存在を否定する議論も，「自然は真空を嫌う」「真空嫌悪」などの語とともに自然の理解の基本として定着していきました．これに対し，空虚な空間を自由に飛び回る原子は，神の支配から離れて運動することを思わせたため，原子論は無神論に結びつけられ，排除される傾向にありました．17世紀に至

るまで，原子論は，その大前提である真空の存在とともに，広く受け入れられることはありませんでした．

アリストテレス自然学に代わる体系として17世紀に誕生したのが，近代科学です．この時期，アリストテレスの体系には，宇宙論や運動論などいくつもの分野でほころびが生じていましたが，複数の人々による「真空の発見」も，「真空嫌悪」を重要な基礎とする彼の自然学に対する重大な脅威となりました．また，原子論も再発見されて復活を果たし，原子とその運動も神が創造したとすれば無神論と結びつくわけではないと解釈されました．原子論では真空の存在が大前提ですが，原子そのものが観測されなくとも，真空の存在が確認されれば，それは原子論の有力な証拠となりました．

17世紀における科学の誕生にとって重要であったのは，権威ある書物や宗教のみを学問の根拠とするのではなく，眼に見えるかたちで行われることがらを証拠として採用する態度でした．真空についてもこの姿勢に基づく検討が加えられました．まず気づかれたのは，約10 mより深い井戸ではポンプが働かなくなるという事実でした．ガリレオ（1564-1642）は，これは，自然の真空嫌悪に限度があるためであると考えました．さて，どういうことでしょうか．

ガリレオの洞察をより明確なかたちで表現したのは，弟子のトリチェリ（1608-47）です．トリチェリは，一端を閉じた長いガラス管を水銀で満たし，水銀の入った平たい容器にさかさまに立てると，管の中の水銀は約76 cmの高さまで下がり，その上には真空ができることを示しました（トリチェリの真空）．水ならば10 mまで，水銀ならば76 cmまでが自然の真空嫌悪の限度であり，その上には真空ができるということです．管のかたちによらず同じ現象が見られました（セグレ『古典物理学を創った人々』みすず書房，1992）．

トリチェリの実験を知ったフランスのパスカル（1623-62）は，自分でもそれを再現した上で，この現象が示すのは，上空の大気の重さによる圧力が，管中の約76 cmの高さの水銀の及ぼす圧力とつり合っているということだと考えました．大気の圧力は水銀を76 cm以上に押し上げることはできず，その上には真空が生ずるのです．ならば，上空の大気の量（大気の厚

さ）が変われば，管中の水銀の高さも変化するはずです．高い山の上にある大気の層は，山の下にいる時よりも薄いので，管中の水銀の高さも変化する（低くなる）のではないか．パスカルはこう考え，1648年に義兄に実験を依頼し，山頂とふもとでは水銀の高さが変化することを確かめました．実験の行われたピュイ・ド・ドームという山の絵は，有名なミネラル・ウォーターのラベルに使われているので，探してみてください．

ドイツでも，ゲーリケ（1602-86）がやはりトリチェリの実験を再現し，さらにポンプを発明して実験を行いました．中でも，2個の中空の半球を向かい合わせて押しつけた状態で排気すると，球に働く大気の圧力のために半球は引き離せなくなり，16頭の馬でもそれが困難であることを示した実験は有名で，ゲーリケがマグデブルクの市長であったことにちなんで，マグデブルク半球の実験と呼ばれています．

アリストテレスの自然学に対する挑戦の成果のうち，最も有名なのは，天動説に抗して主張された地動説や，その先に生じたニュートン力学の誕生ですが，以上で見た「真空の発見」も，原子論の根拠となり，また実際に行って見せることを学問の材料とする方法（実験）の強力さを示す実例となって，近代科学の誕生を押し進めることとなりました[*]．

さて，真空についての理解がヨーロッパで上述のような変遷をたどった時期，日本では真空はどのようなものだと考えられていたのでしょうか．「真空」（しんくう，しんぐう）の語は古くからあり，仏教の伝統の中で，単なる空ではなく，まったく空しいことを意味していました．日本最古の漢詩集，『懐風藻』（751年）にある釈道慈（?-774）の詩の一節には，「身を抽（ぬき）んでて俗累を離れ　心を滌（すす）いで真空を守る」との一節があります．さらに江戸期に入ると，鉄眼道光（1630-82）による仏教の解説書，『鉄眼禅師仮名法語』（1691年）の中に，般若心経に関する一節があり，「これを心経には，色即是空，空即是色と説たまへり，色といふは此身なり，空といふは真空，真空は法身，法身は如来の事なり，さては此身すな

---

[*] 近代科学とそれについて当時なされた批判の一例を本書第11講「ニュートンに挑んだゲーテ——暗室内の『光学』vs.自然光にこだわる『色彩論』」でご紹介します．

はち法身，法身すなはち此身といふ意なり」と記されています．よく知られた「色即是空」の「空」は「真の空」の意味であるというのです．

『仮名法語』のころから1世紀たたないうちに，「真空」の語を現代のものと同様の意味で使う例も現れるようになりました．蘭学者の志筑忠雄（1760-1808）は，オランダの自然科学書の翻訳書，『求力論』（1784年）や『暦象新書』（1802年）の中で，ydel（英語でいえば idle）の訳語に真空をあてました．後者ではトリチェリの真空やパスカルの実験も紹介されています．志筑自身，長崎で入手したガラス管を用いて気圧計を作りましたが，ガラスの質が悪く1，2カ月で空気が入ってしまったといいます．

幕末には，真空に関する知識は，蘭学・洋学に携わる人々の間ではある程度普及していたようです．福澤諭吉（1835-1901）は，『福翁自伝』（1899年）の中で，1860年に米国を訪れた際，真空をひいて（圧力を小さくして）沸騰を速める仕組みを採用している砂糖の製造工場を，これは知らないだろうとばかりに案内するアメリカ人に対し，こちらはそんなことばかりせんさくしていたのだから驚かないと憮然としたと記しています．

真空をひいたガラスの管 —— 電子とエックス線の発見

ふたたび西洋です．トリチェリのころからあと，空気についての研究は停滞しましたが，電気が利用できるようになると，真空は不思議な現象を起こす「場」として使われるようになりました．18世紀中には，密閉して真空にしたガラス管に電圧をかけると光が発生することが知られており（真空放電），イギリスのファラデー（1791-1867）はこれを検討して，この光の模様の中に暗部（ファラデー暗部）があることを発見しました（1836年）．

真空といっても，完全に何もない空間を作ることはできず，現代でも分子ひとつない真空は実現できません．真空な状態を作ることを真空を「ひく」といいますが，これは，具体的には，一定の空間の中にある空気の量（分子の数）を通常の状態より少なくすることを意味します．ガラス管に電圧をかける実験が行われるようになると，真空の度合い（単位体積当たりの分子の量．具体的には圧力で示される）によって，発生する現象，とくに顕著には

CHAPTER III 研究の中から見えてくるもの

光の色が変化することが明らかになりました．のちには，この現象が，達成された真空の度合いを測るために用いられるようになります．具体的には，どの色の光が出ているかでどの程度の真空が達成できたかの目安を得ました．

真空の度合いを高めるための装置，つまり真空ポンプも，19世紀に入ると進展しました．ゲーリケのころのポンプは，自転車の空気入れを逆にしたような機器で，閉じられた空間から人間の力で空気を吸い取るというものでしたが，19世紀中には，トリチェリの真空を応用したポンプ（水銀ポンプ）が発明され（1855年），その後この型のポンプが20世紀に入るまで使われました．

ガラス管に現れる光の研究は，新しい物理学の誕生をもたらす発見を生み出すことになります．1869年，ヒットルフ（1824-1914）は，陰極（マイナス側の電極）から少し離して物体を置くと，その影ができることを発見し，陰極からは一種の放射線が出ていると考えるようになりました．この線は，ゴルトシュタイン（1850-1930）によって陰極線と名づけられました．1897年には，J. J. トムソン（1856-1940）はこの線を電場と磁場で曲げることに成功し，その曲がり方から，この線を構成する物質の質量と電荷の比を求めました．同様の実験は1893年にヘルツ（1857-94）が試みて失敗していましたが，失敗の原因が放電管内の残留気体にあると考えたトムソンは，管内の真空を高めて実験に成功しました．以後数年のうちに，ここで見つかった物質は，負の電荷をもった微小な粒子，電子であると理解されるようになりました．こうして電子が発見されたのでした．

盛んに行われた陰極線の実験は，陰極線の正体が明らかになる以前にも，大きな発見をもたらしていました．1895年11月，陰極線の実験を行っていたレントゲン（1845-1923）は，放電管から発する未知の線が蛍光紙に作用することに気づき，1月半にわたって，この線の透過力や写真作用などを研究しました．レントゲンは，それが新種の放射線であると考え，正体不明であることからエックス線と名づけました．新年に彼が送った挨拶状には，発見を報ずる論文と妻の手などのエックス線写真が添えられていました．

トムソンやレントゲンが用いたのはいずれも水銀ポンプで，レントゲンは友人にあてた手紙の中で，「相変わらずラップス・ポンプに頼っている私の

装置では，排気には数日を要します」と書いています（セグレ『X線からクォークまで——20世紀の物理学者たち』みすず書房，1982).

　エックス線の発見は，当時ベルリンにいた長岡半太郎（1865-1950）によって日本にも伝えられ，1896年には，帝国大学の山川健次郎（1854-1931）など，第一高等学校の水野敏之丞（1862-1944）など，第三高等学校の村岡範為馳（1853-1929）などによってエックス線写真が撮影されました．山川らはスプレンゲル・ポンプ（水銀ポンプの一種）を用いて苦心の末に陰極線管を自作し，水野らもポンプの排気力が小さいので苦労したといいますが，力の弱いポンプで長く引いたあと，強烈な放電を行えばエックス線の発生が容易になることに気づいたといいます．村岡らによる第三高等学校での撮影には，教材として真空ポンプや感応起電機を製作していた島津製作所が協力しました．実験に成功すると，島津製作所は，翌年には教育用エックス線撮影装置を実用化し，ついで医療用エックス線装置の領域にも乗り出していきました（日本物理学会編『日本の物理学史　上　歴史・回想編』東海大学出版会，1978).

真空の応用と社会への浸透

　真空をひいたガラス管の最初の工業的な応用例は，電球でした．電気を用いた照明としては，電球以前にアーク灯がありましたが，光が強いために不便で，1878年から1879年にかけて，エジソン（1847-1931）とスワン（1828-1914）によって発明された白熱電球が，これに取ってかわりました．電球の実用化のためには，高温で切れないよう，強いフィラメント材料を用いることと，ガラス球内を排気することが必要でした．

　真空の応用として一時代を画したともいえる製品は，その名が示す通り，真空管でしょう．真空管の原理は，1883年にエジソンが発見した「エジソン効果」と呼ばれる現象で，電球中にフィラメントの他に金属線を入れると，金属線の電位がフィラメントより高い場合には金属線からフィラメントに電流が流れ，低い場合には流れないというものです．この原理に基づく2つの極をもつ型の真空管（二極管）は1904年に発明され，電波を捉える

(検波),電流の流れを一方向にそろえる(整流)といった働きをもっていました.1906年には,増幅作用や発振作用をもつ三極管が発明され,これを用いた再生・増幅回路は1912年に発明されました.

真空管は,電話網などで信号の増幅に用いられ,ラジオでは送信・受信・増幅に用いられました.電力が関わる分野でも整流に用いられ,電気の諸分野における利用を進展させました.いわゆるエレクトロニクス(電子工学)が,真空管の登場とともに始まりました.

真空管の機能はどの程度の真空がひかれるかによって変化します.真空管が普及し始めた1913年ごろ,ゲーデ(1878-1945)という物理学者が,機器製造業者のライボルト社と協力し,高速で回転するモーターや,水銀の蒸気など,従来とは異なる仕組みを用いたポンプを開発するようになり,高い真空への到達を可能にしました.1920年代末には,扱いにくい水銀ではなく油の蒸気を用いる真空ポンプが発明され,普及するようになりました(辻泰・齊藤芳男『真空技術――発展の途を探る』アグネ技術センター,2008).

日本でも1910年ごろには真空管の存在が知られるようになり,電気試験所などで試作もされました.1920年代半ばにラジオ放送が始まると,民間のラジオ愛好家の中には,既製品の真空管に頼らず自作するものも現れ,なかでも濱地常康(1898-1932)は,ゲーデの分子ポンプと,化学出身の技術者ラングミュア(1881-1957)の凝縮ポンプの両方を入手した上で,三極真空管を自作しています.濱地の1926年の解説では,「いづれも分子間の摩擦を利用した大変に面白いポンプ」ですが,ゲーデの分子ポンプが1分間に8000回以上回転するのに対し,凝縮ポンプはガラス製で少しも動かず,「夫婦としたらさぞ好からうと思はれるほど」と記されています(『無線と実験』5巻,p.777).

真空は教育の場でも人気があり,すでに1877年の第一回内国勧業博覧会に国産の教材が出陳されています.これは,東京大学理学部の工作場で作られた排気機(ポンプ)で,桜木,真鍮,玻璃(ガラス)で作られていました.第二回内国勧業博覧会(1881年)には,島津源蔵(1839-94)が,排気機,マグデブルグ半球,落体試験器(真空中では金属と羽や紙が同時に落

下することを示すもの）などを出展しました．島津製作所が村岡のエックス線の発生に協力した背景にはこのような実績がありました．

真空という言葉は，文学作品にも現れています．古くは，夏目漱石 (1867-1916) の『吾輩は猫である』(1905-1906 年) に，人間が平等を嫌うのを「自然は真空を忌む如く」と喩えた箇所があり，アリストテレス自然学の真空嫌悪が前提とされています．また，やはり漱石が『朝日新聞』に連載した『虞美人草』(1907 年) には，娘の藤尾の縁談の話に没頭し，季節の変化に気づかない母親のようすを，「欽吾と藤尾の事を引き抜くと頭は真空になる．蓮の葉どころではない」と表現した一節があります．

戦後には，真空を題名に入れた小説，野間宏 (1915-1991) の『真空地帯』(1952 年) が発表されました．以下の通り，真空によって表現されているのは戦前戦中の兵営です．

「たしかに兵営には空気がないのだ，それは強力な力によってとりさられている，いやそれは真空管というよりも，むしろ真空管をこさえあげるところだ．真空地帯だ．ひとはそのなかで，ある一定の自然と社会とをうばいとられて，ついには兵隊になる」．

人間が自然にもっているもの，あるいは社会で身につけたもののすべてを奪って兵士にしてしまうことから，兵営が真空管や真空だというのです．どちらも，多くの人がすぐに了解できる言葉になっていました．

科学研究の中の真空 ── 日本での展開

エックス線の発生では完全に西洋の後追いであった日本の科学研究も，1920 年代も末になると，いくつかの分野では最先端に並ぶようになっていました．その中には真空に密接に結びつくものもありました．

このころ生まれた量子力学のひとつの予言は，電子のような粒子が波的な性質をもつというものでした．これを示すために，電子線を結晶にあてて波のように干渉が起こることを示すという実験が試みられ，日本では，理化学研究所（理研）の菊池正士 (1902-74) が挑戦しました．菊池ははじめ，100 電子ボルト程度の遅い電子線を使った実験を行おうとしましたが，日

CHAPTER Ⅲ　研究の中から見えてくるもの

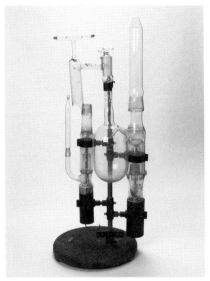

図1　理化学研究所で製造された油拡散ポンプ（1935年ごろ，東京大学駒場博物館蔵）

本で到達できた真空ではこの実験は成功せず，数万電子ボルト程度の速い電子を用いた実験に切り替えた後に成功しました（1928年）.

　一方，真空管の研究を進めていた米国のベル研究所には，優れた真空装置と電子線の発生装置があり，ここでデーヴィソン（1881-1958）とガーマー（1896-1971）は遅い電子線の実験を成功させていました（1927年）. この研究は1937年のノーベル物理学賞の授賞対象となり，受賞者の一人はデーヴィソン，もう一人はJ. J. トムソンの息子，G. P. トムソン（1892-1975）でした．遅い電子の実験はヨーロッパでも難しく，トムソンが行ったのも速い電子を用いた実験でした．菊池はノーベル賞の候補にはなりませんでしたが，選考の過程では受賞者と並んで評価の対象となっています．

　量子力学の登場で研究の進んだ領域のひとつが，原子核や素粒子の世界であり，実験を行うために，粒子を加速して衝突させる機器が使われるようになりました．とくに，1930年代前半に米国のローレンス（1901-58）が発明したサイクロトロンは画期的でした．これは，電荷をもつ粒子に磁場をかけて円運動をさせ，その軌道中の2カ所で交互に逆向きの電圧を加えて

徐々に速度を上げていくという機器ですが，円運動の周期が軌道の半径によらず一定であるために，加速に交流電力が利用できました．粒子が衝突する機器の内部に余計な分子や原子が入っているのは不都合なので，サイクロトロンの中は真空が保たれています．ローレンスらが1934年に直径27インチの機器を完成させると，大きな成果をもたらすことが予想されたサイクロトロンは，各国で建設されるようになりました．

　日本では，仁科芳雄（1890-1951）が理研で26インチのサイクロトロンの建設を進め，1937年に完成させました．しかし仁科はこれにあきたらず，26インチ機の完成前から，ローレンスが建設を計画していた，さらに大型の60インチの機器を，自分たちも作ろうと考えていました．仁科の意欲は，1937年ごろから，湯川秀樹（1907-81）の中間子論が世界的な注目を集めるようになると，さらに高まりました．中間子は，原子核の中の陽子と中性子を結びつけていると想定された粒子であり，単に理論上のものと考えられていたのが，宇宙線中に発見されたと報じられて世界的な関心を集めるようになったのですが，直径184インチほどのサイクロトロンであれば，これを実験的に作ることが可能だと見込まれたのです．日本でできた理論の成否を日本の実験で明らかにしたいというのが仁科の希望であり，60インチでの成功はそのための足がかりとなるはずでした．

　ローレンスは親切であり，米国で自分たち用に注文したものと同じ機材を使うとよいと仁科に勧め，これに従った仁科らは，1939年2月には60インチのサイクロトロンの組み立てを終えました．ところが，この機器はうまく稼働しませんでした．ローレンスらは6月に稼働に成功していたので，仁科は翌年に研究員を米国に派遣し，組み立てについての指導を受けさせました．はじめはローレンスらは丁寧でしたが，やがてよそよそしくなり，結局図面も詳細なものは渡してくれませんでした．派遣された研究員は，これはどうも原子核の研究が兵器開発に関係あるからだろうと想像しています．実は同じころ，仁科らも日本の軍関係者に，原子核の分裂を用いた武器の開発の構想について相談をもちかけていました．

　それでも，理研の研究員たちは，60インチの機器の完成のための秘訣を日本に持ち帰ることには成功しました．問題のひとつは真空でした．60イ

CHAPTER III 研究の中から見えてくるもの

ンチの機器は鋳物で作るのですが，小さな穴があるために強力な真空ポンプを使わなければならなかったのです．米国で買ったポンプを使い，ローレンスらが実施している方法を取り入れて，理研のサイクロトロンも1944年には稼働するようになりました．

　理研の研究員たちの帰国の翌年，1941年には，日本は米国との戦争に突入しています．1944年といえば，日本の敗色が濃くなってきたころです．こうした状況の中でも，仁科らがサイクロトロンの建設に従事できたのはどうしてでしょうか．それは，この研究が，核分裂の軍事利用の一環として，また戦争中も研究水準を維持するものとして，軍からも支援されていたためです．この軍事研究は仁科の名前にちなんで「ニ号研究」と呼ばれていました．ニ号研究は，しかし，第一歩ともいえる，原料のウラン235の濃縮で困難に衝突しており，先の見込みを問われた仁科らは，英米もこの戦争中には核分裂の利用には成功しないだろうと軍に伝えていたようです（山崎正勝『日本の核開発』績文堂，2011）．

　実際には，米国は，核分裂を用いた兵器，原子爆弾の開発に成功していました．1945年8月6日に広島に，8月9日に長崎に投下されたのがこの爆弾でした．投下されたのが新型の爆弾であることは明らかでしたが，正体の確認のために，仁科らがまず広島に派遣されました．しかし，調査前から，仁科はこれは原子爆弾であると考えていたようです．その上で，軍に伝えた見込みが誤っていたことに責任を感じてか，東京に戻ったあとで切腹する，詳細は帰ってから伝えると研究員に書き遺して広島に出発しました．

　同じ書き置きには，この爆弾の開発の成功は，米英の科学者の人格が理研の科学者よりも優れていたことを示しているとも記されています．原子爆弾の開発には日米英独などの国々の科学者が関わっていましたが，米英の科学者がその競争に勝利を収めたのは，彼らの人格が優れていたからだと仁科は考えたのです．

　広島，ついで調査途中の8月9日に被害にあった長崎での調査を終えて，理研に仁科が戻ったのは8月15日のことでした．研究員たちに広島・長崎の状況を伝えると，仁科はすぐに実験に戻り，「サイクロトロンの漏りはどうなったか」と尋ねて，切腹云々を心配した研究員たちを驚かせまし

た．原子爆弾投下で敗戦となり，仁科に責任を問うたかもしれない軍はなくなったために，広島出発前の覚悟は消え去っていました．その時仁科の頭にすぐ浮かんだのは，戦争前からかかりきりであったサイクロトロン，とくにその真空の漏れでした．仁科の戦争は，真空に始まって真空に終わったといえるかもしれません．

戦後の発展へ

　虎の子のサイクロトロンは，しかし，過失か故意かはわかりませんが，敗戦後に日本を占領した連合国軍によって，1945年11月に破壊され，東京湾に投棄されました．軍事利用もありうる原子核研究を日本人に行わせまいという意図があったものと思われます．

　サイクロトロン自体は失われましたが，その建設で培った真空に関する知識は，ペニシリンやビタミン油の製造に用いられ，戦後苦境に陥った理研を救う一助となりました．また，仁科の下でサイクロトロンの建設に携わった嵯峨根遼吉（1905-69）の，東京帝国大学における助手であった林主税（1922-2010）は，日本真空技術という会社の設立に参加し，科学界が育てた真空技術を産業界に伝える役割を果たしました．仁科が願った中間子の実験室での発生は，1948年には米国で実現し，それも一因となって，翌1949年には湯川が日本人として初めてノーベル賞を受賞しました．1947年に発明されたトランジスターは，その後，電子機器として真空管に取ってかわるようになりましたが，真空技術自体は，機器の製造にとどまらない多様な方面で用いられるようになりました．

　一方，科学研究の展開も目覚ましく，真空についての理解も変化しました．現代では，真空とは何もない空虚ではなく，素粒子に満ちた空間であると考えられており，真空の相転移により宇宙が誕生・進化していったとも主張されています．地球や太陽系を取り囲む宇宙でも，物質やエネルギーの分布は均一ではなく，その分布全体が宇宙の各地点の特徴を決めているとする考えもあります．こうしてみると，人間の知識は一巡して，意味は異なるにしても，空虚な空間はなく，宇宙の各地点には固有の意味があるとしたアリ

ストレスの見解に近づいているようでもあります．今後の研究の推移によっては，古代の哲人の観察や直観も，あながち捨てたものではないということになるかもしれません．

PROFILE

岡本 拓司（おかもと・たくじ）先生のプロフィール

東京大学大学院総合文化研究科准教授
1967 年愛知県生まれ．東京大学大学院理学系研究科単位取得退学．博士（学術）．専門は，科学史，技術史，高等教育史．

主な著作　『科学と社会——戦前期日本における国家・学問・戦争の諸相』（サイエンス社，2014）
『昭和前期の科学思想史』（共著，勁草書房，2011）

 岡本先生おすすめの本

『どうで死ぬ身の一踊り』西村賢太（新潮社，2012）

『瘡瘢旅行』西村賢太（講談社，2009）

著者は『苦役列車』で芥川賞を受賞しましたが，受賞時の弁によれば，民俗学も研究しているようです．大学どころか，高校にいかなくとも，こんなふうに生きていける，と思わせます．

『国体論及び純正社会主義』北一輝（北輝次郎）（1906）http://kindai.ndl.go.jp/info:ndljp/pid/798463/

『日本改造法案大綱』北一輝・西田税（1928）http://kindai.ndl.go.jp/info:ndljp/pid/1273534/

どちらも国会図書館の近代デジタルライブラリーでウェブ上で無料で読めます．前者には天皇制の下で社会主義を実現しようという意図，後者には日本を世界帝国に相応しい国にしようという意図が込められています．皆さんも挑戦してください．ただし，公用語に採用するのは英語などというせせこましいものではなく，エスペラントです．北は眼病で中学も卒業できず，それでも勉強して前者を 23 歳で執筆・出版しましたがすぐに絶版，中国に渡っても結局追放されたり，日本では統帥権干犯で政界や軍を混乱させたりした末，二・二六事件の首魁として銃殺されました．中学を卒業しなくてもこんなふうに生きていける，と思わせます．

LECTURE

ニュートンに挑んだ詩人ゲーテ
―― 暗室内の『光学』vs. 自然光にこだわる『色彩論』

第11講は，文豪ゲーテと自然科学の関わりがテーマです．研究者がどのようなイメージをもって研究対象に相対しているか，さらに社会が自然科学をどのように認識し，利用していくのかについて考えるヒントが散りばめられています．

石原あえか

ゲーテとは？

私の専門は近代ドイツ文学で，とくにドイツを代表する詩人ヨーハン・ヴォルフガング・フォン・ゲーテ（1749-1832）における「文学作品と自然科学の関わり」をずっと研究テーマにしています．皆さんはゲーテの作品と言うと，何を真っ先に思い浮かべるでしょうか．シューベルトのメロディーで知られる「魔王」や「野ばら」の歌詞の原作を作った詩人として，あるいは書簡小説『若きウェルテルの悩み』や戯曲『ファウスト』の作家として，でしょうか．「文豪」とも呼ばれるゲーテですが，彼は書斎にこもって，ずっと原稿を書いているような人ではありませんでした．しかも当時は著作権も確立しておらず，海賊版が横行する時代でしたから，「筆だけで生きていく」のは無理だったので，詩人とは別に，「お給料がもらえる職」にも就いていました．以下，皆さんのあまり知らない，ゲーテの別の貌と彼の文学以外の領域での功績を簡単にご紹介したいと思います．

CHAPTER III 研究の中から見えてくるもの

詩人ゲーテの肩書は？

　日本で「ドイツ文学と自然科学の関わりを研究しています」と私が言うと，怪訝な顔をされることがよくあります．しかもドイツ語を研究に必須のツール（道具）として毎日多用しているので，「ドイツと昔から縁のある環境に育ったのだろう」などと勝手に想像されがちですが，私がドイツ語に初めて出会ったのは，大学に入学してからの「必修第二外国語」としてでした．それまでドイツに興味などなかったのに，どういうわけかドイツ語の響きやパズルのような文法の仕組みが好きになってしまい，ドイツ文学を専攻しました．そして大学院修士課程を終えて間もなくドイツに留学し，ケルン大学で哲学博士（Dr. Phil.／Ph. D.）の学位を取得しました．そんなわけで私には日・独両国に母校があり，後者がケルン大学で，1388年創立の欧州最古の大学のひとつです．ただしドイツの伝統的な大学にはいわゆる日本でいうところの「文学部」はなく，それにほぼ相当するのが「哲学部」です．

　ゲーテの『ファウスト』第一部，主人公が初登場する「夜」の場面は老学者の悲痛なモノローグで始まります．「ああ，哲学はもちろん，法学に続いて医学も，さらに神学まで勉強したのに，でも私はちっとも賢くなっていない！」って．お爺さん先生が「一生勉強しても愚かなまま」と嘆くだけでも哀れですが，この台詞にある哲学・法学・医学・神学こそ，中世以来のヨーロッパの伝統的4学部，むろん神様について学ぶ神学部がそのヒエラルキーでも最高のものと考えられていました．では「哲学部は？」と言えば，「人を自由にする学問」をもともと意味する自由7科，別名リベラル・アーツ，すなわち学問の基礎をなす科目を学ぶ学部でした．皆さんが世界史で勉強した「文法・修辞学・論理学・算術・幾何・天文学・音楽」の計7科目が主体だったのです．

　なぜこんな前置きをしたかって？　この講義の主人公はゲーテ，その敵役はアイザック・ニュートン（1642-1727），このふたりの出身学部をまず確認したかったからです．後者ニュートンの主要著作と言えば『プリンキピア』ですが，正式名称は『自然哲学の数学的諸原理』（1687年）です．「自然科学」ではなく「自然哲学」となっているのは誤植ではありません．だい

たいニュートン自身，れっきとした哲学部の出身なのですから．なお，科学は当初，時間とお金のある人の道楽・趣味でした．「自然科学者」というプロフェッショナル集団は，ゲーテの時代にようやく出現しつつありました．ちなみに『プリンキピア』はラテン語で書かれた厳格な学術書でしたが，本講で扱う彼のもうひとつの代表作で，光に関する研究の集大成『光学』（1704）は英語で発表され，同時代の文学作品にも大きな影響を与えました．

　ではゲーテは大学で何を専攻したのでしょう．彼の進路は教育パパが強引に決めたので，ゲーテは言うなりに法学部を卒業しました．弁護士になりたての彼は，さらに神聖ローマ帝国高等法務院（最高裁判所にあたります）での研修に送り込まれます．ヘッセン州の小さな町ヴェツラーでの研修中に体験した様々な出来事をもとに書き上げたのが，彼を一躍文壇の寵児にした小説『若きヴェルテルの悩み』でした．そんな時，東ドイツ・ヴァイマルの若き君主カール・アウグスト公が，ゲーテに「我が国に仕官しないか」と打診してきました．ゲーテは考えた挙句，1775 年秋にこの申し出を受けました．ヴァイマルに到着早々，ザクセン = ヴァイマル = アイゼナハ公国の高級官僚として国政に携わり，のちに宰相（内閣総理大臣）としても活躍する一方，生涯を通じて，自然研究者としても鉱山開発，土木・道路工事，衛生・警察・消防整備，種痘の普及，大学改革など，様々な分野で貢献しました．

　本講ではその中でも 1790 年，「プリズムを手にして，ニュートンの誤りを確信した」のが始まりの，ゲーテの『色彩論』（1810 年）を扱います．これは生理的色彩から自然現象，美術作品や工芸まであらゆる色彩現象を包括的に研究した書物で，ゲーテ自身，自分の詩や小説より，「将来もっとも重要な著作と見なされるだろう」とまで予言した自信作でした．

虹は本当に 7 色なのか？ ── ニュートンの暗室実験

　皆さんは最近，虹を見ましたか？　それはいつ，どんな条件が揃った時でしたか？　大地と天空を結んで美しい弧を描く虹は，古来より平和のシンボルや神の福音と考えられてきました．またギリシア神話では神々の使者・女神イリス（アイリス）にも擬人化され崇められてきました．ところでよく

CHAPTER III 研究の中から見えてくるもの

「虹は7色」というフレーズを聞きますが,果たして虹は本当に7色なのでしょうか?

西條敏美の『虹——その文化と科学』(恒星社厚生閣,1999年)によると,日本人が元来もつ色彩感覚の基本は「赤・青・黒・白」の4色だそうです.江戸の版画家・安藤広重の東海道五十三次「高輪 うしまち」の左上部には虹が大胆にデザインされていますが,その弧は赤・橙・青みがかった黄の3色刷りです.

虹を現代的に説明するなら,それは空気中の水滴が生み出す大気現象です.観察者は通常,太陽を背にし,正面遥か遠くではまだ雨が降っていることが多いでしょう.雨粒のひとつひとつがプリズムの役割を果たし,太陽光が入る時および出る時に屈折し,また同時に反射します.光の屈折の角度は色によって違い,たとえば42度は赤,40度は紫となり,それをつなぐと弧状になります.つまり観察者には自然と太陽光の関係で色が見え,しかも見ている色は刻々と変化する,天から地に降り注ぐ無数の異なる水滴が創り出しています.

そして雨粒ならぬプリズムを使って太陽光線を虹の7色に分けた実験を実践したのが,他でもないニュートンでした.彼は自宅の雨戸に小さな穴を開け,太陽光を暗室に取り込みました.その光に三角プリズムをあてると,光はプリズムで分解され,赤から紫までの連続した色彩の帯が出現することになります.さらにこの直線的スペクトルをレンズとプリズムを使って集めると再び白色に戻ることを確認しました.この美しい暗室実験で,彼は「色によって屈折の角度が違うこと」,そして「白色太陽光はすべての色の光が混ざったもの」であることを確かめました.

しかしプリズム分解後に出現した色彩の帯上に,きっちり色の境界が引かれているはずがありません.それなのにニュートンは,「虹を7色と最初に言い出した人」になりました.彼が7色に固執したのは,天空の音楽との一致を夢見ていたから,すなわち自分の音楽研究におけるオクターブ理論(ドレミファソラシの7音を用いる)と自然現象を一致させたかったからだと言われています.7色を揃えるため,彼は当時まだ珍しかった舶来品の果物オレンジ(橙)や染料インディゴ(藍)なども色の名前としてかなり強引

に使いました．そんな科学者の恣意性の賜物を，自然科学の真理と結びつけて，無批判に受け入れてしまうことが私たちには時々あるのではないでしょうか？　真理を追究する科学者も人間です．研究対象を自分の見たいように解釈したり，理解したりするのは，当然の成り行きです．そこでいかに客観的に，バランス感覚をもって，目の前の真理と向き合うか，それが重要なのです．以下は余談ですが，1978 年に日本で発行された「ふみの日」デザイン切手に描かれた虹が 6 色だったので，正確でないから刷り直せ，という批判が出たこともあったそうです（西條，『虹』，p. 51 参照）．

ニュートンに挑んだゲーテ ── 自然光へのこだわり

　世界でもっとも美しい実験のひとつに数えられるニュートンの光学実験ですが，そもそも「不自然な暗室の中で行う実験は，本当に正しいのか？」という素朴な疑問を投げかけたのが，ゲーテでした．

　ニュートンの光学実験の目的は，暗室における「光の分析」ですが，自然界では光があれば影ができます．つまりゲーテは，闇もまた光と同様に色彩を生み出す重要な条件であると考えていました．その本来，表裏一体となっている光と影を力づくで分離し，片方だけを厳密に調べることは適切な行為と呼べるでしょうか．別の表現を使うなら，彼は「ニュートンの実験は，光を複雑極まりない装置によって拷問にかけている」と批判したのでした．

　ニュートンと同時代人の詩人や作家は，彼の光学実験の成果を高く評価し，「虹の女神様がまとう極彩色の衣をニュートンが解きほぐした」と賛美しました．でもちょっと待ってくださいな，女神の御召し物を強引に脱がせるなんて失礼千万，紳士的な行為ではありませんよ，とクレームをつけたのがゲーテです．またニュートンを筆頭とする古典的物理学者たちは，「光は計測可能である」と主張し，実験をさらに進めていました ── 紫外線や赤外線などの発見についても，ゲーテはリアルタイムで側近や友達から最新情報を得ていました ── が，それにもゲーテは疑問を呈します．ゲーテにとって自然現象は，そんな無味乾燥な数の羅列，つまり測定データとして把握できるはずのものではありませんでした．とくに色彩について言えば，それは光

と闇が接触する場所，明暗が隣り合い，交わり合う場所に生まれる有機的な産物で，だからこそ彼の『色彩論』にとっては，「くもり・濁り」が重要なキーワードになったのでした．

　さて，それではニュートンとゲーテのどちらが正しいのでしょう？　ゲーテはニュートンの『光学』を果敢に批判し，独自の『色彩論』で挑戦しようとしましたが，今の私たちから見ると，両者は色彩について異なるアプローチをしていただけで，どちらも対象を理解するために不可欠な方法であったと言えます．つまりニュートンは，光を徹底的に分析・解剖していく手法をとりましたが，ゲーテはむしろそれを自然から切り離すことなく，ありのままの現象を観察し，統合して把握しようと努めました．ですからゲーテの『色彩論』のニュートン批判部分では確かにちょっとドン・キホーテ的と言うか，何をやっているのかわからないような無謀な実験もしているのですが，逆に色彩現象を観察した部分では優れた考察が多々あり，とくに現代の色彩心理学研究に直結しています．いわゆるカラー・セラピーで，「住まいの壁の色を緑にすると心が落ち着く」とか，「黄色だと元気が出て食欲増進に有効」とか，耳にしたことはありませんか？　この色彩の感覚的精神的作用を説いた第一人者はゲーテで，実際ドイツ・ヴァイマルに現存する彼のお屋敷は，集中して仕事をした書斎は緑色，お客様とワインや食事を楽しんだダイニングは黄色に壁が塗り分けられています．

　なお，私たちは先人を評価する際に現在の視点からのみ判断しがちですが，時代考証も忘れてはなりません．たとえばゲーテの時代，ようやく「目が色彩を感じるのは，目の細胞が赤・緑・青を感じるから」というトーマス・ヤング（1773-1829）の光の3原色論が登場しています．人間の目は，画家がパレットで色を混ぜるのとは違って，3つの色を認識するセンサーがあり，これが脳に情報を送ることを私たちは当たり前と思っていますが，当時の人々にとってこれは最先端の科学ニュースでした．ゲーテはその最新テーマに積極的に取り組み，たとえば青色色覚異常の人の協力を得て，景色の見え方の違いも比較検討しています．また暗がりから光が降り注ぐところに突然出ると，まぶしくて何も見えませんが，だんだん慣れて周囲が認識できること（明順応），逆に明るいところから暗いところに入っても最初

は真っ暗で何も見えないけれど，次第に目が慣れていくこと（暗順応），しかも後者は前者より時間がかかる，といった人間の視覚特性をゲーテが独自の観察と実験で明らかにしたことは，高く評価されています．さらにゲーテ自身は「生理学的色彩」というカテゴリーに分類していますが，今でいうところの「補色残像」あるいは「心理補色」の研究でも大きな貢献をしました．それについては次の節で詳しく述べることにしましょう．

ゲーテの色彩環と現代芸術家たち —— エリック・カールと志村ふくみ

ニュートンの直線的スペクトルに対して，ゲーテは色彩環を考案しました（口絵 7）．基本 6 色からなる彼の色彩環には，彼のこれまでの自然研究のエッセンスが詰まっています．最初に指摘すべきは「分極性」で，ゲーテによれば色彩には光と闇の織りなす対立関係が，黄と青の分極性となって現れます．簡単に言えば，自然界には昼の光を連想させる黄と夜空の青があり，この 2 色を混ぜると緑ができます．この緑を挟んで，青と黄を彼は円の下方に対置させました．

続いてゲーテが自然について考える際，よく用いたのが「高昇」という概念です．彼は自然には高次のものを求めて変化する，内に秘めた力があると考えました．それが色なら黄は橙を経て，また青は紫を経て，いずれも至高の紅を目指して変化していくイメージになります．

しかも色彩環の各色が，対角線上で補色関係を形成しているのも見事です．「補色」は言い換えるなら「反対色」，もっともゲーテは現代のテクニカルターム「補色」という言葉は知りませんでしたから，「色彩を帯びた影（残像）」に見られる色の「呼び求め合い」という表現を使っています．何が「反対色」なのか，文字で説明するよりも，口絵 7 を使って一緒に実験してみましょう．まず，上のゲーテの色彩環の中央にある点をじっと 20–30 秒見つめてください．その後，下の図の点に視線を移すと，下に同じような環の残像が浮かんできますが，その色は黄が紫に，赤が緑に，橙が青に，と対角線上で反対の色になっていませんか？　この現象が「有色残像」であり，この残像で見えるのが「補色」というわけです．

CHAPTER III 研究の中から見えてくるもの

　ちょっと難しいかもしれませんが，ついでにゲーテが補色実験用に描かせた女の子の絵も試してみましょう．魅力的な女性の顔が浮き上がってきましたか？（口絵8）．このゲーテが見つけた補色の関係を使って，素敵な絵本を作ったのが，ドイツ出身でアメリカ在住のエリック・カール（1929-）です．今や世界30カ国語以上に翻訳されているエリック・カールの『はらぺこあおむし』（アメリカでの初版は1968年）を小さいころに読みませんでしたか？　その彼の――実際，巻末にはゲーテの『色彩論』が紹介されています――『こんにちは，あかぎつね！』はご存じでしょうか．子ども用絵本だからと馬鹿にするなかれ，ちゃんと巻末には，心理学者の下條英子・下條信輔両氏によるわかりやすく丁寧な説明もあります．以下，引用します．

> ［赤い］絵の具の色素は，太陽からやってくる光線のうち，赤以外の光の波長を吸収してしまいます．赤い波長が反射して目に入り，赤のセンサーを刺激して，《この色は赤だ》というメッセージを送ります．赤いハート型をなん秒間か見つめ続けていると，脳の中の赤のセンサーが疲れきって上手くメッセージを送れなくなってしまいます．（中略）［白い紙に］見えるのは，赤のセンサーからのメッセージを欠いた白い光，つまりゆっくり休んでいた青や緑のセンサーからの反応ということになります．
> （E. カール著，佐野洋子訳『こんにちは，あかぎつね！』偕成社，1999, p.29）

　物語は，蛙の子がお誕生日にいろいろな動物をお招きしたけれど，「赤いきつね」のはずが「緑のきつね」が来た――というお話が展開します．私はゲーテの『色彩論』を解説する際，この本を使って，大学生や大学院生と一緒に実験します．実際の講義でも会場の皆さんと，「緑のきつね」や「黄色い蝶」の挿絵で試しました．

👉 「ものを見る」ということに興味のある方は，ぜひ『高校生のための東大授業ライブ　学問への招待』第7講「ことばを使いこなす人間って，すごい！――言語と心・脳」（伊藤たかね）も読んでみてください．

もうひとつ，ゲーテの『色彩論』の関連で見過ごせないお仕事をされているのが染織家でありエッセイストの志村ふくみ（1924-）です．こちらも中学校の国語の教科書で，歌人・大岡信（1931-）の「ことばの力」というエッセイを読んだ人はいませんか．ご存じない方のために，かいつまんで説明すると，京都在住の草木染の専門家・志村が大岡に美しい桜色の着物を示しました．華やかでありながら落ち着いたピンクに目を奪われ，どの植物で染めたか尋ねると，桜との答えがありました．「桜の花びらを煮詰めたのか」と早合点した大岡に，志村はこう訂正します．

> この桜色は一年中どの季節でもとれるわけではない．桜の花が咲く直前のころ，山の桜の皮をもらってきて染めると，こんな，上気したような，えもいわれぬ色が取り出せるのだ，と．
> （大岡信『ことばの力』花神社，1978，p.27）

　桜色が開花直前の樹皮からだけ取り出せるということは，桜は冬の間に薄紅色の花を咲かせる「色」を体内で準備し，ため込んでいるのでしょう．花を咲かせた後には，その色を放出してしまうので，もうその木に色は残っていないことになります．事実，桜の花びらから抽出した液で染めると灰色になってしまうとか，なんとも不思議な本当のお話です．「自然の不思議」関連でもうひとつ，志村のエッセイ「緑という色」から引用しましょう．

> 草木の染液から直接緑色を染めることができない．この地上に繁茂する緑したたる植物群の中にあって，緑が染められないことは不思議である．
> （中略）
> 　緑の色は直接出すことができないが，そのかわり，青と黄をかけ合せることによって緑が得られる．すなわち，藍甕に刈安・くちなし・きはだなどの植物で染めた黄色の糸を浸けると，緑が生まれるのである．
> （志村ふくみ『色を奏でる』ちくま文庫，1998，p.46）

　自然界で分極性を示す黄と青が混ざって初めてできる緑．その緑なす木が

CHAPTER Ⅲ 研究の中から見えてくるもの

図1 ウィリアム・ブレイク《ニュートン》1795年（The Gallery London ©AFP/The Picture Desk）

春に見事な花を咲かせるべく，厳しい冬の間に体内で準備，すなわち高昇させる紅の色．桜の花弁から桜色がとれないように，文字通り緑なす草木から緑色がとれないことに疑問を抱いていた志村は，ゲーテの『色彩論』に出会って，ようやくその理由が自分なりに納得できたそうです．有機的色彩の特徴や振る舞いを研究したゲーテは，現在の芸術活動にも多くの示唆を与え続けているのです．

ニュートンとゲーテ──両者の見方を比較しながら，考えていくべきこと

　前節の芸術からの連想の続きで，イギリスのロマン派詩人ブレイク（1757-1827）は画家でもありました．彼が描いた《ニュートン》（1795年）という彩色版画があります（図1）．どうやら場所は海の底，日光もあまり届かないような暗がりにうずくまり，視線は下，睨むような必死の形相で，コンパスを操作しているのが，ブレイクのニュートン像です．自然光の届かない海の底，いわば暗室で黙々と，周囲の気配や風景をまったく気にせず，図形に目を凝らし続けるニュートンの姿は一途に見えるものの，孤独で

頑なにも映ります．これに関連して，ゲーテ時代以降の自然科学の特徴は「測定」，つまりすべてを数値化して把握することにある，という指摘があります．むろんデータの収集や解析は，私たちを取り巻く世界や自然を理解するための重要なひとつの方法ですが，それだけで十分とは言えないでしょう．このブレイクの絵が「合理的＝科学的文明」に対して抗議を表明した作品と解釈されるのも，なるほど，と頷ける気がします．

と，こんなふうに文学の研究者が書くと，「文学者はいつも自然科学者を批判する！」とか，「ニュートンの光学理論は教科書にも載っているのだから，正しいじゃないか」とか，文句が出そうです．でも科学が特定の自然現象などを解明することと，その新しい知識や発見を利用することは，異なる次元の行為です．

ゲーテの作品は，理解しやすいものばかりではありません．一般のドイツ人はゲーテの名は知っているけれど，彼の作品を自発的に読むことは少ないようです．これに対して興味深いのは，ゲーテの愛読者が文学者だけでなく，自然科学者にも多いことです．その代表格が，ドイツ人理論物理学者で，とくに量子力学分野で大きな功績をあげたヴェルナー・カール・ハイゼンベルク（1901-76）でした．第二次世界大戦中はドイツの原子力爆弾開発に携わった過去をもつハイゼンベルクですが，講演やエッセイで自然科学者の倫理について説き，頻繁にゲーテを取り上げました．まだ戦時中，1941年5月の講演記録から，彼がゲーテのニュートン批判に言及した部分を引用しておきましょう．

> 物理学者が器具を用いて観察するものはもはや自然ではないとゲーテが言うとき，おそらく彼は，自然科学のこの方法では接近しがたい，自然のもっと広大な生きいきとした領域が存在するということも考えていたのでありましょう．事実，私たちは自然科学がもはや無生の物質ではなく生命ある物質を扱う場合，自然の認識のために試みる干渉に関してますます慎重にならざるを得ないということを異論なしに信じるはずです．（ハイゼンベルク著，芦津丈夫訳『科学‐技術の未来――ゲーテ・自然・宇宙』人文書院，1998，p.126）

CHAPTER Ⅲ 研究の中から見えてくるもの

　原子力や遺伝子について多くの新知識が得られたのは喜ばしいことですが，それを無批判に受け入れるべきではありません．ニュートンのように徹底的に分析する態度も必要ですが，ゲーテのように研究対象を自然の連関から切り離すことなく研究する統合的思考がなければ，何もまとまらず，ただ拡散するだけの作業になってしまいます．現在ほど自然科学と人文科学の間での真剣な対話が必要になっている時代はありません．大学での文学研究にも自然科学の基礎知識は不可欠です．また複数の外国語を学ぶのは，その言葉を通じて，日本語の考え方とは異なる論理体系を身につけられるからです．苦手科目だからと敬遠せず，様々な分野に興味をもって，ひとつの対象をいろいろな角度から，じっくり眺める訓練をしてみましょう．そして本を，古典文学もたくさん読んでください！　あなたが将来，大学でどんな分野を専攻するにしても，それはあなたの視野を広げ，理解を深めるのに役立つでしょう．

PROFILE

石原 あえか（いしはら・あえか）先生のプロフィール

東京大学大学院総合文化研究科准教授

慶應義塾大学大学院在学中にドイツ・ケルン大学に留学，同大で博士号 Dr. phil. を取得．一貫してゲーテと近代自然科学を研究テーマとする．受賞歴：DAAD Grimm-Förderpreis（グリム奨励賞），日本学術振興会賞，日本学士院学術奨励賞，日本独文学会賞，サントリー学芸賞，Philipp Franz von Siebold-Preis（シーボルト賞）．

主な著作 『科学する詩人ゲーテ』（慶應義塾大学出版会，2010）
Die Vermessbarkeit der Erde. Die Wissenschaftsgeschichte der Triangulation（全文ドイツ語，Königshausen & Neumann，2011）
『近代測量史への旅 —— ゲーテ時代の自然景観図から明治日本の三角測量まで』（法政大学出版局，2015）
『ドクトルたちの奮闘記 —— ゲーテが導く日独医学交流』（慶應義塾大学出版会，2012）

 石原先生おすすめの本

『万物の尺度を求めて —— メートル法を定めた子午線大計測』ケン・オールダー著，吉田三知世訳（早川書房，2006）

今，私たちが日常的に使っている単位「メートル」は，何を基準に作られたのでしょうか．ゲーテ時代の科学（とくに数学・天文学）における「誤差」の歴史をテーマにしたノンフィクション．比較的厚めですが，近代科学史の面白さや醍醐味を感じてください．あわせて新刊『近代測量史への旅』もどうぞ．

ゲーテの『若きヴェルテルの悩み』

主人公名が「ウェルテル」，「ヴェルター」など，文庫本で複数の翻訳が出ていますが，どれでも構いません．若きゲーテが，みずみずしい書簡体で書き上げたこの作品は，ドイツ文学の地位を飛躍的に高め，またたく間に欧州各国語に翻訳され，広まりました．オペラにもなり，ナポレオンの愛読書だったともいうこの小説を，皆さんはどう読むでしょう（拙著『科学する詩人ゲーテ』もヒントとしてご覧ください）．

LECTURE

グローバリゼーションを バルカンから観察する
──現在を理解するための歴史学

なぜ海外の歴史について研究するのでしょうか．第12講では，歴史学から見えてくる，この問いへのひとつの答えをご紹介します．講師がバルカン半島を研究対象に選んだ理由や，バルカン半島の歴史から見た現在の世界についての考察にご注目ください．

黛　秋津

　私が専門としているのは，18世紀から19世紀にかけての，バルカンという地域の歴史です．バルカンというところは，日本との歴史的つながりはあまりなく，日本の一般の方がイメージすることといえば，様々な民族がいて時として激しい紛争が起こる場所，というところでしょうか．実際その通りで，19世紀以降バルカンでは民族紛争がたびたび起こり，冷戦終結後の1990年代にも旧ユーゴスラヴィアで痛ましい紛争が起こりました．「民族」の問題は，この地域の近代以降の歴史を見る上でキーワードになりますし，この問題を考えることなしにバルカンを理解することはできません．しかしながら，こうした「バルカン＝民族問題」という概念だけでこの地域をとらえるのは一面的で，様々な観点や角度からこの地域にアプローチすることも，また大事なことだと考えます．ここでは，バルカンという地域の歴史の歩みを見ながら，グローバリゼーションの歴史的展開の問題を考えたいと思います．そしてさらに，この問題を通じて，歴史学というものが現在をよりよく理解するためにあるのだということを皆さんに提示したいと思っています．それがこの講義の目的です．

現代グローバル社会とは

　21世紀の私たちの住む社会はグローバル社会と言われます．グローバルとはもともと「球体の」という形容詞で，それが「地球の」という意味にもなったわけですが，つまりグローバル社会とは，地球上のありとあらゆるところが相互に密接につながっていて影響を与え合い，ある地点で生じた事象の影響が広い範囲に広がり，時にはそれが地球全体に及ぶような，地球全体がひとつの社会を成していることを意味します．たとえば，日本では物資の多くは外国からの輸入品で，食料や衣服など私たちの身の回りを見ても，国産のものはそれほど多くありません．一方，自動車や電気製品をはじめとする日本の製品は世界各国で高い評価を受け，様々な国に輸出されていることはご存じの通りです．こうした物以外にも，2008年に起きたリーマンショックに端を発するアメリカの金融危機が世界的な金融危機につながったことは，お金が地球全体に流れていることを示していますし，日本人が海外で活躍したり，観光客としてたくさん海外旅行に出かけていることや，海外から多くの留学生が日本に来て勉強していることなどは，人が地球上の様々なところを頻繁に往来していることを意味します．さらに，今日私たちはインターネットで世界中のあらゆる情報を入手できますし，それにより外国での流行が短期間のうちに伝わって世界中で同じ「文化」を共有するということは，今では決して珍しいことではありません．

　このように，人，物，お金，情報などが地球全体にわたって太く流れ，それにより地球のあらゆる場所が密接に結びついているのが今日のグローバル社会なのです．こうした結びつきの度合いが増していくこと，そしてそのことがそれぞれの国や地域社会に様々な影響を与えて変化を及ぼすことを「グローバリゼーション（グローバル化）」と言います．

　ところで，このようなグローバル社会というものは昔からあったのでしょうか．そうではないことは明らかでしょう．情報伝達，人や物資の輸送手段，武器や兵器の性能など，各方面における技術革新が進むことによって，世界各地の結びつきが次第に密接になったのであり，グローバル社会は歴史的に徐々に形成されたのです．その意味では，人類の歴史はグローバリゼー

CHAPTER IV 広がる研究，広がる世界

ションの歴史である，と言うこともできるでしょう．しかしながら，ここ数十年の技術革新のスピードとそれによるグローバリゼーションの展開が，それ以前に比べて格段に速いことは指摘しておくべき事実だと思います．それだけ私たちは，この急速な展開に追いついていかなくてはならず，なかなか大変な時代を生きているわけです．

グローバリゼーションの歴史的過程

　では，現代のグローバル社会は歴史的にどのようなプロセスを経て形成されたのでしょうか．大まかに言えば，古代より非常に緩やかな技術革新を経て徐々に世界各地の結びつきが深まっていき，本格的には19世紀後半以降20世紀にかけて形成されたと考えるのが妥当なように思われます．

　それではグローバル社会形成以前の地球をどのように考えたらよいのでしょうか．ひとつの考え方として，地球上に複数の「世界」が併存していた，という見方があります．このかぎかっこつきの「世界」は，もちろん世界＝地球の意味ではありません．ある共通の文化が広がっている一定の空間で，それ自体完全に閉じられた空間ではないものの，政治的・文化的に一応完結している領域，というようにひとまず定義しておきましょう．よりわかりやすい言葉に置き換えれば，「文化圏」「文明圏」「文化世界」などと呼ぶことができると思います．「文化」と「文明」はどう違うのか，という問題はここでは脇に置くとして，一般に，意識的であれ無意識であれ，人々の行動や思考を深く規定するのは宗教であるので，同じ宗教が広がる空間は文化を共有していると言えます．そして，同じ文化が広がる領域というのは，同じ文字が使われている空間であるということができます．というのも，文字は情報を伝達する確実な手段であり，その通用する領域は同じ文化的情報を共有していると考えられるからです．さらに，宗教は往々にして国家権力と結びつきますから，例外はありますが，ひとつの有力な政治権力と宗教がともにカバーする領域というものが生まれます．それを私たちは，いわゆる文化を共有するひとつの「世界」と考え，地球上には長らくこうした「世界」がいくつもあったと考えることができるのです．

具体的に見てみましょう．まず，ユーラシアの東部には，中国を中心とする東アジア世界というものを想定することができます．そこは，政治的には中国歴代諸王朝が支配し，また儒教やその後もたらされた仏教が文化的な基層を成していて，漢字という文字が広がる領域です．政治的な関係については微妙なところもありますが，日本もこの「世界」に属しているということができるでしょう．

　一方，ユーラシア南部には，インドを中心に南アジア世界というものを考えることができます．ここは政治的には，すべてを統合するような大きな王朝が必ずしもずっと存続していたわけではありませんが，古代のバラモン教から発展したヒンドゥー教が大きな力をもち，この地の文化に大きな影響を与えています．そして古代インドのブラフミー文字という文字から派生した，デーヴァナーガリー文字を代表とする文字が使用されています．

　さらにユーラシア南部から中央部，加えてアフリカにかけてはイスラーム世界というものを考えることができます．イスラームは7世紀に現れた比較的新しい宗教ですが，またたく間に広まり，大きな力をもって現在に至ります．イスラームの広がる領域すべてを支配するような政治権力はありませんが，アッバース朝やオスマン朝など，イスラームを信仰する人々にとって大きな権威と映るような王朝がありました．いうまでもなく，そこはアラビア文字で書かれたクルアーン（コーラン）などに基づいてイスラームが信仰・実践される領域です．

　さて，ローマ帝国支配期より，ユーラシアの西部にはキリスト教が広がりました．ローマ帝国の東西分裂やその後の西ローマ帝国の滅亡などにともない，キリスト教会も次第に東西に分かれ，西はカトリック教会，東は正教会として，それぞれ独自の文化を形成していきました．東ローマ帝国（ビザンツ帝国）やロシア帝国を政治的中核としてバルカン・東地中海からユーラシア北部にかけての領域では，ギリシア文字と，そこから派生したキリル文

👉 ローマ帝国とキリスト教の関わりのひとつの例を『高校生のための東大授業ライブ　学問への招待』第3講「ローマ帝国という万華鏡——変身するコンスタンティヌス帝」（田中　創）でご紹介しています．

CHAPTER Ⅳ 広がる研究，広がる世界

字（通称ロシア文字）が使用されており，そうした領域を東欧世界，一方，理念的には神聖ローマ帝国を世俗権力の中心としつつも現実には非常に分権的で，私たちもよく知るラテン文字が使用される領域を西欧世界と見なすことができるでしょう．

　これらを簡単にまとめると，表1のようになります．

　アメリカ大陸のメソアメリカ文明やアンデス文明をどのように扱うかという問題については議論がありますが，ひとまずユーラシア大陸に限定すると表1のようになると思います．このような各「世界」は古くよりたがいに交流し，人・物・情報・文化が行き交っていたことは事実です．文字通り，シルクロードを通って中国の絹が西方へと伝わったり，遠いローマの品が日本に伝わったりしていたこと，またインドの仏教が中国や日本に伝来したことなどを考えれば，納得できるでしょう．このように，ここで想定する各「世界」は決して閉鎖的な空間ではありませんでした．しかしながら，今日のグローバル社会とは異なり，その速度は極めて緩やかで，量もわずかなものでした．そのため，多くの人々にとって他の「世界」を意識することはほとんどなかったはずです．たとえば中世西欧で大きな戦争が生じたとしても，東アジアにおいてその影響は非常に限定的か，場合によってはほとんど皆無であったと考えられます．そのため各「世界」は，自立した存在であったということができるでしょう．また人々の意識に関しても，他の「世界」は言うまでもなく，自分の生まれた町や村をほとんど離れることさえない多くの人々にとって，みずからの「世界」こそ，自分の認識する空間すべてだ

表1　ユーラシアの各「世界」

名称	宗教	代表的な政治権力	文字
東アジア世界	儒教・仏教	中国諸王朝	漢字
南アジア世界	ヒンドゥー教	マウリヤ朝，グプタ朝，南北諸王朝	ブラフミー系文字
イスラーム世界	イスラーム	アッバース朝，オスマン朝	アラビア文字
東欧世界	正教	東ローマ帝国，ロシア帝国	ギリシア文字，キリル文字
西欧世界	カトリック	神聖ローマ帝国	ラテン文字

ったはずです．

　このような文化に基づく「世界」が併存する時代が長く続く中で，15世紀ごろからある変化が見られるようになります．それは，ユーラシア大陸の西端に位置する西欧で，外の「世界」を目指す動きが現れたのです．いわゆる大航海時代です．スペインとポルトガル，その後イギリス・フランス・オランダなどが相次いで海外に進出し，南北アメリカ大陸と，アフリカからインド・東南アジアの一部を植民地支配して，次第に富を蓄積しました．そして西欧内における科学技術の発達や技術革新などによって，徐々に力関係で他の「世界」を凌駕するようになり，18世紀後半から始まる産業革命を経て，19世紀後半には他の「世界」を力で圧倒し，進出と支配を強めました．いわゆる帝国主義時代です．このような力で優位に立つ西欧世界の政治的・経済的・文化的進出を，非西欧の諸世界は「西洋の衝撃」として受け止め，これに対処すべく様々な改革を試みました．中国では洋務運動，イスラーム世界の中心オスマン帝国ではタンズィマートなどがそれにあたります．そうした西欧モデルの取り入れられた近代化も西欧との力の差を埋めるには至らず，結局非西欧の諸「世界」を代表する政治権力である各帝国は20世紀初頭に崩壊し，人類は西欧とそこから派生したアメリカ合衆国を中心とする政治・経済・文化システムに統合されることになりました．

　このように，前近代に併存していた諸「世界」は，西欧世界というユーラシア西端のひとつの「世界」の力の増大と各方面への進出により，西欧を中心として徐々に統合されていき，国際連盟や国際連合の成立などからもわかるように，20世紀前半までにかなりの程度一体化が進んだということができるでしょう．こうした諸「世界」の統合と一体化が西欧世界主導で行われたことは，今日の世界的な規範やルール，価値観などのほとんどが西欧起源であるところに表れています．例を挙げればきりがありませんが，たとえば，地球上の多くの人々がいわゆる洋服を着ていたり，英語とフランス語がオリンピックの公用語であったり，どの国にもヨーロッパ式の「大学」という高等教育機関があったり，グラムやメートルなど西欧起源の度量衡を使用していたりと，様々なかたちで私たちの身の回りにあふれています．そして20世紀半ば以降は，西欧からの移民によって建国されたアメリカ合衆国が

CHAPTER Ⅳ 広がる研究，広がる世界

超大国として力をもち，とくに冷戦崩壊後はその強い影響の下でグローバリゼーションが進行し，今日に至っています．

グローバリゼーションの中のバルカンの位置

　以上のような，文化世界としての諸「世界」が，西欧世界を主たる原動力として最終的に相互に結びついて，あるいは結びつけられて一体化していき，グローバル社会が形成されたという考え方は，大きな枠組みとしては理論的にある程度説得力をもつとしても，実際のプロセスが常にその通りに進んでいたとは限りません．時代や場所によってはその逆の動きもあったでしょうし，西欧世界のみが自らの力に任せてどんどん他の諸「世界」を巻き込んでいって地球が一体化した，というような単純な話ではなさそうだということは想像がつきます．では，地球は具体的にどのようなプロセスで統合され一体化し，グローバル社会に向かっていったのでしょうか？——これを検証するのはなかなかたいへんな作業です．というのも，こうした検証を本気でやろうとしたら，上述のような統合が進展し始めた近世以降に絞るとしても，各地域・各時代について，政治，外交，軍事，経済，文化，思想など様々な分野の様々な動きを，原史料に基づいて具体的に検証し，統合に向かう過程を実証的に明らかにしなければならないからです．このような実証はとうてい一人の人間ができるものではありません．一人でできるのは，ある一定の期間，一定の地域，一定の分野についてということになります．そこで私の場合，18世紀から19世紀前半の，バルカンという地域の，政治・外交，を対象として，グローバル世界形成の歴史的過程の一端を具体的に明らかにしようと研究を進めています．

　では，なぜバルカンなのか，という疑問をもつ方がいらっしゃるかもしれません．その答えは，ここが西欧・東欧・イスラームの3つの「世界」の接点であるため，ある非西欧「世界」と西欧の二者が接する場合よりも，統合と一体化の動きがより複雑に現れ，このテーマを考えるのに適当な対象であると考えられるからです．またその反対に，これまでの近代バルカン史研究は，いわゆる「東方問題」と呼ばれる列強の進出と利害対立という観点

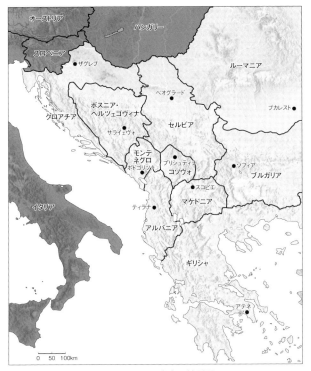

図1 バルカン半島の地形図

と、冒頭で述べたように民族問題の観点が中心であり、この地域を3「世界」のダイナミックな動きの中でとらえるような視点に欠けていたことも、ここを対象として研究をしようとした理由のひとつです。

そもそもバルカンとはどこか、ということについて最初にふれておきましょう。バルカンという言葉は、地理的概念でもあり、また歴史的、政治的、あるいは文化的概念でもあります。ですから、それぞれの観点から見たバルカンには多少のずれが生ずることがありますが、おおむねヨーロッパ南東部に突き出た半島であるということができます。現在の国で言うと、ギリシャ、トルコのヨーロッパ部、ブルガリア、アルバニア、セルビア、コソヴォ（世界では承認していない国々もあり）、マケドニア、モンテネグロ、ボスニア・ヘルツェゴヴィナ、クロアチア、ルーマニアが含まれます。「バルカン」の語源はトルコ語で、「森に覆われた山々」を意味します。地図で見ると確

CHAPTER Ⅳ 広がる研究，広がる世界

図2　現在のバルカン諸国

かに山がちで平野の少ない半島です．この「バルカン」の語が19世紀初頭に，ブルガリア中央部を東西に貫く，現在のバルカン山脈以南の地域を指す用語として提唱され，次第にバルカン山脈の北や時にはドナウの北までをも含む歴史的要素をも含む概念となり，この地域が「バルカン半島」と呼ばれるようになりました．地理的には，ドナウ川と，その支流サヴァ川以南の地域を指しますが，歴史・文化的共通性を考え，通常はルーマニアをも含めることが一般的です．

バルカンの歴史に見るグローバリゼーションの一端

では，ここから少し具体的にこの地域の歴史を見てみましょう．まず，歴

史を概観すると，ここが長い間巨大な帝国の支配を受けていたことがわかります．ローマ帝国，東ローマ帝国，オスマン帝国（一部ハプスブルク帝国）はこの地域を直接支配していましたし，ソ連は間接的ですがバルカンに強い影響力をもっていました．

　ところで，例外はあるものの多くの場合，ひとつの「世界」には政治的中核となるようなひとつの巨大な帝国が存在していました．東アジア世界の中国諸王朝，イスラーム世界のアッバース朝やオスマン帝国，東欧世界の東ローマ帝国やロシア帝国などです．逆に言えば，多くの場合，帝国こそがひとつの「世界」だったわけです．そうした中で西欧世界は極めて特殊ということができるでしょう．理念的には神聖ローマ帝国という普遍的な帝国があったわけですが，その実態は非常に分権的で，とくに17世紀以降，領域的主権国家が形成される中で力を失い，西欧世界はひとつの帝国ではなく，西欧固有の主権国家という複数の政治体が権力を分かち合うことになったのです．そうした特殊な形態が，西欧世界の進出によって世界的に広まり今日に至るわけですが，それはともかく，西欧以外の多くの「世界」では，ひとつの中核的な巨大帝国が権威をもって広い領域を統治していることが普通でした．

　話をもどすと，バルカンは古代にはローマ帝国により支配され，ローマ帝国の東西分裂後は東ローマ帝国の領域となりました．ローマ帝国の分裂後，キリスト教会も東西で次第に分裂し，やがて異なる文化世界と言えるほどの差異が見られるようになりますが，バルカンは東方の正教会の影響を強く受け，多くの人々が正教徒となります．その後7世紀にブルガリア帝国が成立してバルカンを支配しますが，これもキリスト教化されますので，バルカンは中世の間ずっとキリスト教のうち正教を奉ずる王朝の支配下にあったわけです．東ローマ帝国の帝都であり，東方正教会の総本山である総主教座のあるコンスタンティノープル（現在のイスタンブール）に近いバルカンは，東欧世界の中核地域であったということができるでしょう．

　しかし14世紀に大きな変化が訪れます．イスラームの戦士集団であるオスマン勢力がバルカンに進出してこの地を次々と征服し，15世紀までにバルカンのほとんどがオスマン勢力の支配下に置かれました．1453年にオス

CHAPTER IV 広がる研究，広がる世界

マン勢力は，東欧世界の中心的帝国であった東ローマ帝国を滅亡させ，イスタンブルを中心にその後3大陸にまたがる巨大帝国へと発展して，イスラーム世界における中心的な帝国となりました．すなわちそれまで東欧世界の中核地域だったバルカンがイスラーム世界に包摂されることになったのです．ご存じのとおり，オスマン帝国は16世紀前半のスレイマン大帝の時代，ウィーンまで攻め入りそこを包囲するなど西欧世界を圧迫して，力で優位に立ちます．このような優位は17世紀後半まで続き，オスマン帝国は西欧世界にとっての脅威であり続けました．当然，西欧の国々や北方のロシアは，この時期，バルカンの問題に手を出すことはできませんでした．

こうしたオスマン帝国優位の力関係に変化が生じたのが17世紀末のことです．西欧のハプスブルク，ヴェネツィア，ポーランド，そしてロシアが神聖同盟を結成し，オスマン帝国と戦争を行って勝利して，初めてオスマン帝国から領土を奪ったのです．この時期注目すべきは，ロシアがピョートル1世の下で台頭したことです．1453年の東ローマ帝国滅亡により，正教徒を保護すべき東欧世界の中心的な政治勢力は消滅し，その東ローマ亡き後，そのような地位に名乗りを上げたのがモスクワでした．この時点のモスクワは北方の辺境の小国家であり，東ローマ帝国にとって代わるような存在とは言えませんでした．しかし次第に国力を増して支配領域を広げ，17世紀末に即位したピョートル1世の時代に近代化を進めて大国として台頭することになるわけですが，オスマン帝国と戦ったのはまさにそのような時だったのです．

17世紀末のオスマン帝国の敗北により，オスマン帝国の西欧諸国に対する力の優位は解消されました．それとほぼ同時に，ロシアの台頭があり，オスマン帝国のロシアに対する力の優位もほぼ解消されたと言っていいでしょう．つまり，18世紀に入ると，西欧，東欧，イスラームの各世界の政治勢力の力関係は均衡し，どこが優位だとは言えない状況になったわけです．そうした中，今や東欧世界の中心と正教徒の保護者を自任するロシアが，かつての東ローマ帝国の支配地であり，イスラーム世界に含まれている正教徒の居住地バルカンを支配しようとしても不思議ではないでしょう．18世紀以降，ロシアはそのような試みを何度も行い，そのたびに西欧諸国，中でもと

りわけその東方に位置するハプスブルク帝国がこれに関与することになります．18世紀後半，とくに1774年に終結するロシア・オスマン戦争後，ロシアはバルカンに関するいくつかの権利をオスマン帝国から獲得し，本格的なバルカン進出に乗り出すと，ハプスブルク帝国もバルカンの問題に関与せざるを得ず，バルカンの問題はオスマン帝国・ロシア・ハプスブルク間の重要な国際問題になります．

　19世紀に入るとイギリスやフランスも加わり，バルカンの問題を通じて，西欧諸国・ロシア・オスマン帝国の間で，また西欧諸国間でも，様々な駆け引きが行われ，この問題は3つの「世界」の間の政治外交関係を緊密化させる要因のひとつとなったのです．さらに19世紀になるとバルカンの人々の間で民族意識が高まり，オスマン帝国からの自立の動きが生じます．西欧諸国やロシアはこうした民族運動に関与することでバルカン諸民族自体とのつながりを深め，その結果，バルカンは「ヨーロッパの火薬庫」として第一次世界大戦勃発の直接の引き金となることになります．同時にバルカンの諸問題は18世紀にも増して，西欧諸国・ロシア帝国・オスマン帝国間の関係をさらに緊密化させ深める要因となりました．そのような中で，政治外交面を見れば，西欧諸国間で成立していた国際システムが次第にロシア帝国とオスマン帝国を取り込んでひとつのまとまりとなっていき，それと並行して経済・社会・文化面でも西欧的なものが広がっていきます．

　このように見てくると，西欧世界が力づくで東欧・イスラームの両「世界」を自らの体系に包摂したということではなく，3つの「世界」が相互に関係を緊密化させていく中で徐々に一体化が進み，そのうち力関係でもっとも優勢な西欧世界の規範やルールが普及するようになった，と考えるのが正しい理解ではないかと思われます．少なくともこのケースでは，西欧が力づくで他の「世界」を征服したわけではないことがわかります．しかしこれがどこにでもあてはまる保証はありません．このような作業を様々な時代や地域で行って事例を積み重ねることで初めて，グローバル世界形成の歴史的過程が明らかになるのですが，前にも述べた通り，これは一人の手には負えない作業です．ですから読者の皆さんの中でこの問題に興味をもたれた方がいたら，将来ぜひともお手伝いしていただけるとありがたいと思っています．

CHAPTER Ⅳ　広がる研究，広がる世界

現在を理解するための歴史学

　以上のように，同じ歴史的経験や文化的背景を共有する「文明圏」「文化世界」としての「世界」が併存していた前近代が，西欧世界の対外拡大の影響により次第にひとつの「世界」へと収斂していく具体的プロセスを見るという目的で，3つの「世界」が交わるバルカンという地域の歴史を見てきました．ここで申し上げたいのは，今まで述べてきたことは，ひとつの見方，考え方に過ぎず，もっと別の単位でこの世界の統合の動きを考える方がよりわかりやすいという可能性もあります．ですから，こうした問題について皆さんにもいろいろと考えていただきたいと思います．

　一方，このような歴史の大きなうねりを踏まえた上で，あらためてある地域の現在とその歴史を考えてみることも大切だと思います．この講義で取り上げたバルカンを例に挙げれば，18世紀後半以降のロシアと西欧によるこの地域への影響力拡大の中で，バルカンの人々に「民族」という概念が次第に広がり，19世紀以降本格的な「民族運動」というものが現れます．そして，諸民族のオスマン帝国からの自立の動きや各民族同士の対立と衝突の動きが起こるのですが，実は18世紀以前のオスマン帝国では，「民族」よりも「宗教」が重視されていました．すなわち，当時のバルカンの人々にとっては「正教徒」というアイデンティティがもっとも大事で，その共同体の中の差異については（もちろんある程度意識はしていたと思いますが）それほど重要ではなかったのです．しかし，西欧諸国とロシアがバルカンへと影響力を拡大し，世界の一体化が進展する中で西欧的な「民族」という概念がバルカンの人々にとっても次第に重要なアイデンティティとなっていき，それが19世紀以降今日まで続く，バルカン内の対立と紛争を生み出すことになったのです．

　👉 世界が統合される時に，それぞれの地域で起こったことに興味がある方は，ぜひ第13講「『文明』と暴力――『文化』と『文明』をめぐる一考察」（鈴木啓二），第15講「創られた楽園――『憧れ』のハワイ，『今さら』のハワイ」（矢口祐人），『高校生のための東大授業ライブ 学問への招待』第15講「観光人類学入門――インドネシア・バリ島」（山下晋司）も読んでみてください．

このように，今日においてもいまだにバルカンに暗い影を落としている民族をめぐる様々な問題は，長い歴史的経緯を経て現れたもので，とくに世界の一体化の主たる原動力となった西欧の進出が大きな影響を与えたことがわかります．それゆえ，ここから導き出される結論は，地球上の各地が結びつきを強める中で，ローカルな社会が変化を余儀なくされる今日のグローバル化を理解するためには，これまで述べたような歴史的経緯を知る必要がある，ということになるでしょう．

　実は，なぜ私がこうした問題に関心をもって研究をしているかというと，現在のことに非常に関心があるからです．今のことを知りたいからこそ，それをよりよく理解するためには過去を知ることが必要であり，歴史学という学問はそのためにあるのです．

　現代社会の様々な事象をよりよく，より深く理解するためには広い視野をもたなければなりませんが，この「広い視野」という語の中には，空間だけではなく，時間軸も含まれるべきだと私は思います．過去の時間の積み重ねをしっかりと追い，把握することで現在の問題がよりよく理解できるということは，これまでの話で皆さんもおわかりだと思います．中学高校の歴史は暗記物と思われることも多々あるようですが，大学で学ぶ学問としての歴史学は今を考えるための学問なのです．皆さんも今起こっている様々な問題にぶつかった時には，空間だけでなく時間をも縦横無尽に行き来しながら物事を考えるようにしていただきたいと願っています．

👉 時間を通じて今を考えるひとつの例が『高校生のための東大授業ライブ　学問への招待』第4講「『命』の今と昔──歴史との対話としての哲学」（梶谷真司）にあります．興味のある方はぜひ読んでみてください．

CHAPTER IV 広がる研究，広がる世界

PROFILE

黛 秋津（まゆずみ・あきつ）先生のプロフィール

東京大学大学院総合文化研究科准教授

1970年東京生まれ．東京大学大学院総合文化研究科博士課程修了．博士（学術）．専門は近世・近代バルカン史，ヨーロッパ＝中東国際関係史，バルカン・黒海地域研究．近年は趣味と実益を兼ねて，食や嗜好品の広がりを通して，ある地域を見るという作業に従事している．

主な著作　『三つの世界の狭間で ── 西欧・ロシア・オスマンとワラキア・モルドヴァ問題』（名古屋大学出版会，2013）
『オスマン帝国史の諸相 ── 東京大学東洋文化研究所研究報告』（共著，山川出版社，2012）
『ルーマニアを知るための60章』（共著，明石書店，2007）

 黛先生おすすめの本

『**グローバリゼーションとは何か ── 液状化する世界を読み解く**』伊豫谷登士翁（平凡社新書，2002）
タイトルが示す通り，現代社会を理解するためのもっとも重要なキーワードである「グローバリゼーション」という事象についての良質な入門書．

『**ドリナの橋**』（東欧の文学）I. アンドリッチ著，松谷健二訳（恒文社，1966）
ボスニア出身のノーベル文学賞作家の歴史小説．「ドリナの橋」を舞台に，16世紀から20世紀までの400年のこの地域の歴史を生き生きと描く．

LECTURE

「文明」と暴力

―― 「文化」と「文明」をめぐる考察

第13講でご紹介するのは，フランス語の2つの単語をめぐる考察です．「文化」と「文明」からはじまる思考や分析を通じて，私たちの生きる現代，そして近代の背景にあったかもしれないものの姿が現れてきます．

鈴木啓二

　外国の文学や外国の文化――ここでは筆者の専門に近い，フランスやヨーロッパの文学，文化を中心に述べることにします――という対象を学ぶ時に忘れてならないことのひとつは，それらの対象が，今・ここを生きる，自分たちにとって，どのような意味をもつのかという点です．遠く隔たったひとつの国，ひとつの時代の，ある感じ方，ある見方は，今・ここにいる自分たちに，どのように関わってくるのか．

　対象と自分とを隔てる時間的，空間的距離を前にして，それらの対象と自分との接点がどこに見出せるのかを問うこうした作業は，外国文学，外国文化の研究の，極めて重要な一要素であるといえるでしょう．

　ここでは，個々の，具体的な，外国文学，外国文化の事例についてではなく，そもそも，フランスやヨーロッパの「文化」とは何を意味するのか，「文化」や「文明」という語は，当のヨーロッパにおいてどのような意味をもっていたのか，どのような問題を含んでいたのかを，18世紀にまで遡って考察します．そして，私たちの今・こことは隔たった他国の，他の一時代に源をもつそれらの概念が，時空の距離を超えて，いかに，私たちの今・ここに，否応なく関与しているのかを検討してみたいと思います．

　まずは，そもそもフランス「文化」とは何なのか，という問いかけからは

CHAPTER Ⅳ 広がる研究，広がる世界

じめましょう．

フランス文化は存在しなかった？

かつて大学で「ヨーロッパ文化論」という講義を担当したことがありました．「ヨーロッパ文化」といっても，実際には自分の専門の，フランスの文学・芸術の話をしようと，つまり，「フランス文化」について語ろうと考えたのですが，すぐに，あるひとつの重要な事実に気づかされました．現在でこそ，フランスの文学や芸術，歴史，社会について語る際に，「フランス文化 La culture française」という言い方をしますが，実は，20世紀初頭までは，この表現は一般的ではなかったという事実です[1]．少なくとも辞書の記述に話を限れば，19世紀のフランス語辞典に，現在ならどのフランス語辞典にも載っている，「一社会，一国家における，文学・芸術・宗教・道徳などの精神的活動全体」といった類の culture の定義を見出すことはできません．その意味で，19世紀には，フランスに「文化」は（少なくとも，現在と同じ culture の観念は），事実上存在していなかったと言えます．

たとえば，19世紀の代表的フランス語の国語辞典であるリトレ辞典（エミール・リトレ『フランス語辞典』，本体は1873年，補遺は1877年）に載っている culture の定義は，(1) 土地の耕作，(2) 耕作地，(3) 野菜・作物の栽培，(4) 文学・学問・芸術の涵養，教育・教養，の4つだけです．『ロベール　フランス語大辞典』(1985年) の説明によれば，19世紀に見られるわずかな例外を別とすれば，今回用いられている意味でのフランス語の culture という語の使用が一般的となるのは，20世紀前半にすぎないということです．

---

1. ここでは，「文化」という語を，フランス語，英語の culture の訳語として，「文明」という語を，フランス語の civilisation，英語の civilization の訳語として用います．「文化」「文明」の両語とも，日本には明治以前から存在していました．明治以後のヨーロッパ諸語からの翻訳語としての「文明」「文化」2語の日本における使用については，以下の文章の第Ⅰ章を参考にしてください．和辻哲郎「日本の文化についての序説」『日本の文化』新装版，毎日新聞社，1977年．また，ドイツ語における Kultur という語の使用については本文を参照してください．

図1　ソルボンヌ大学フランス文明講座のロゴ

　これに対し，フランスにおいて，19世紀を通じて，さらには20世紀初頭まで，文学・芸術・宗教・道徳から，産業・政治体制・社会制度・風俗習慣・科学的成果に至る，広範な対象を指すためにもっぱら用いられていたのが，「文明 civilisation」という語でした．1917年に外国人学生向けに開設され，今でも世界中から数多くの受講生を集める，ソルボンヌ大学のフランス語，フランス文学講座は，「フランス文化講座」ではなく，「フランス文明講座」と名づけられています（図1）．

　したがって，19世紀フランスには，現在のような「文明」＝技術的・物質的所産，「文化」＝精神的所産という明瞭な区分は見られません．いわば，それら両方を「文明」の一語によって表していたのです．福沢諭吉が『文明論之概略』（1875年）を著すにあたって依拠したことでも知られる，フランソワ・ギゾーの『ヨーロッパ文明史』（1830年）の中では，「文明」は，一国の歴史を作り上げる，物質的・精神的，公的・私的な全事象が，そこに流れ込む大海として定義されています．

CHAPTER IV 広がる研究，広がる世界

「文明」とは何か

　この文明という名の大海を一言で表現する言葉は「進歩」です．ギゾーは，文明という現象は，2つの特徴のもとに現出すると述べます．そしてその2つの特徴と，「社会的活動の発展と個人的活動の発展」，すなわち，社会の「進歩」と人間性の「進歩」に他なりません．

　明治以降の日本近代化のキーワードのひとつでもあるこの「文明 civilisation, civilization」という言葉が，ヨーロッパにおいて現在用いられるような意味をもつようになったのは，18世紀のことでした．言語学者エミール・バンヴェニストは，それまで，特殊な法律用語でしかなかったこの語が，現在の「文明」につながる，まったく新たな意味をともなったフランス語として登場したのは1757年であったと指摘しています．ほぼ同じころに，英語でも civilization の新しい用法が認められます．

　革命期の政治家として有名なオノレ・ド・ミラボーの父，重農主義者ミラボー伯爵が書いた『人類の友』という文章の中に見出される，この「文明」の語のフランスにおける最初の例を引いてみましょう．

> 宗教が人類にとって最も重要な，最も有益な制動（注：欲求・欲望・エゴイズムに対するそれ）であることは論をまたない．それは，文明状態（civilisation）の第一の原動力でもある．宗教は我々に友愛を説き，それをたえず我々に想い起させる．それは我々の心を穏やかにする．

　ここでミラボー伯爵が「文明」の語を，欲求や欲望の制約との関係で用いていることは重要です．civilisation, civilization という語の語源はラテン語の civilis（市民の），civis（市民）です．この語源ゆえに，「文明」の概念はこのようにはじめ，とりわけ人間の「社会性」と深い関係をもつ言葉として使われました．

　しかし，バンヴェニストがとくに強調するのは，これとは別の，civilisation という新語がもつ，次のような独特のニュアンスについてでした．

　英語の civilization もフランス語の civilisation も，ともに，動詞（英語

civilize，フランス語 civiliser）から派生した名詞形です．しかもそれは，動詞の行為（文明化）と，その行為の結果（文明状態，文明）を同時に表しうる言葉です．

　バンヴェニストは，18世紀中庸に誕生した，行為と同時に状態を示すこの種の名詞形の例は少なく，civilisation と organisation（組織化，組織）の2語があるだけだと指摘しています．

　そして彼は，いくつもの類語がすでに存在する中で，この時期に新たにcivilisation という語が登場したのは，まさしくこの18世紀中ごろ，人間や社会の概念について根源的な変化が生じ，この語によってしか表しえない，新しい世界観を人々が発見したからだというのです．その新しい世界観こそ，「野蛮」と考えられる状態から，「文明」と見なされる状態への，人類の不断の「文明化」，不断の「進歩」という考え方でした．

　この文明化をもたらす動因を，ミラボー伯爵は宗教の中に見てとりました．しかし，人間の理性を重視する18世紀という啓蒙の世紀は，ほどなく，この宗教の支配を離れていきます．『人間精神進歩史』（1795年）の著者コンドルセは，人間の諸能力は無限の「進歩」の可能性を有していると考えました．それをコンドルセは，人間の無限の「改善可能性 perfectibilité」という言葉で呼んでいます．このコンドルセの進歩的歴史観において，文明化の原動力は，もはや宗教ではありません．無限に発展する人間精神そのものこそが，文明を不断に進化させていく源であると考えられるようになったのです．こうして，それまで優勢であった，歴史を，幼年期から老年期への漸次的移行ととらえ，未熟から成熟を経てやがて衰退へ向かう展開と考えた歴史観に代わって，今や，老いを知らず，無限に発展を続け，不断に進化，文明化を続けていく世界という，新しい楽観的歴史観が登場したのでした．

　この，不断の「文明化」の動的な過程を示すためには，ただ，静態的状態を示すだけの，civilité（フランス語）や civility（英語）という語だけではもはや十分ではありませんでした．文明化の「過程」と，「結果」を同時に表現する civilisation，civilization という新しい語が必要となったのです．1798年に出版されたアカデミー辞典第5版には，まさしく，civilisation という語について，「文明化する行為．文明化されたものの状態」という簡

CHAPTER Ⅳ 広がる研究，広がる世界

潔な定義が載っています．

　こうして，その「概念の新しさそのもの」（バンヴェニストの表現）によって特徴づけられる，文明 civilisation という語は，18 世紀中庸にヨーロッパに登場し，18 世紀後半にはフランス語や英語の中に定着していきます．先に挙げたギゾーの『ヨーロッパ文明史』を構成する 14 の講義がパリで行われたのは 1828 年．そしてそれからわずか数十年後には，日本もまた，この大きな「文明化」のうねりの中にのみ込まれていきます．

「文明」の光と闇

　ギゾーは，『ヨーロッパ文明史』の中で次のように書いています．

> 　我々は（中略）ヨーロッパ文明を研究するのに格好の立場に身を置いています．なるほど誰に対してであれ，追従はすべきではありませんし，自分自身の国に対しても同様です．が，私は，何の追従もなくこう言いうるのではないかと思うのです．フランスはヨーロッパ文明の中心であり中枢であったと．

　1872 年 12 月（陰暦明治 5 年 11 月），岩倉具視を特命全権大使とする日本からの使節団（いわゆる岩倉使節団）がパリを訪れた時，一行が見たのは，こうした「文明」の中心を自負する一国家の，華やかな首都の光景であったに違いありません．

　この使節団の報告書である，久米邦武編著の『米欧回覧実記』（1878 年）には，パリが久しい昔から「文明の中枢」であったこと，現在でも欧州の人々は，このパリという町を「文明都雅の尖点」（優美な文明の最先端）として尊敬していることが書かれています．そして久米は，この麗しいパリの町は，「天宮月榭」（天の御殿の月見の高桜）を髣髴とさせると言っています．

　この報告書には，多くの図版が収録されていますが，当時のパリやその周辺の様子を伝える 20 枚ほどの図版の中の一枚は，当時のパリの目ぬき通りであったブールヴァール[2]の情景を描いたものです（図 2）．夜になると何千

というガス灯がともるブールヴァールの光景は,使節団の一行に自分たちがあたかも天界の御殿に身を置いているような印象を抱かせたのだと思います.

しかし,文明には,こうした光の部分,正の部分と同時に,陰の部分,負の部分があることもまた忘れてはならないでしょう.

「文明」は同時に「文明化」の運動そのものでもあるということはすでに書きました.それは,文明化される前の状態(野蛮・未開)を想定し,その状態(野蛮・未開)に対する文明の優位を強調します.そして,文明化という現象が,人類そのものの不断の進歩を,人間の,無限の「改善可能性」を前提としていることから,野蛮・未開・遅れた文明に対する「文明化」の行為は,しばしば人類全体の普遍的真理に根差した行為と見なされます.こうして文明化の行為は,かつて宣教師たちが世界中にキリスト教を布教した際のそれと似た,「使命」(ミッション)であるとすら考えられるに至ります.これが,西欧諸国が,非西欧諸国を植民地化した際に,しばしば大義として掲げた,「文明化の使命」です☞.

フランスの作家や思想家たちの多くがこの文明化の使命を語る際の,楽天的な,時として無責任な口調には,ほとんど驚かされるばかりです.

人間の無限の「改善可能性」を主張したコンドルセは,アフリカやアジアの地に,これまでの強欲な植民者や不遜な聖職者に代わって,住民たちに真の開明をもたらし,彼らに真の利害や権利を教える「寛大な解放者」たちが赴くべき時が近づいた,といいます.コンドルセは,それらの土地で人々は,自らの文明化を実現するために,こうしたヨーロッパ人の助けを待っているのだと考えます.そして,このコンドルセの楽観主義は,いずれ,現実

---

2. マドレーヌ広場からバスティーユまで,パリ右岸を半円を描くように伸びる複数の大通り.それぞれの大通りを「ブールヴァール」(単数),全体を総称して「ブールヴァール」(複数),あるいは「グラン・ブールヴァール」(複数)と呼んでいました.とくに旧オペラ座近くから始まるブールヴァール・デ・ジタリアンは劇場や飲食店が立ち並ぶ,当時のパリの代表的繁華街でした.

☞ この「文明化」が植民地側からはどのようにとらえられていたのかを知りたい方は,ぜひ第11講「ニュートンに挑んだゲーテ──暗室内の『光学』vs.自然光にこだわる『色彩論』(石原あえか)」と『高校生のための東大授業ライブ 学問への招待』第15講「観光人類学入門──インドネシア・バリ島」(山下晋司)を読んでみてください.

CHAPTER IV　広がる研究，広がる世界

図2　パリの目ぬき通りだったブールヴァール（久米邦武編著『米欧回覧実記』第三巻，博聞社，1878, p. 44）

の世界から，すべての暴君奴隷と司祭と，彼らが用いる愚かな，あるいは偽善的な手段の数々が姿を消し，「自由で，己の理性以外の主人を認めぬ人間たちだけを太陽が照らす時が（中略）訪れるだろう」と結論づけます．

　18世紀末のこのコンドルセのナイーブな楽観主義と比べる時，次に挙げる19世紀の例には，より身勝手で横暴な文明化の姿勢が見て取れます．折衷主義という哲学流派に属する思想家であったテオドール・ジュフロワという人は，1826年に書いた「人類の現状」という文章の中で，人間社会の中の暴力的な力は，やがて，文明の中で消滅していくだろうと書きます．しかし彼は同時に，ヨーロッパ内で戦争が消滅し，そこに平和が打ち立てられた時，それまで存在していた力は，何らかのはけ口を見つけるだろうともいうのです．その余った力のはけ口を，ジュフロワは，何と，非ヨーロッパの国々に対する征服の行為のうちに見出すのです．そしてそれは，まさしく，「文明化」の名のもとに正当化されるのです．

　　　文明は係争の数を減らすのと同様（中略）開明的で理性的な国家の間の戦争を消滅させる傾向を持つ．我々は既に，ヨーロッパ諸国家が平和

のうちにとどまりつづけるような新しい時代（中略）の曙光を見てとっている．しかしその時，この，内側で使い道がなくなった力は必ずや外に振り向けられるであろう．そして，たとえ征服それ自体は不正義であるとしても，それは，より優れた文明によってなされる時，被征服国家の文明化という大いなる善をもたらしうる．

次は小説『レミゼラブル』で有名なヴィクトル・ユゴーの例です．ユゴーは，1842 年に，友への手紙という形式をとった紀行文，文明批評文『ライン河』を発表しました．この作品の結論部分で，彼は，ヨーロッパ諸国が果たすべき文明化の役割について述べています．この結論部分には，1841 年 7 月という日付が書かれています．この時期，エジプトや中央ヨーロッパの情勢をめぐって，フランスとイギリス・ロシアとの緊張が高まっていました．そして，ユゴーは，イギリスとロシアが，武力による植民地化という文明化の第一の役目を果たし，次いでフランスが，本来の文明化という第二の役目を果たすという，いわば文明化の役割分担を提案するのです．

　これ以後，いまだ蒙昧な国家の蒙を啓くことが開明的国家の役割となろう．人類を教導することがヨーロッパの使命となろう．ヨーロッパ国民のそれぞれは各々が有する光の割合に応じてこの神聖にして偉大な仕事に貢献しなくてはならない．各々の国民は，それぞれの力を及ぼしうる人類の各部分と，関係を持たなくてはならない．あらゆる者が，あらゆる仕事に向いているわけではないからである．たとえばフランスは植民は苦手であり，苦労してようやくそれに成功するのみであろう．繊細にして思索的な，そして，全てにおいて，こういってよければ過度なまでに人間的な，完全なる文明は，野蛮な状態とは，完全に，一切の接点をもつことがないのである．言うのも奇妙だがしかし完全に真でもあるひとつのことがらがある．それは，アルジェにおいてフランスに欠けているのが，若干の野蛮さであるということだ．（中略）野蛮人を印象づける第一の事柄は，理性ではなく力である．フランスに欠けているものをイギリスは持つ．ロシアも同様に持っている．彼らは，文明化の第一

の仕事に適している．フランスは第二の仕事に適している．［未開］民族の教育には二段階がある．植民地化と文明化である．イギリスとロシアが野蛮世界を植民地化する．フランスは植民地化された世界を文明化するであろう．

アルジェリアへの言及については若干補足する必要があるでしょう．1830年にはじまったフランスによるアルジェリア征服戦争は，1841年2月にビュジョー将軍が新しいアルジェリア総督として赴任して以来，それまでの限定的支配（ユゴーはそれを，フランス人に「若干の野蛮さ」が欠けていたために生じた，中途半端な状態ととらえたのでしょう）から，より激しい全面戦争へと変質しつつありました．これ以後，フランスはアルジェリアにおいて，間違いなく，ユゴーが言うところの文明化の第一の仕事を，むき出しの野蛮な暴力を用いながら，遂行していくことになります．

「文明」対「文化」

こうした，文明化にともなう暴力は，単に非西欧に対してのみ行使されたわけではありませんでした．

さきほど触れた，岩倉使節団ですが，彼らがパリを訪れた1872年という時点は，実は19世紀初頭からフランスが誇り続けてきた文明の威光に影が差しはじめた時期でもありました．1870年から1871年にかけての普仏戦争の敗北，それに伴うアルザス地方全域とロレーヌ地方の一部のドイツへの割譲という事態は，フランスの威信を大きく傷つけました．

そしてこの敗北を機に，ギゾーに見られたようなフランス「文明」への悠然とした自信は，「文明」の名にしがみつく偏狭な対独ナショナリズムへと次第に変化していきます．

ドイツはドイツで，フランスの「文明」に対して自国の「文化 Kultur」という概念を強調するようになります．「文化」「文明」という両語の歴史についての研究書を書いたフィリップ・ベネトンによれば，この Kultur という語は，18世紀末のドイツにおいては，「人類がなしとげた，物質的，知

的，精神的な進歩の観念」と関係していたといいます．その意味では，Kultur という語は，当時，フランス語の civilisation と極めて近い言葉であったといえます．

　同時にまたベネトンは，19 世紀はじめのドイツのナショナリズムの高揚の中で，この Kultur という語が，とりわけ，ドイツ国家と結びつく形で用いられるようになっていったという事実についても指摘しています．しかし，それまで，それぞれ，柔軟な意味の広がりを許しながら用いられていたフランス語の civilisation とドイツ語の Kultur が，はっきりと，フランス＝civilisation，ドイツ＝Kultur という形で結びつけられて二極化するのは，普仏戦争後のこと，とりわけ第一次世界大戦前後のことでした．

　フランスを代表する哲学者であるアンリ・ベルクソンは第一次世界大戦開戦直後の 1914 年 8 月 8 日，道徳・政治科学アカデミーで行った演説の中で，フランスのドイツに対する戦争は「文明」が「野蛮」に対して行う戦争だと述べました．そこでは，ドイツの，「残忍さや破廉恥さ」「あらゆる正義とあらゆる真理に対する蔑視」「野蛮状態への退行」が強い調子で攻撃されます．一方，ドイツを代表する作家トーマス・マンが 1914 年 9 月に雑誌『ノイエ・ルントシャウ』に掲載した記事では，ドイツの「野蛮」をあえて文化の同義語としてとらえ，フランスの「文明」を，節度を逸脱することがない，単なるブルジョワ精神の産物でしかないと批判しました．そして，それゆえ，フランス文明は，ドイツ文化とは正反対に，反英雄的であり，反天才的であると，マンは結論づけるのです．

　第一次世界大戦におけるフランスとドイツの戦いでは，長期にわたる塹壕（敵の攻撃から身を隠す防御施設．溝を掘りその土を前に積み上げたもの）戦で，双方に多くの死者が出ました（図 3）．この大戦の戦死者・行方不明者は，フランス側 140 万人，ドイツ側 200 万人であるといわれています．

　ともに 18 世紀的楽観主義の産物であった，「文明」と「文化」は，こうして，ついに，自己破壊的暴力の契機として働くに至ったのでした．

　第一次世界大戦終了直後に書かれたポール・ヴァレリーの『精神の危機』（1919 年）の冒頭の有名な文章は，この戦争が，ヨーロッパにとって，未曽有の自己破壊的体験であったことをよく伝えています．

CHAPTER Ⅳ　広がる研究，広がる世界

図3　独仏戦線の塹壕内の様子（*Histoire de France illustrée*, vol.15, Larousse, 1985, p.23）

　我々文明なるものは，今や，すべて滅びる運命にあることを知っている．（中略）今，我々が理解するのは，歴史の深淵はすべてをのみこむ容量を持っていることである．一個の文明は一個の生とかわらぬ脆さをもっていることを我々は感じる．

　しかし，ヨーロッパは，そして世界は，このあと，半世紀も経ぬうちに，ホロコースト，原子爆弾投下といった，さらに大きな破壊的・自己破壊的な暴力を経験することになります．

「文明」の現代的意味

　このように，文明は，光と闇の両方の面を備えていることがわかります．一方でこの間，文明に対する批判や文明の否定がフランスで見られなくな

ったわけではありません．たとえば，『ブーガンヴィル航海記補遺』(1796年)を書いたディドロは，タヒチ島の住人の視点を借りて，ヨーロッパ文明に対する過烈な批判を展開しました．また，あらゆる人間に根を下す，原罪の存在を確信していた，19世紀半ばの詩人ボードレールにとっては，コンドルセ的な，人間の無限の改善可能性という楽観主義は，到底受け入れがたい考え方でした．彼は，真の文明は，岩倉使節団もやがて目にすることになる，あの華やかな近代国家フランスの中にではなく，「どこかのまだ発見されていない」未開の小種族の中にこそ見つけられるのだと書きます．さらに，『地獄の一季節』(1873年)の詩人ランボーは，19世紀の文明化されたフランスに対して彼が感じる根源的な違和感を，自分の中を流れる「悪い血」として表現していました．

　しかし，こうした文明批判，文明否定とは別に，もし私たちが今なお文明に意味を求めることができるとすれば，それがどのようなものであるかも，最後に考えてみる必要があるでしょう．そしてその際，ラテン語の，civilis (市民の)，civis (市民) を語源として，18世紀中庸に登場した civilisation という語が，当初，個々人の欲求・欲望の制動という意味での「社会性」「社交性」と深い関係があったという事実が，重要な意味をもってくると思われます．

　18世紀後半のドイツ語 Kultur がフランス語の civilisation に近かったことはすでに述べましたが，哲学者カントが1784年に発表した文章，「世界公民的見地における一般史の構想」の中に表れる Kultur の概念も，そうした，市民相互間の社会性・社交性と深い関係をもっていました．

　カントは，一方で，人間の我欲と我欲の衝突 (それをカントは，人間の，「非社交的特性」と呼びます) が，人間の潜在的素質を発現させていく刺激的契機ともなりうることを強調します．しかし我欲の無法的衝突は「荒廃と破滅」をもたらします．そこでカントは，人間は，他者と自己の最大限の自由の共存を実現するため，我欲に強い制約を加えていく存在でもあると考えました．人間が有するそうした自然的特性を，カントは，人間の「非社交的社交性」と呼びました．文化・社会は，「非社交的」個人がその最大の自由を求めながら，同時にその自由を抑えて「社会性」「社交性」を実現するこ

とによって成り立つというわけです．

 ただ，カントがここで，人類の歴史を自然の隠れた意図や「摂理」の実現ととらえていたことは指摘しておくべきでしょう．カントにとっては，やがてはこの摂理に従うようにして，個別の共同体や国家の先に，世界の国家連合の地球規模での実現が期待されるのでした．

 こうした超越的な摂理の実現はおろか，個人，社会，国家のあらゆるレベルにおける不和・衝突には，日々その深刻さを増しているように見えます．そしてカントの言う「非社交的社交性」の実現には，ますます多くの困難が伴うようになってきています．

 カントの論文からさらに一世紀半後，精神分析の祖フロイトは，『文化への不満』（1930年）という著作で，カントが人間の「非社交的社交性」と呼んだ，「我欲」と「社会」の葛藤を，より深刻な，個人の「欲動」（性欲動など，人間を駆り立てる無意識の衝動）と「文化」[3]の対立としてとらえました．フロイトは，「欲動」と「文化」のこの対立ゆえに，あるいは「文化」による「欲動」の抑制ゆえに，人々は，「文化」に対して「敵意」や「不満」を抱くようになったと指摘します．

 フロイトは，その3年前に著した『ある幻想の未来』（1927年）では，この「欲動」と「文化」の葛藤は，人間の知性の力で克服できるであろうと書いていました．ところが，1930年の『文化への不満』では，欲動の攻撃性の方がより強調されます．フロイトは，人間の「攻撃的欲動」を，「死の衝動」が外界に向けられたものとしてとらえます．彼はとりわけそれを，「自分自身の心の中にも感ぜられ，他人も自分と同じくもっていると前提してさしつかえない」ものであると見なします．彼はこんなふうに書いています．

> 「人間は人間にとって狼である（Homo homini lupus）」（ホッブズが『リバイアサン』で用いた有名な表現）といわれるが，人生および歴史においてあらゆる経験をしたあとでは，この格言を否定する勇気のある

---

3. フロイトはフランス語の civilisation に近い意味でこの語を用いています．

人はまずいないだろう．

そしてフロイトは，この攻撃的欲動を前に，聖書にある，「汝の隣人を愛せ」という命令も，実現不可能になるとまで断ずるのです．

批評家のジャン・スタロバンスキーは，「文明という語」という文章を書いて，ミラボー伯爵以来の，この語の使用の変遷を丹念に跡付けました．この文章の最後で，スタロバンスキーは，文明という語が現在では明らかに使い古されたものになったと指摘します．しかしその一方で彼は，現代において，文明の概念が意味を失ったとは決して考えません．スタロバンスキーは，文明が批判の対象となり，その存立自体が危機にさらされる中，この文明を批判する精神自体，この批判を行う論理的言語自体が，他ならぬ文明の産物であることを強調します．そして彼は，こうした，「最も目覚めた批判的自由」と「最も自立的な理性」を自己のうちに内包する文明こそ，いまだ追求する価値のあるものであると結論づけるのです．

現代において，文明がいまだその意味を失っていないとするなら，それはまさしく，自己に内在する暴力への不断の自覚を可能にする，この批判的精神の中に求められることでしょう．あるべき文明とは，フロイトが，「自分自身の心の中にも感ぜられ，他人も自分と同じくもっていると前提してさしつかえない」と書いた，人間の本源的な攻撃欲動に対する，最高度の自覚とその制動の中にこそ見出すことができるのだと思います．

CHAPTER IV 広がる研究，広がる世界

PROFILE

鈴木 啓二（すずき・けいじ）先生のプロフィール

東京大学大学院総合文化研究科教授
1952年東京生まれ．東京大学大学院人文科学研究科博士課程満期退学．パリ第3大学で博士号取得．専門はフランス文学，フランス地域研究．趣味は音楽．「兄弟船」から「平均律クラヴィア」まで，幅広く嗜む．

主な著作　『フランスとその〈外部〉』（共著，東京大学出版会，2004）
　　　　　『十九世紀フランス文学を学ぶ人のために』（共著，世界思想社，2014）

 鈴木先生おすすめの本

『増補　国境の越え方——国民国家論序説』西川長夫（平凡社，2001）
講義でとりあげた，「文化」と「文明」の問題が，詳しく論じられています．

『人種と歴史』クロード・レヴィ＝ストロース著，荒川幾男訳（みすず書房，1970，新装版は2008）
文化の多様性の認識に基づく，他文化への寛大さの必要が明晰な言葉で語られています．

LECTURE

異質なものの並存が生み出す活力
—— 現代ベトナムの魅力

第14講の舞台はベトナムです.講師が自身の経験を通じてたどりつきつつある「ベトナムとはなんぞや」という問いに対する回答から,その背後にあるベトナムの人たちのものの考え方や,ベトナムという国の面白さが見えてきます.

古田元夫

ベトナムとはどのような国か？

ベトナムは,大陸部東南アジアの東部にある,南北に細長く延びた国で,面積は日本から四国を除いたほどの33万 km^2,人口は2013年の推計で9170万人で,東南アジアではインドネシアについで人口が多い国ですが,隣接する中国に比べれば,そのひとつの省（日本の都道府県に相当する行政単位）程度の大きさしかない小国です.

私は,このベトナム,とくに現在のベトナムを研究対象としているベトナム地域研究者です.ベトナムのような小さな国を研究することにどのような意味があるのか,ベトナムの何が面白いのか,という質問をよく受けます.ここでは,このような質問への回答を試みてみたいと思います.

地域研究にもいろいろなタイプがあります.「ベトナム政治」「ベトナム経済」「ベトナム史」といった,ベトナムのある分野に関する研究もありますが,私はどちらかといえば「ベトナム丸かじり」といいますか,「ベトナムとはなんぞや」という問題の立て方をして,回答を模索してきました.現時点で私がたどりついているのが,「ベトナムとは,異質なものの並存が生み

CHAPTER IV 広がる研究，広がる世界

出す活力にあふれた社会である」という結論なのですが，これでは何のことかわからないので，まずベトナムの歴史と，私の研究歴を簡単にたどっておきましょう．

現在のベトナム北部から中国の雲南や広西地方にかけては，紀元前5世紀ごろにはドンソン文化と呼ばれる独自の青銅器文化が栄えていましたが，この地域にも中国の政治的影響が及び，紀元前111年，漢の支配下に置かれて以来，紀元後10世紀にベトナムの北部が中国からの自立を達成するまで，1000年以上にわたって中国の直接支配下にありました．

この10世紀に自立を達成した国が，今日のベトナムに連続するのですが，この時期の自立を担った人々が「中国化した土着の人々」であったのか，「土着化した中国人」だったのか，あるいはその双方だったのかは，議論が分かれるところです．いずれにせよ，ベトナムは，中国を中心とする東アジア世界と深い関わりをもって形成されました．

その後ベトナムは，宋・元・明・清という中国を統一した王朝によって攻撃をされますが，15世紀の初頭に20年ほど明の直接支配を受けたのを別として，よくその独立を守り，19世紀までに，李朝，陳朝，黎朝，阮朝などの王朝が存在しました．この間に，ベトナムの版図は現在のベトナム北部からインドシナ半島東部の海岸平野を伝わって，しだいに南へと拡大し，18世紀には南部のメコン・デルタまで到達しました．これを「南進」と呼びますが，この過程でベトナムは周辺の東南アジア世界との関わりを強めていきます．

このように長い自立の歴史をもつベトナムも，帝国主義の時代には植民地支配のもとに置かれ，隣国のカンボジア・ラオスとともにフランス領インドシナ植民地に組み込まれました．このフランス領インドシナにも，第二次世界大戦中には日本軍が進駐し，1945年日本の敗北とともに高まった独立運動によって，同年9月2日ベトナム民主共和国の独立がホー・チ・ミンによって宣言されました．しかし，植民地宗主国であったフランスは，このベトナムの独立を認めず，両者の間にはインドシナ戦争と呼ばれる戦争が発生しました．その後1954年のジュネーブ協定でフランスが撤退すると，今度はアメリカ合衆国（以下アメリカ）が乗り出し，ベトナムの独立と南北統一

図1　ベトナム戦争中のベトナム民主共和国で発行された切手.
　　　撃墜された米軍機のパイロットを捕えたベトナムの女性民兵.

を求める勢力との間にベトナム戦争が起きました（図1，口絵9）．1975年にアメリカの支援した南ベトナム政府が崩壊してベトナム戦争は終結し，1976年には南北統一が実現してベトナム社会主義共和国が誕生しますが，混乱は続き，1979年には中越戦争が起きました．

　こうした第二次世界大戦後，長く続いた戦乱に終止符が打たれ，ベトナムが平和のもとでの経済発展を追求できるようになったのは，1986年にドイモイと呼ばれる改革が開始されてからです．1995年には，ベトナムの東南アジア諸国連合（ASEAN）への加盟が認められ，ベトナム戦争のために遅れたアメリカとの国交が樹立されました．近年では，南シナ海（ベトナムは，「中国の海」というニュアンスのあるこの名称を使わず，東海［ビエンドン］と呼んでいます）の島々の領有権をめぐって中国と対立するという不安材料はありますが，比較的安定した国際環境のもとで，経済発展が持続し，日本との関係も拡大しています．

　以上の略史からも，ベトナムが注目される理由の一端は理解できます．ベトナムが存在する地域は，大陸部東南アジアの戦略的要衝であり，大国から

CHAPTER Ⅳ 広がる研究，広がる世界

の関心も生まれやすく，しばしば戦争などの大きな事件の舞台となりました．とくに20世紀には，インドシナ戦争やベトナム戦争といった世界史的な出来事が起こりました．また，ベトナムの歩みは，東アジア世界とともに東南アジア世界とも深い関係をもつ，多元性，多様性に富んだものであることも重要です．

古田元夫のベトナムへの関心

　私は，1949年生まれで，1968年に大学に入学しました．この時期は，ベトナム戦争が最も激化した時期であり，大学に入ってアジアのことに取り組んでみたいと考えていた私の関心は，自然にベトナムに向かいました．日本の新聞でも，ベトナム戦争の記事が連日一面に掲載されていた当時，私には，世界はベトナムを中心にまわっているように見えました．「中心」であるベトナムのことを理解できれば，その他の世界のことは容易に理解できるのではと思ったのが，私がベトナムを自分の研究対象にしようと考えた，最大の理由でした．ベトナム戦争でアメリカと戦うベトナムに，民族解放運動の旗手としての魅力を感じたことも，こうした思いを強めた理由でした．

　こうした私にとってたいへん刺激的だったのは，1968年に私が入学した東京大学教養学部での上原淳道先生の東洋史の授業でした．上原先生は，中国の古代史を専門とされる方でしたが，その講義は，南アフリカのアパルトヘイトからベトナム戦争まで，現実のアジア・アフリカで当時発生していた現代的課題を中心としたもので，ベトナム戦争がこれだけ日本でも注目されていながら，ベトナム現代史に学問として取り組んでいる研究者は日本ではまだほとんどいない，というお話は，私にベトナム研究者という道を真剣に考えさせる，最初のきっかけになりました．

　もっとも，ベトナム現代史研究者がほとんどいないのであれば，少し勉強すれば大きな顔ができるのではないかという私の「甘い夢」はすぐに打ち砕かれました．当時の東京大学には，ベトナム語の授業はなく，まずベトナム語を勉強できる場を見つけることが容易ではありませんでした．幸い，当時の南ベトナムから日本に留学したベトナム人を先生とする教室が見つかって

勉強をはじめました．1974年からは，東京外国語大学（外大）にハノイ総合大学からベトナム語を教える先生が派遣され，外大のベトナム語科の主任の竹内与之助先生の許しを得て，このベトナム人の先生の授業に3年間，「もぐり学生」として出席させていただいたのが，ベトナム語を身につける上では決定的な意味をもちました．

　また，せっかくベトナム語を勉強しても，当時の日本の公共図書館には，東大の図書館も含めて，ほとんどベトナム語の書籍資料が所蔵されていませんでした．外大に赴任されたベトナム人の先生がみやげ物を包んでこられた新聞紙を，ベトナム語を勉強していた学生が回し読みをしていたような状況でした．その中では，外大の竹内先生，慶應の川本邦衛先生，都立大の吉沢南先生など，ベトナム語資料を持っておられる先達の方々にお願いして本をお借りすることが，唯一の勉強法でした．

　さらに，ベトナムへの留学も困難だったので，私は大学院博士課程の2年目の1977年に，ハノイにあるベトナム貿易大学で日本語を教える機会を得て，ベトナムでの初めての長期滞在を体験しました．ベトナム戦争終結2年後のハノイに長期滞在している日本人の数はまだ少なく，在留邦人は大使館員を含めても10数名という時代でした．

　長期滞在をしてみると，それまでの私のベトナム理解がいかに観念的だったのかを痛感させられました．ベトナム戦争でアメリカを打ち負かしたばかりのベトナム北部の人々が，米ドルを手に入れたがるなどということは，私の「民族解放運動の旗手ベトナム」というベトナム観からは想像もできないことでした．もっとベトナムの人々の生活に密着し，その文化的な個性に立脚したベトナム理解を目指さなければならないと，強く思うようになりました．地域文化研究という学問が，研究対象地域の文化的個性に着目するものであるとすると，ベトナムでの長期滞在の経験が，私を地域文化研究者にしたといえます．

漢字文化の伝統とローマ字表記の現代ベトナム語

　ベトナム研究に40年余り取り組んできて，私が感じているベトナムの魅

CHAPTER IV 広がる研究,広がる世界

力は,冒頭でも述べたように,異質なものが並存することで生まれる活力とでもいうべきものです.この異質なものの並存の最初の例として文字を取り上げてみたいと思います.ベトナムは,以前は,日本や韓国と同じように,中国を中心とする漢字文化圏に属していました.しかし,現在のベトナムでは,ベトナム語のローマ字表記法が正書法として採用されており,書籍や新聞もすべてローマ字で表記されています.この歴史的な経緯をたどってみましょう.

ベトナム語の起源は,今日の隣国カンボジアで使われているクメール系の言語に,現在でも中国南部から東南アジアにかけて話者が広がっているタイ系の言語が重なって形成されたといわれていますが,その後の1000年にわたる中国の直接支配と,その後の中国からの文化的影響の中で,公式の文書は漢字・漢文で表記されるようになり,漢字文化の影響が深く浸透しました(図2).ローマ字で表記されるようになった現代ベトナム語でも,その語彙の7割は漢語に起源があります.

独立王朝時代のベトナムにとって,漢字は中国という個別国家のものではなく,ベトナムや中国を含む中華文明という普遍的な文明の「聖なる文字」でした.ベトナムにも,中国や朝鮮で行われていた科挙試験という官吏登用

図2 ハノイの文廟(孔子廟)

図3 ベトナムの農村版画「嫉妬」
　妾といちゃつく夫にはさみを振り上げ怒りをぶつける妻．左側の文字は字喃．

試験制度がありましたが，これは知識人の漢字漢文の理解力を問う試験で，伝統的なベトナム知識人は漢字文化と固く結びついていました．

　もっとも，漢字でベトナム語を表記するには限界があったことから，字喃（チューノム）と呼ばれる固有文字が作られるようになりました（図3，口絵10）．字喃は，漢字の部首を組み合わせてできた，日本の万葉仮名によく似た文字で，詩などの文学的作品を書き表すのに使用されていました．この字喃は，日本の仮名や朝鮮のハングルのような簡略な文字ではなく，漢字の知識がないと使いこなせない文字だったので，使うのは漢字漢文を理解した知識人に限られ，一般民衆の間に普及することはありませんでした．

　これに対してベトナム語のローマ字表記法は，17世紀に布教に訪れたカトリックの宣教師が考案したものです．19世紀後半にベトナムを植民地化したフランスは，漢字漢文がベトナムで果たしてきた役割をフランス語にとってかわることを試みました．植民地政権の公文書はフランス語で表記されるようになり，知識人を漢字文化と結びつけてきた科挙試験も廃止され，学校教育でもフランス語教育が重視されるようになりました．フランスは，ベトナム語のローマ字表記法を，ベトナム人に対するフランス語普及の補助言語として，教育や行政に広く導入しました．

CHAPTER IV 広がる研究, 広がる世界

　当初, ベトナムの知識人の多くは, ローマ字表記法を植民地支配と同一視して反発しました. しかし, 20世紀の初頭になって, 知識人が, 民衆を含めた民族的な団結を形成するためには, 民衆への文字普及が不可欠であると考えるようになると, 漢字を知らないと活用できない字喃の限界は明白で, ローマ字表記法のこの面での優位性を承認するようになりました. ベトナム人は, ローマ字表記法を「クォックグー（国語）」, すなわち「われわれの文字」と呼ぶようになり, その表現能力の向上に努めるようになっていきます. こうして, 1945年にベトナムが独立を宣言するころには, ローマ字化されたベトナム語は小説や科学論文を書き表すことのできる言語に成長し, 独立ベトナムの行政, 教育における正書法として定着しました.

　かつての漢字文化圏の中で, ベトナムが自国言語の正書法としてローマ字表記を採用した唯一の国となったのは, 以上で見たように, ①伝統的な固有文字である字喃の普及力の限界, ②フランス植民地支配を経験したこと, ③ベトナム人のローマ字表記法に対する意識が転換し, その表現能力向上が図られたこと, という3つの要因が重なってのことだったと思われます. 一方, ローマ字表記法の定着は, 漢字文化の伝統から現代ベトナム人を切り離す事態を招いています. ベトナム人の名前は, ホー・チ・ミン＝胡志明など, 大半が漢字で表記できるのですが, 現在のベトナム人の大半は, 自分の名前の漢字表記を知りません. 現代でも語彙の7割が漢語起源という中で, 漢字の知識が失われることは, 現代ベトナム語の発展という点からも由々しき事態であると考える人も出てきて, 最近のベトナムでは, 中等教育での漢字教育復活を提唱する動きも生まれています.

現代ベトナムにおける「コロニアルなもの」

　現在のハノイには, 植民地時代に建てられたフランス式の美しい洋館が多数残されており, 観光名所のひとつになっています. このような「コロニアル（植民地的）なもの」が, 20世紀の反植民地主義, 民族解放運動の旗手だったベトナムで肯定的に評価されているのは, 一見, 矛盾しているように思われます.

東京大学は，北京大学，ソウル国立大学，ベトナム国家大学ハノイ校といっしょに，東アジア4大学フォーラムという大学教育に関わるフォーラムを，毎年，東京，北京，ソウル，ハノイの持ち回りで開催しています．2006年のフォーラムはハノイで開催されたのですが，この年は，たまたま4つの大学のうちの2大学にとって，歴史的に記念すべき年でした．具体的には，ベトナム国家大学ハノイ校（以下，ベトナム国家大学）が創立100周年を，ソウル国立大学が創立60周年を祝った年だったのです．この2つの大学の前身は，植民地時代にさかのぼることができます．ベトナム国家大学の前身は，フランス植民地時代に作られたインドシナ大学（1906年創立）であり，ソウル国立大学の前身は，日本支配時代に作られた京城帝国大学（1924年創立）です．ベトナム国家大学が2006年に創立100周年を祝ったということは，その創立をインドシナ大学から数えていることを意味します．これに対して，ソウル国立大学がこの年に60周年を祝ったということは，ソウル国立大学は，1946年からの韓国が日本支配から解放されて以降の歴史に限定しており，京城帝国大学には創立をさかのぼっていないことを意味しています．このように，ベトナムと韓国を代表する大学で，その「植民地的起源」に対する考え方は，大きく相違しています．

　ベトナム国家大学の創立100周年の記念式典は，旧インドシナ大学の大講堂（現在は国家大学グイ・ニュー・コンツム会堂）で開催されました．この講堂の天井には，植民地時代の1928年に，インドシナ大学の構成員だったインドシナ高等美術学校の校長だったタルデューというフランス人画家が描いた「進歩のアレゴリー（寓意像）」という壁画がありました．長い時間が経過して，絵はかすれ，何が描かれているのか，わからなくなっていたのですが，100周年を記念して，この壁画がきれいに復元されました（図4，口絵11）．

　私は，100周年の記念式典に参加していて，この復元壁画の除幕式に参列していたのですが，復元された絵を見て驚きました．絵の中央には，ベトナムの伝統的な学校の門に「進歩の女神」が立っており，その輝きが周辺にいる様々な階層のベトナム人を照らしています．この「女神」は，どう見ても西洋女性で，フランスがもたらした「文明の光」がベトナム人を照らして

CHAPTER IV 広がる研究,広がる世界

図4 旧インドシナ大学大講堂の天井壁画(進歩のアレゴリー)

いるという,植民地支配の思想そのものが絵になっていると私には思え,そのような絵をベトナム国家大学が復元したことに驚きを感じたのです.

もっとも,これは私の印象で,復元を推進した人々の評価はこれとは異なっています.国家大学が発行した公式の100年史の中では,この絵のことは,次のように評価されています.

> この絵は大学という場所に置かれることになったので,画家タルデューは,東洋の文化(人材を重視し,学ぶことを高く評価する)と西洋の文明思想(進歩のアレゴリー)を結合した,きわめて独特な表象によって,知識が文明と進歩の礎であることを表現するのを忘れなかった.(ベトナム国家大学編『ベトナム国家大学ハノイ校一世紀の百人の肖像』2006, p.516, ベトナム語)

ベトナム国家大学を代表する2人の近代史学者ディン・スアン・ラムとグエン・ヴァン・カインは,次のように指摘しています.

> ずっと以前から今日に至るまで,ほとんどの人々が,ベトナム侵略戦争によって,フランス植民地主義は,わが国を植民地とし,わが人民にき

わめて多大な痛みと悲しみをもたらした，という評価で一致している．数十万の国土の優秀な人々が，侵略者によって捕えられ，野蛮な取り調べを受けて処刑された．侵略者はまた，わが民族の数多くの文化的，精神的に価値あるものを破壊した．植民地主義者のこうした罪悪は，ベトナム人民および世界の進歩的人民によって永遠に糾弾され恨まれるだろう．しかし他面では，我が国を侵略し，平定し，開発し，搾取する過程で，フランス植民地主義が，当時のベトナム社会からすればより進歩した生産様式をベトナムにもたらし，資本主義の発展と成長を刺激し促進する条件を作り出し，民族の文化の近代化の速度を速めたことも認めなければならない．（中略）フランス植民地主義のベトナムにおける影響を研究するには，消極面，つまりはわが国土に対する害だけではなく，積極面，つまりは，植民地主義が無意識のうちにもたらした物質的，文化的に価値あるものも，はっきりと認識しなければならない．（ベトナム史学院『歴史研究』第 5 号，1991，ベトナム語）

その上で，この二人の論文は，植民地時代の文化的な位置づけに関して，

フランス植民地時代，とくに 20 世紀初頭の数十年に，わが国は，成長して人類的な文化生活に合流するための民族文化の自己変革，近代化の時期を体験した．（中略）この世紀の初頭は，西洋文化の諸価値の受容を基礎として，ベトナムの新しい文化が形成された時期だった．（ベトナム史学院『歴史研究』第 5 号，1991，ベトナム語）

と述べています．次にふれるドイモイという改革がはじめられて以降の最近のベトナムの歴史著述では，このように，植民地時代の文化を支配と闘争というよりは，東西文化の接触とその結果としての新しいベトナム文化の創造という角度から描く傾向が強くなっています．このような発想が「コロニアルなもの」も自らの遺産として積極的に評価することに結びついているように思われます．

では，ベトナムは，なぜ文化的な面での植民地支配の遺産に対して「寛

容」なのでしょうか．ひとつは，政治的，軍事的な植民地支配といういわば「悪しき植民地主義」については，第二次世界大戦後の独立戦争だったインドシナ戦争末期のディエンビエンフーの戦いでベトナム軍がフランス軍を打ち破ったことで清算されたという自信が，ベトナムの人々の間に存在することが理由のように思われます．

また，フランスの植民地主義は，自由・平等・博愛というフランス革命が掲げた共和主義という，極めて普遍的な理念を世界に広めるという使命感をもつ側面があったことも，関係しているようです☛．実際のフランス支配下での統治と抑圧が，共和主義的な理念とはかけ離れたものであったにせよ，フランスがベトナムに持ち込んだものは，普遍性の高い近代文明だったという受け止め方が，ベトナムの人々の間に存在しているのではないでしょうか．今日ベトナムで発行されている公文書には，「ベトナム社会主義共和国——独立・自由・幸福」と記入されています．これが，植民地時代の文書にあった「フランス共和国——自由・平等・博愛」の遺産であることは明白です．

ドイモイ——資本主義と社会主義を結びつける試み？

最後に，現在のベトナムで取り組まれているドイモイという改革にふれておきたいと思います．ドイモイは，1986年にベトナムの政権政党であるベトナム共産党が開始した改革で，隣国中国で中国共産党が実施している改革・開放と同様，政治面では社会主義という目標を堅持し，共産党の一党支配体制を維持しながら，経済面では，それ以前の計画経済を大きく転換して市場原理を導入し，経済の対外開放を促進して，外国からの投資も積極的に受け入れ，資本主義的な要素を取り入れて，経済の活性化，成長を図る試みです．

インドシナ戦争，ベトナム戦争，そしてその後の中越戦争とカンボジア紛

☛ フランスの「文明」と植民地政策については第13講『『文明』VS.『文化』——暴力と排他の論理を超えて」（鈴木啓二）で詳しく説明しています．ぜひ読んでみてください．

争など，長い間の戦乱で低迷していたベトナム経済は，このドイモイの開始によってようやく発展の軌道に乗りました．1990年代から2010年にかけては年平均7％以上の経済成長が続き，2011年以降は，成長率は5％台に低下するものの，発展基調は維持しています．この中で，国民1人当たりのGDPも2013年に1896米ドルに達し，「最貧国」という範疇を抜け出して，「中進国」の仲間入りを果たしています．

このように，比較的順調な発展をとげるベトナムと日本の関係も進展し，ベトナムにとって日本は最大の援助と外国投資の提供国であり，貿易面でも有力なパートナーです．また近年では，ベトナム，日本ともに，大国としての台頭著しい中国との間に，東シナ海，南シナ海で，島の領有権をめぐる紛争を抱え，対中脅威感を共有しているなど，戦略的な面でも共通の課題をもつことが認識されています．2009年には両国首脳の間で「戦略的パートナーシップ」の関係にあることが確認されるなど，関係が深化しています．

かつて，ソ連をはじめ社会主義と呼ばれた国の経済では，国営企業などの国家セクターが大きな役割を果たしていました．2008年のベトナム経済を国内総生産への寄与率で見ると，国家セクターは34％で，他の国と比べると高い比率を依然占めていますが，ドイモイ以前に比べると，かなり比重は下がっています．これに対して，民間セクターは47％と，国内総生産の約半数を占めるようになってきています．またベトナムの統計では，外国投資が入っている部分を別にくくっているのですが，この外資導入セクターは19％を占めています．成長率で見ると，国家セクターが4.22％とあまりふるわないのに対して，民間セクターは7.23％，外資導入セクターは8.10％で，最近のベトナムの成長が民間と外資主導のものであることがうかがえます．また投資の効率で見ると，今なお国家資金がふんだんに投入されている国家セクター，外資が活発な投資をしている外資導入セクターの効率があまりよくないのに対して，民間セクターはもっともよく，経済の活性化の推進力になっています．

ベトナムは2007年にWTO（世界貿易機関）への加盟を果たしていますが，世界経済への統合が急速に進んでいることも，現在のベトナム経済の大きな特徴のひとつです．輸出入という対外経済の金額と，国内総生産を比べ

CHAPTER IV 広がる研究，広がる世界

ると，1990年には輸出入の合計が国内総生産の81.3%であったものが，2007年には167%に達するようになっています．これは，中国の70%強，インドネシアの50%強という数値に比べてはるかに高く，東南アジアでも対外経済の占める役割が大きいタイなどと近い数値になっています．

国内総生産の中での比重や，成長の牽引力として大きな役割を果たしている民間セクターや，外資導入セクターには，農業や小規模商店などの家族経営も含まれていますが，基本的には資本主義的な経済です．またベトナムが統合を強めている世界経済は，いうまでもなく資本主義世界経済です．このような意味で，現在のベトナム経済は，資本主義経済としての色彩を強めているといって間違いないと思います．

中国ではこうした資本主義的色彩を強める経済を，「社会主義市場経済」と呼んでいますが，ベトナムでは「社会主義志向市場経済」という言葉が使われています．ここで，資本主義という言葉が使われていないのは，社会主義が，そもそも資本主義の否定的側面を克服して築かれる理想社会として提示されたものであり，20世紀の歴史においては，世界が資本主義陣営と社会主義陣営に二分されていた冷戦時代を見ても明らかなように，資本主義と社会主義は相容れないものと考えられてきたからです．共産党という，20世紀史においては，資本主義社会の打倒を目指して結成された政党にとっては，資本主義という言葉は使いにくいので，市場経済という概念が使われていると考えてよいと思います．実際には，「社会主義市場経済」とか「社会主義志向市場経済」というのは，要するに，資本主義を「利用」して，あるいは，資本主義を「経過」して，社会主義を建設しようとする試みだと言ってよいでしょう．

「社会主義志向市場経済」というのは，「ベトナム共産党は資本主義を作る」という意味かと，ある高名なベトナムの経済学者にたずねたことがあります．この経済学者の回答は明快で，「そのとおりだ．アジアで資本主義を築いたのは，日本では武士，韓国では軍人，台湾では国民党だった．ベトナムでは共産党が資本主義を作っても，おかしくないだろう」というものでした．

では，「社会主義志向」という形容詞は，何を意味しているのでしょう

か．これは，政権政党である共産党の一党支配維持の理由づけということを超えた意味をもっているのでしょうか．こうした質問をすると，ベトナム共産党幹部や政府高官から返ってくる回答は，「民が豊かで，国が強く，民主的で公平で文明的な社会」を目指すということだという，1990年代の半ばからベトナム共産党が使っているスローガンです．このような社会を，わざわざ社会主義と呼ばなければならないのかという点には疑問が残りますが，ここで「公平」ということが強調されている点は注目に値すると思います．「社会主義志向」という形容詞の意味は，ベトナムの経済成長──それは資本主義的発展なのですが──の中で，貧富の格差を一定の範囲内に抑えることができるかどうかという点にかかっているという理解は，不可能ではないように思われます．

PROFILE

古田 元夫（ふるた・もとお）先生のプロフィール

東京大学名誉教授

1949年東京生まれ，東京育ち．東京大学大学院社会学研究科国際関係論専門課程博士課程中退．学術博士．専門はベトナム地域研究．趣味は東京湾での海釣り．

主な著作　『ベトナムの世界史──中華世界から東南アジア世界へ』（東京大学出版会，1995）
『ドイモイの誕生──ベトナムにおける改革路線の形成過程』（青木書店，2009）
『世界の歴史 28　第二次世界大戦から米ソ対立へ』（共著，中公文庫，2010）

 古田先生おすすめの本

『世界の歴史』（全30巻）（中公文庫，2008-2010）
文庫本で手軽に読める世界史．順番に通読しなくとも，興味がもてる巻から読みはじめることができる．

『アジアのナショナリズム』古田元夫（山川出版社，1996）
少し古いが，孫文，ガンジー，ホー・チ・ミンを素材にアジアのナショナリズムをわかりやすく書いた本．

LECTURE

創られた楽園

――「憧れ」のハワイ，「今さら」のハワイ

第 15 講ではハワイ観光の歴史と，観光をめぐって見えてくる問題をご紹介します．観光への理解の深まりとともに，異なる文化が接する時に現れる様々な問題へも視野が広がっていくことでしょう．

矢口祐人

皆さんはハワイに行ったことはありますか．あるいは家族や友人でハワイに行ったことのある人を知っていますか．おそらく「はい」という人は多いでしょう．

ハワイには毎年 150 万前後もの人が日本から訪れます．これはハワイ州の人口（約 140 万人）よりも多い数で，日本人の 100 人に 1 人以上が毎年ハワイに行っている計算になります．日本に住む人々にとって，ハワイは気軽に訪れることのできる，とても身近な外国です．

あまりにも身近なイメージが強いせいか，旅慣れた人の中には「今さらハワイなんて」と言う感じもあるようです．南アメリカやアフリカなど，遠く離れた地には幾度も足を運んでいる旅のベテランが，「ハワイには一度も行ったことがない」ということさえあります．ハワイは「誰でも行ける」し「いつでも行ける」，いささか安易な旅行先と思われているようです．

けれども，ハワイがこれほど日本人に身近な存在になったのは比較的最近のことです．今から 50 年ほど前は，ハワイを訪れる日本人の数は年間 5 万人にもなりませんでした．日本の高度経済成長にあわせてハワイ旅行に出かける人の数も増えたものの，年間渡航者数が 50 万人を超えたのはようやく 1978 年，100 万人を突破したのは 1987 年になってからです．つまりハワ

図1 世界中から毎年多数の観光客がやって来るワイキキビーチ
「ハワイ＝楽園」イメージの形成にも大きな役割を果たしている．

イが「誰もが行くところ」になったのはそう遠い昔のことではありません．

　実はそれ以前のハワイは，日本に住む多くの人にとって「行きたくても行けない憧れの島」でした．今日の社会では，海外旅行はそれほど特別なことではありませんが，ハワイを含めて観光目的で日本を出るというのは，つい数十年ほど前まではとても珍しいことだったのです．

　この講義では観光地としてのハワイを取り上げ，「憧れ」の島が「今さら」の目的地へと変わっていく過程をたどります．そうすることで，過去50年ほどの日本の海外観光旅行の歴史を振り返ります．海外旅行は誰にでもその権利と可能性が与えられているように思われがちですが，歴史を振り返ると，決してそうではありません．さらに日本からの観光客がハワイに何を求めてきたかについても考えてみましょう．ハワイはしばしば「楽園」と呼ばれます．しかしハワイは観光客向けに創られた「楽園」です．ハワイを通して，21世紀最大の産業とも言われる観光の光と陰について考えてみましょう．

CHAPTER Ⅳ　広がる研究，広がる世界

海外渡航の自由化

　海外旅行が普通になった今では考えられないかもしれませんが，昔は誰もが海外へ行けるわけではありませんでした．明治や大正，昭和初期の海外旅行はお金も時間もかかることで，そんな余裕のある人はごくわずかでした．

　アジア太平洋戦争がはじまると，海外に遊びに行くことなど夢のまた夢になりました．ようやく悲惨な戦争が終わり，日本を占領していた連合軍が去り，日本が主権を回復した後も，社会はとても貧しく，海外旅行に出る余裕のある人はほとんどいませんでした．

　そもそも戦後しばらく，日本政府は国民に海外渡航の自由を認めませんでした．今では「来週ハワイへ遊びに行こう！」と思えば，お金と時間があれば誰もが行けますが，そのころは不可能だったのです．その大きな理由は，日本政府が国際収支を守るために，国内にある外貨の量を厳しく管理していたからです．当時，海外旅行に行くにはあらかじめ日本円を外貨に替えなければなりませんでした．旅行者が増えると，国内にある外貨が海外に流れ，せっかくの外貨準備高が減ってしまいます．国民の海外渡航を制限することで，日本政府は外貨を守ろうとしていました．だから海外に行く必要がある際は事前に申請し，審査で認められなければなりませんでした．留学やビジネスが目的ならまだしも，単に「遊びに行く」という理由で許可が下りることはありませんでした．

　日本政府が国民の海外渡航を認めるようになったのは，戦争が終わって約20年も経ち，経済状況もずいぶんと改善された1964年4月のことです．1964年は東京オリンピックが開催された年でもありました．日本人は世界中の人々を迎え入れる一方で，世界の様々な国に向かって旅立つことができるようになったのです．

　ただし，自由になったからといって，誰もが海外へ行けたわけではありません．海外旅行は1人年1回，持ち出せる外貨は500ドル以内と厳しく制限されていました．旅行にかかる費用も今日と比べると驚くほど高額でした．

　ハワイ旅行はというと，7泊8日の旅が約36万円で売り出されていました．これは交通費と宿泊費，食費も込みのパック旅行ですから，他の費用は

お土産代くらいです．とはいえ当時は大卒者の初任給が月給2万円程度の時代ですから，とんでもなく高額の旅行代金でした．今の感覚でいえば400万円くらいでしょうか．日本がまだそれほど豊かではない時代に，そんな余裕のある人はどれほどいたでしょうか．このようにハワイへ行くというのは，今では考えられないくらい難しいことでした．

憧れのハワイ

　しかしそれでもハワイに行きたいと切望し，その夢を実現する人もいました．ただし，その目的は今のようにビーチで寝そべったり，ダイビングやサーフィンなどのマリンスポーツを楽しんだりすることではありませんでした．当時のガイドブックを見てみると，ハワイを訪れる人たちは団体で毎日ずいぶんと忙しく動いていたようです．ある雑誌に掲載された「ハワイ8日の旅」の旅程を見てみましょう（『旅』1964年7月号）．

　　第1日　東京発　ホノルルへ
　　第2日　ホノルル着：休養と自由行動
　　第3日　ホノルル：オアフ島内一日観光
　　第4日　ホノルル：午前中フラダンス見学，午後市内観光
　　第5日　ハワイ島：午前中　ヒロ空港へ　ヒロおよび火山見学
　　第6日　ホノルル：午前中コナ海岸（ハワイ島）　空路ホノルルへ
　　第7日　ホノルル発：出発まで買い物など自由行動
　　第8日　東京着

実質6日間の旅ですが，毎日の予定があらかじめ決められている，かなり忙しい旅です．このようなスケジュールでハワイをまわる日本人は世界で「一番勤勉な観光客」と知られていました．ハワイでは日本人が「動かないのは，食べる時と，寝る時と，写真をとる時」だけだとすら言われていました．アメリカ本土から来る観光客の多くがのんびりとビーチでくつろぐのと対照的に，日本人は首からカメラをぶら下げ，毎朝早くから団体でバスに乗り込み，有名な観光地を次々と訪れていました．美しいビーチがいたるとこ

ろにあるのに，そこでくつろぐのは1週間の旅行中，ほんのわずかな時間でした．水着をまったく身に着けないで帰ってくる人たちもいたようです．

　ハワイへの観光旅行が始まった1960年代半ばは，今日のように家族や友人同士でちょっと気軽に行こうという感じではありませんでした．多くの人は何年もかけて貯めたお金を費やして，一生に一度の海外旅行のつもりで向かいました．時間と予算を最大限有効に使うため，できるだけ精力的に動こうとしました．ようやく海外に行くことが認められたのですから，高いお金を出して訪れた渡航先では，一刻一秒たりとも無駄にしたくなかったのです．

近くなるハワイ

　海外渡航が自由化された後，日本は急激に経済成長を続けました．貧しかったこの敗戦国は，1980年代には世界随一の経済大国になりました．暮らしは豊かになり，生きることに精一杯だった人々は，しだいに余暇やレジャーの充実を求めるようになりました．それにともない，国内外への観光旅行が盛んになりました．

　海外への旅行者が増えた要因のひとつに，為替相場の変動があります．海外渡航が自由化されたころ，1ドルは360円と決まっていました．その後，「変動相場制」と呼ばれるシステムが導入されると，アメリカと日本の経済状況によってドルと円の価値が変化するようになりました．日本の経済の成長とともに，円が強くなり，ドルの価値が相対的に落ちていきました（円高ドル安）．1980年代半ばには1ドルが200円前後になりました．1985年以降は急激な円高が進み，1986年には1ドルが150円になり，1995年には70円台にもなりました．

　この円高ドル安は日本人の海外旅行をおおいに促進することになりました．1ドルが360円だったころと比べれば，ドルで売られるものは何でも安く感じられるようになりました．航空運賃もホテル代もお土産代も，強い円を持っていれば簡単にまかなえるようになったのです．

　また，輸送技術の革新も海外旅行者の増加に大きな影響をもたらしました．1960年代はまだ飛行機での旅行はそれほど一般的ではなく，航空券も

高価でした．船に乗ってハワイへ行く人も珍しくありませんでした．やがて世界の航空会社が大型のジェット機を導入します．その結果，より多くの人が，より速く旅行できるようになりました．

　1970年には「ジャンボ」と呼ばれた大型機（ボーイング747型機）が世界に就航しました．東京の羽田空港とホノルルの間にもパン・アメリカン航空や日本航空のジャンボ機が飛ぶようになりました．ジャンボ機には400以上もの席数がありましたから，ホノルル線の座席供給量は一気に増加しました．供給が高まった結果，以前はとても高かった航空券の価格が，どんどん下落していきました．渡航自由化時には40万円近くした様々なハワイツアーが10万円台で売られるようになりました．

　一方，日本人の数が増えると，ハワイでは日本人観光客のニーズを満たすための様々な工夫がなされました．日本人が好む高級ブランドグッズの店がワイキキに登場し，日本食のレストランも次々とオープンしました．多くのホテルが日本企業に買収されたこともあり，ワイキキでは日本語しか話せなくても何となく用がすませるほどになりました．ドルではなく，日本円で買い物ができる店すら見られるようになりました．ハワイはアメリカ合衆国のひとつの州ですが，80年代から90年代のワイキキは，日本人でいっぱいの日本の観光地のようになったのです．

　観光客の増加にともない，観光の形態も変わりました．昔のようにバスに乗って朝から夕まで団体旅行するような忙しいパッケージは減り，基本的に自分たちで好きなことをするというスタイルが好まれるようになりました．ビーチでのんびりしたり，マリンスポーツに興じたり，あるいは買い物に夢中になったりと，バカンスを満喫するようになりました．とりわけ日本人は買い物が大好きで，1日あたりの平均出費額はアメリカ人観光客の4倍にもなりました．

　ハワイを訪れる日本人観光客数は1997年には221万人にもなりました．しかしこの年をピークに，それ以降，減少傾向にあります．テロリズムの脅威や日本の景気減退，また海外渡航先の多様化などがその背景にあります．最新の統計（2014年）では151万人ほどです．ピーク時と比べるとずいぶんと減った感がありますが，それでも，アメリカ本土や世界各地からハ

ワイを訪れる観光客約800万人のうち，20％近くが日本人です．近年は中国や韓国などからの訪問者が増えていますが，アメリカ本土からの観光客を除くと，日本人はまだ圧倒的多数を占めています．

いまやハワイは日本からの「定番」の観光地となりました．日本からもっとも行きやすい外国のひとつと言ってよいでしょう．1964年の海外渡航自由化の時と比べると想像もつかないほど，多くの人が訪れる場所になりました．ほんの数十年のあいだに，ハワイは「特別な人だけが行ける憧れの島」から「誰でもが気軽に訪れる身近な観光地」へと変化したのです．

癒しのハワイ

誰でもが気軽に訪れることのできる目的地となったハワイは，こんにち，どのような理由で人を引きつけるのでしょう．ハワイの海やゴルフ場が大好きという人もいれば，ワイキキやアラモアナでのショッピングを満喫する人もいます．ホテルには子ども用のプールなどが充実しているところもあるので，子どもを連れた家族旅行に最適だと言う人もいます．ハワイはもともとハネムーンの目的地でしたが，近年はハワイで結婚式を挙げるカップルも増えています．ホノルルは夏も冬も温暖なので，避暑や避寒のために長期で訪れる人もいます．

理由は様々ですが，最近の顕著な傾向として，日本人には「リピーター」，つまりすでにハワイに二度以上来たことのある人が増加していることが挙げられます．1980年代のリピーター率は10％もありませんでしたが，この比率は着実に増加し，今日では訪問者の60％近くになっています．中には年に何度もハワイを訪れる人もいます．

つまりハワイが急速に近くなり，訪問者数がピークを迎えた90年代後半以降，ハワイを訪れる人の絶対数は減る一方，繰り返しハワイを訪れる人の比率は増加しています．身近な存在になったハワイは，もはや海外渡航自由化時のような「いつかは行きたい」憧れの対象ではありません．むしろ好きな人は何度でも訪れたい「お好みの観光地」になっているようです．ハワイを訪れる日本人の「平均訪問回数」は3.8回ですが，この数値は今後も高ま

っていくと思われます．多くの日本人にとって「今さら」感の強いハワイは，一部の人にとっては繰り返し来たい，魅力の尽きない島なのです．

　ハワイにリピーターが増えてきた要因のひとつに，「癒し」効果が挙げられます．日本では最近「癒し」がブームですが，ハワイ好きの日本人のあいだでハワイは「癒しの場」として知られるようになっています．

　ハワイに癒しを求める人はとりわけハワイの大自然や昔からある伝統に惹かれます．海底火山が隆起してできたハワイには美しい海だけではなく，富士山より高い立派な山もあり，驚くほど多様な自然の光景が残されています．観光地区として開発されたワイキキはホテルだらけのコンクリートジャングルですが，ワイキキをちょっと離れれば，美しい自然を満喫できます．とくにホノルルのあるオアフ島を離れて他の島に行くと，素晴らしい自然が残されています．リピーターの中には豊かな自然に触れることで，疲れた心を癒されたいと願う人がいます．

　また，ハワイ先住民の様々な伝統も，癒しを求める人には魅力的なようです．とくにフラが人気です（日本ではよく「フラダンス」と呼ばれますが，「フラ」はハワイ語で「踊る」という意味にもなるので，ハワイでは単にフラと言います）．フラはハワイに古くからある伝統で，もともとハワイの自然や歴史をテーマにした踊りです．近年は日本でもフラ愛好者が増えていますが，その中にはフラを踊ることを通してハワイの豊かな伝統を感じたいという人も少なくありません．

　海外渡航が自由化された当時，あるいは旅行者が急増した70年代から90年代初頭にかけて，ハワイで「癒されたい」という日本人はほとんどいませんでした．ハワイの美しい自然に感心したり，フラ見学を楽しんだりする観光客はたくさんいました．しかしそのような経験を通して，自らの心身を癒したいという傾向が見られるようになったのは21世紀に入ってからです．景気の停滞が続き，社会の成長が見込めない中，日本では疲弊感や閉塞感を和らげてくれる「癒し」の需要が高まり，アロマセラピーやヨガ，マッサージなどが人気を呼ぶようになりました．それに合わせてハワイの自然や伝統も人々の心を安らかにさせる「癒し」の源となったのです．

　たとえば最近，日本人のあいだで人気のあるツアーに「イルカと泳ぐ」と

図2 ワイキキビーチ沿いにある Na Pohaku Ola Kapaemahu a Kapuni と呼ばれる石
遠い昔，南太平洋の島々からハワイへ渡ったハワイ先住民の先祖の「マナ」
（力・霊）が宿っているとされている．

いうものがあります．小型のボートに乗って野生のイルカが泳いでいるところまで行って，海に入ります．運がよければイルカが近づいてくることがありますし，さらに幸運であれば大きなウミガメが寄ってくることもあります．そうでなくても，ハワイの海中を泳ぐ様々な熱帯魚と出会うことができます．船が出航する前には無事を祈る儀式がハワイ語で行われますし，船上ではフラのパフォーマンスがあり，時には下船後にフラのレッスンをしてもらうことも可能です．

「イルカと泳ぐ」ツアーの料金は決して安くありませんが，ハワイの大自然と古い伝統が組み合わされたものとしてここ数年，高い人気を誇っています．わずか数時間のツアーですが，参加者はイルカなどの動物と交流し，さらに古来ハワイからある伝統を体験することで，「スピリチュアル」なものを感じられるというのです．

この他にもハワイ島のキラウエア火山に行ってハワイの女神ペレについて学んだり，古来ハワイの宗教儀式の場であった「ヘイアウ」という神殿の跡地を訪れ，「マナ」と呼ばれるパワーを感じたりなど（図2），自然体験とハワイの伝統学習を融合する様々な「癒し系ツアー」が今日のハワイでは盛んです．日本からの観光客はそのようなツアーに参加することで，日本での日常を忘れ，心が洗われるような経験を得ようとするのです．

リピーターにはこのような「癒し」を求めてハワイへ向かう人が増えています．ワイキキのビーチとショッピング街だけではなく，より心に響く，「ディープ」で「ほんもの」のハワイを求めて繰り返しハワイを訪れるのです．

同じハワイ，異なるハワイ

　過去50年ほどのあいだ，数多くの人が日本からハワイへ向かいました．しかし制度的にも予算的にも日本を離れるのが難しかった時代と，今のように比較的簡単に行けてしまう時代では，同じハワイ旅行でもその意味や目的はずいぶんと異なるということがわかるでしょう．

　海外旅行がはじまったころの1960年代半ばのハワイは「何でも見てやろう」という強い思いで意気込んで行くところでした．旅行が大衆化してくる1970年代後半から日本人客が急増する90年代までは「ビーチでも，ショッピングでも好きに楽しもう」となります．そして21世紀に入ると「ゆったりとした自然と伝統の中で，疲れた心身を癒してもらおう」となりました．この流れはいささか単純化したまとめ方で，実際には今日でも人によってその目的は大いに異なります．ただ，同じハワイでも，その意味が訪れる時代によってずいぶん違うという点は明らかでしょう．

　つまり，旅行の目的地が持つ意味は，旅行者のもつ背景によって異なるものです．1960年代の日本社会に住んでいた人々と，21世紀の日本に住む人では求めるものは異なります．これは当たり前のことのように思えるかもしれません．人それぞれに個性があるわけですから，誰もが同じ意味を旅行先に見出すわけはありません．とはいえ，目的地の意味は時代や社会の諸条件によって生み出されるものであり，その変容にともない新たな意味が生成されるということは改めて確認しておいてよいでしょう．私たちは見慣れたもの，聞き慣れたものについては，その意味はわかりきっていると考えがちです．ハワイのような誰もが行くような地については今さら新しい情報などない，と思いがちです．しかしハワイの文化的意義は日本社会の変容とともに常に創られてきたのです．

CHAPTER Ⅳ 広がる研究，広がる世界

ハワイの視点から

　さて，「イルカと泳ぐ」ツアーからもわかるように，ハワイの観光界は過去50年，日本からの観光客が求めるハワイにふさわしいイメージを提供するために，様々な努力をしてきました．常に日本人を意識した観光マーケティングがなされてきました．海外渡航自由化当時からハワイ州政府は東京にハワイ観光を促進するオフィスを設け，「日本人用の楽園」をハワイに創ることで，多くの日本人を呼び込もうとしてきました．ハワイでは日本からの観光客数をふたたび200万人にしたいという熱心な声も聞かれます．実際にそれが可能かどうかはわかりませんが，今後も確実に一定数の日本人がハワイ観光を毎年楽しむことになるでしょう．

　その一方で，近年，ハワイでは観光産業の是非の議論が盛んになってきています．観光は経済成長に不可欠だとされていますが，その一方で，様々な問題を生み出します．人口が140万人程度のハワイに，年間800万人もの訪問者があるのです．日本人（151万人）だけでもハワイの人口より多くいるわけで，これは世界的に見てもこれはかなり珍しい状況です．1億2千万人の人口の日本に7億人もの観光客が来て，うち1億3千万人がアメリカ人だったら，日本はどのような状況になるでしょう．比率で言えばまさにそのようなことが今日のハワイで起こっているのです．しかもハワイは大海原に囲まれた小さな島です．そこにこれだけの人が来て，大丈夫なのでしょうか．

　一般的に観光は環境破壊をもたらすとされています．たとえば観光客が増えれば水が大量に必要です．ワイキキのホテルにはどこも素敵なプールがありますが，それだけでも莫大な量の水が必要です．しかしハワイの水は地下からくみ上げられたものであり，無限にあるものではありません．観光客が出すゴミも問題です．小さな島ですから，ゴミの埋め立て地も限られています．「楽園」の影には大きなゴミ問題があります．

　さらにハワイには，観光客が自然のみならず伝統文化を破壊すると批判する人もいます．たとえば観光地に行くとどこでもフラを観ることができますが，その多くは観光客を喜ばせるためのエンターテインメントで，古くから

図3　集中するホテルやマンション
美しいビーチで知られるワイキキ地区には，ホテルやマンションが立ち並んでいる．

ある聖なる踊りとしてのフラとはほど遠いものです．イルカと泳ぐツアーのついでに行うフラも，本来のものではありません．同じように，ハワイの伝統的なヘイアウ（神殿）を観光客に解放し，ハワイ先住民に託されてきた「マナ」（力）を体験させるのは，先祖伝来の文化を汚すことになるという声もあります．しかも往々にして，そのようなツアーはハワイ先住民とはまったく関係のない人たちが主催しています．かれらはハワイ先住民の文化を利用してお金を儲けているにすぎないのではないか，観光産業は伝統文化を堕落させるにすぎないという強烈な批判もあります．

　また，限られた面積の島での観光地の開発は不動産価格の高騰を招きます．ホノルルに行くと素敵なホテルやマンションがたくさんありますが（図3，口絵13），どこもとても高額です．州外からの人口が流入してきたこともあり，ハワイ州の住宅（一軒家）平均価格は日本円にして6000万円以上で，アメリカでもっとも高いレベルにあります．その結果，ハワイに住む貧しい人にとって，住居の確保は大きな問題になっています．家賃を払えずにホームレスになってしまう人もいます．2013年度の統計ではオアフ島のホームレス人口は4500人ほどでした．子どもを含めた家族で家を失う人も少なくありません．むろん，観光開発だけがホームレスの原因ではありませんが，ハワイには観光産業の経済的恩恵にあずかることができず，苦しい生活を強いられている人がたくさんいるわけです．

CHAPTER Ⅳ 広がる研究，広がる世界

　すでに述べたように，日本からハワイを訪れる人々は，自らの欲望を満たすためにハワイ観光を楽しんできました．その欲望は名所見物，買い物，ビーチ，癒やしなど様々ですが，時代の変化を経ても一貫しているのは常に「日本人が求めていること」をハワイに要求してきたことです．ハワイの観光界もその要求に応えることで，日本人の数を増やそうと常に努力してきています．

　しかしその過程で，本当に今のハワイに必要なことは何であるかという基本的な問いがおろそかになりがちでした．高層ホテルが林立し，大型ショッピングセンターに買い物客が溢れ，美しい海や貴重な動植物に観光客が楽しげに触れることは果たしてよいことなのでしょうか．長い時間の中で育まれた自然や伝統を観光客向けの消費材にして経済成長を続けることに，どれだけの意味があるのでしょう．私たちは自分の楽しみのために，ハワイの自然，歴史，文化を犠牲にしてよいのでしょうか．このような問いかけはとても大切です．ハワイを訪れる観光客のあいだでも，観光客を迎えるハワイでも，もっと真剣な議論が必要な時代になってきています．

エコツーリズム

　近年，「エコツーリズム」という新たな観光が生まれています．その基本理念は，観光と環境を両立させ，両者にとって利益になる観光を開発しようというものです．エコツーリズムは自然を大切にし，地元の経済に貢献する観光でなければなりません．そのような観光を目指したエコツーリズムがハワイでも盛んになっています．

　とはいえ，エコツーリズムは定義と評価が難しいという指摘もあります．たとえばイルカと泳ぐツアーは，イルカが自由に泳ぐハワイの美しい海を守ろうという意識を観光客に植えつけるものですし，地元の会社が主催するものであれば，地元に利益が還元されます．ついでにフラも学ぶことで，多少なりともハワイの豊かな伝統文化を学ぶことも可能です．

　しかし，イルカと泳ぐことは本当に「エコ」なのでしょうか．イルカは人間と泳ぎたいのでしょうか．一緒に泳ぎたいのは私たちであり，その意味で

イルカと泳ぐツアーの中心にあるのはあくまで人間の視点です．それは「エコ」ではなく「エゴ」であるとも言えるでしょう．

21 世紀の観光

　現代の世界では観光はとても重要な産業とされ，各国政府は観光客がもたらす経済的利益をあて込んで，観光資源の開発と観光客誘致に熱心です．日本でも海外からの年間観光客を 1000 万人にしようと，盛んに努力がなされています．

　そのような中，世界有数の観光地であるハワイは，日本人を含め，今後も多数の人を惹きつけていくでしょう．皆さんも，まだ行ったことがなくても，これからハワイへ行く機会があるでしょう．

　しかし観光が「当たり前」になる中，私たちはもう一度，その意味を振り返ってみる必要があります．とりわけ過去半世紀，多くの日本人が訪れてきたハワイに焦点をあてると，観光の光と影がよく見えてきます．観光旅行は楽しいものですし，それを支える人々に経済的利益が行き渡るのは悪いことではありません．しかし私たちの一時の楽しみや観光産業の利潤の代償として，これまで多くのものが失われてきたことは否めません．

　観光客を受け入れることで，ハワイでは自然や伝統文化をはじめ，人々の生活があらゆる面で大きな影響を受けています．それをどのように考えるべきでしょうか．自己の欲求の充足にとどまらず，ハワイという他者のニーズにどこまで配慮すべきでしょうか．日本人の余暇の充実，ハワイの経済発展と環境保護，ハワイ先住民文化とアイデンティティなど多様な面から検討すると，それぞれで異なる論理と回答が生まれてきます．それらをいかにしてすり合わせて最適解を得るべきでしょうか．簡単な回答はありません．ぜひ 21 世紀を担う皆さんの世代で最善の観光の検討を探してみてください．

☞観光に関わる様々な問題や，観光を介した異なる文化の接触については，もうひとつの例を『高校生のための東大授業ライブ　学問への招待』第 15 講「観光人類学入門――インドネシア・バリ島」（山下晋司）でご紹介しています．

CHAPTER Ⅳ 広がる研究，広がる世界

PROFILE

矢口 祐人（やぐち・ゆうじん）先生のプロフィール

東京大学大学院総合文化研究科教授
1966年札幌生まれ．アメリカの小さな大学を卒業後，そのままアメリカでアメリカ研究の修士号と博士号を取得．現在は国際交流センター教授としてキャンパスのグローバル化を進めています．ハワイには年3回ほど行きますが，仕事ばかりです．

主な著作 　『憧れのハワイ —— 日本人のハワイ観』（中央公論新社，2011）
　　　　　『奇妙なアメリカ —— 神と正義のミュージアム』（新潮社，2014）

 矢口先生おすすめの本

『カメハメハ大王 —— ハワイの神話と歴史』後藤　明（勉誠出版，2008）
『ハワイの歴史と文化 —— 悲劇と誇りのモザイクの中で』矢口祐人（中央公論新社，2002）
『入門ハワイ・真珠湾の記憶』矢口祐人，森茂岳雄，中山京子（明石書店，2007）
『真珠湾を語る —— 歴史・記憶・教育』矢口祐人，森茂岳雄，中山京子編（東京大学出版会，2011）

おわりに ── 大学が公開講座をする理由

　本書は金曜日の夕方に東大駒場キャンパスで開催されている公開講座「高校生のための金曜特別講座」の 2011 年度から 2013 年度の講義の一部を書き下ろしたものです．近隣にある高校からの要望をきっかけに 2002 年に始まったこの公開講座は，2015 年までの 13 年間に通算 300 回以上の講義を重ね，現在は駒場会場の他に全国約 50 の高校にインターネット中継も実施しています．

　なぜ大学がこのような公開講座を行うのか ── それは大学で行われている学問という営みについて，広く様々な人に知ってほしいと考えているからです．現在はほとんど全ての大学について，検索をすれば行われている授業や研究についての様々な情報を調べることができます．しかし大学とは何を学ぶ場所なのか，様々な分野を専門とする大学教員がどんな基準でものを考え，何を面白いと感じながら研究を行っているのかを知る機会は決して多くはありません．まだ誰も考えたことのない問題を設定したり，誰も見たことがない新しい世界を見つけだす，私たちはそんな学問研究の面白さや，学問を行うために必要な考える技術を直接見聞きしてもらうことで，高校生をはじめとする皆さんに進路について考えたり，学問という活動に興味を持ってもらえればと考えています．

　シリーズ『高校生のための東大授業ライブ』は，「高校生のための金曜特別講座」に参加したことがない方にも講座の内容を伝えることができないか，という趣旨で企画されたシリーズです．これまでに 4 編が出版されていますが，前回の刊行から 4 年が経ち，ご紹介したい講義が 1 冊に収まらなくなってしまいました．そこで今回は，学問の考え方の紹介を中心にした『学問への招待』と，研究の紹介を中心にした『学問からの挑戦』の 2 冊を

おわりに

出版することとし，2冊をあわせて読むことで学問の面白さや研究という営みが感じられるような構成を試みました．もし本書が気に入ったらぜひもう1冊も手にとってみてください．もちろんどちらか1冊だけでも十分に楽しめる内容になるように心がけました．

書き下ろしにあたって，講師の方々には講義では十分できなかった解説や関連項目の説明を入れていただき，内容もさらに練り上げていただきました．司会として毎回の講義に参加しても，原稿を読んで「講義で話したかった内容は本当はこういうことだったのか！」と初めて気づいた事も多く，本書に収録された講義に来たことがある方にとっても新鮮な内容になっているのではないかと思います．

本書は東京大学教養学部から皆さんへの招待状，そして挑戦状です．本書を通じて，学問，そして研究という大学の活動に興味を持っていただけたら幸いです．

駒場キャンパスの会場で，あるいはインターネット中継先の全国の高校で「高校生のための金曜特別講座」を受講し，時には講師が答えに詰まるような質問をしてくださった高校生の皆さん，インターネット中継の受信を担当してくださった高校の先生方，忙しい金曜の夕方に工夫に富んだ講義をしていただき，細かな注文にも応じて原稿を執筆していただいた講師の方々に深くお礼を申し上げます．講座の運営にあたっては東京大学教養学部社会連携委員長の松田良一教授，教養学部社会連携委員会の皆さん，教養学部附属教養教育高度化機構社会連携部門長の真船文隆教授，標葉靖子特任講師，野谷昭男さんをはじめとする東京大学教養学部の皆さん，東京大学生産技術研究所，大学院数理科学研究科，駒場美術館・博物館，情報基盤センター，大学総合教育研究センターの皆さん，学生スタッフの皆さんにたいへんお世話になっています．渡邊雄一郎東京大学大学院総合文化研究科・教養学部副学部長，長田洋輔東京大学助教，下井守東京大学名誉教授，大瀧友里奈一橋大学准教授にもたいへんお世話になりました．本シリーズの企画，刊行を後押ししていただき，また様々なアイデアを出していただいた一般財団法人東京大学出版会の薄志保さん，神部政文さん，後藤健介さんにも感謝いたします．

本書を読んで，教養学部で行われている学問や講義に少しでも興味を持た

れた方は「高校生のための金曜特別講座」HP〈http://high-school.c.u-tokyo.ac.jp/index.html〉をご覧ください．最新の講義プログラムや，一部の講義の動画をご覧いただくことができます．そしてぜひ，金曜日の夕方に東京大学駒場キャンパスにお越しください．申し込みは一切不要です．大学で行われている学問研究の世界へ皆さんをご案内いたします．

皆さんと東大・駒場キャンパスでお会いできるのを楽しみにしています．

東京大学教養学部附属教養教育高度化機構
社会連携部門　特任助教
加藤俊英

＊以下の QR コードからも「高校生のための金曜特別講座」HP にアクセスできますので，ぜひのぞいてみてください．

「高校生のための金曜特別講座」のご紹介

　『高校生のための東大授業ライブ』シリーズのもとになっている「高校生のための金曜特別講座」は，東京大学大学院総合文化研究科・教養学部　社会連携委員会の企画，運営のもと，東京大学教養学部附属教養教育高度化機構　社会連携部門が実施しています．社会連携部門は，大学内外の様々な民間の方との双方向の関わり合いを促進して，新しい教育手法を開発・実践することを目的としています．「高校生のための金曜特別講座」については，「はじめに」「おわりに」でも触れていますので，あわせてご参照ください．
　各部・各講義の紹介文を含め，本書の編集は，当部門の加藤俊英特任助教が中心となって進めました．

加藤俊英（かとう・としひで）
1978年千葉県生まれ．東京大学大学院総合文化研究科博士課程修了，博士（学術）．2011年より「高校生のための金曜特別講座」の実施，司会などを務める．専門は進化生態学．マメゾウムシという，植物の種子を食べる昆虫の進化などを研究している．趣味は釣り，生物の写真を撮ること．

高校生のための東大授業ライブ
学問からの挑戦

2015 年 12 月 15 日　初　版

［検印廃止］

編　者　東京大学教養学部
発行所　一般財団法人　東京大学出版会
代表者　古田元夫
　　　　153-0041　東京都目黒区駒場 4-5-29
　　　　電話 03-6407-1069　FAX 03-6407-1991
　　　　振替 00160-6-59964
印刷所　株式会社精興社
製本所　誠製本株式会社

© 2015 Collage of Arts and Sciences, The University of Tokyo
ISBN 978-4-13-003346-6　Printed in Japan

Ⓡ〈日本複写権センター委託出版物〉
本書の全部または一部を無断で複写複製（コピー）することは，著作権法上での例外を除き，禁じられています．本書からの複写を希望される場合は，日本複写権センター（03-3401-2382）にご連絡ください．

学ぶって，問うって，おもしろい！
東大教養学部が贈る「学問への招待状」

東京大学教養学部 編

高校生のための東大授業ライブ
学問への招待

A5判・240頁／定価（本体1800円＋税）　ISBN978-4-13-003345-9

東大教養学部のスタッフが学問の意外で楽しい世界へご案内．学問の基礎知識はもちろんのこと，研究にあたっての発想法や視点のとり方を知ることができます．さらに各分野間の「つながり」が発見できれば，新しい学問がひらけていくかも⁉　さあ，一緒に学問の旅へでかけましょう．

〈主要目次〉
I　学問を通して見る世界
　人の移動を可視化する──携帯電話を社会で活かす新しい方法（柴崎亮介）
　「不確実性」を利用する──確率の応用（楠岡成雄）
　ローマ帝国という万華鏡──変身するコンスタンティヌス帝（田中　創）
　「命」の今と昔──歴史との対話としての哲学（梶谷真司）
II　学問の技法
　小説の語りについて──夏目漱石『坊っちゃん』を読む（菅原克也）
　会社は何歳まで生きるのか？──企業の寿命の計量分析（清水　剛）
　ことばを使いこなす人間って，すごい！──言語と心・脳（伊藤たかね）
　赤ちゃんの不思議──心と脳の発達（開　一夫）
III　学問はどのように進むのか
　「ものを見る」行いの不思議──錯覚体験でわかる脳のメカニズム（村上郁也）
　論争から読むアメリカ──最高裁と人種問題（西崎文子）
　わかっているようでわかっていない筋肉の仕組み──筋トレの科学（石井直方）
　「発見」の喜び──生物学との出会いから筋ジストロフィー研究まで（松田良一）
IV　学問の広がり
　同じ形に秘められた技と力──現代社会を作り上げた技術標準（橋本毅彦）
　レジャーに隠されたミステリー──余暇の考え方（板津木綿子）
　観光人類学入門──インドネシア・バリ島（山下晋司）
　転換期を生きる詩人の5つの肖像──W. B. イェイツとアイルランド（中尾まさみ）

〈好評既刊〉
◎高校生のための東大授業ライブ　熱血編　東京大学教養学部編　定価（本体1800円＋税）
◎高校生のための東大授業ライブ　純情編　東京大学教養学部編　定価（本体1800円＋税）
◎高校生のための東大授業ライブ　ガクモンの宇宙　東京大学教養学部編　定価（本体1800円＋税）